반도체
삼국지

반도체 삼국지

글로벌 반도체 산업 재편과
한국의 활로

권석준 지음

뿌리와
이파리

1970년대 초반에서 1980년대 초반 사이, 전 세계는 오일 쇼크라 부르는 석유 파동을 연이어 겪었다. 1973년에 제4차 중동전쟁이 발발하면서 석유수출국기구OPEC는 생산을 줄이는 동시에, 원유 가격을 인상하는 결정을 내렸다. 이는 중동의 산유국들이 중심이 된 OPEC이 국제 무대에서 석유를 무기화하려는 시도가 처음으로 성공한 사건이기도 했다. 실제로 단지 5퍼센트의 원유 감산만으로 국제 유가는 한 달 만에 무려 네 배 이상으로 폭등하기도 했다. 당시 미국과 영국은 저유가에 기반을 둔 경제 정책을 운용하고 있었기에 큰 타격을 입었다. 한국 역시 예외는 아니었다. 국가적으로 집중 육성하던 중화학공업에는 석유 자원이 필수적이었기 때문에, 유가의 상승은 산업 전체의 궤멸을 의미할 정도로 큰 위협 요소였다.

시간이 흘러 1979년, 중동에 다시 위기가 찾아왔다. 이란 혁명으로 호메이니의 이슬람 원리주의 정부가 새로 들어서자, 중동에 또다시 전쟁이 발발할 수도 있다는 공포가 시장을 엄습했다. 유가는 폭등했고 제2차 오일 쇼크가 발생했다. 여전히 원유 의존도가 높았던 한국은 산업의 근간이 흔들리는 충격을 받았으며, 특히 미국의 급격한 금리 인상으로 외채 부담이 순식간에 커져 불안 요소가 가중되었다.

두 차례의 오일 쇼크는 신자유주의의 등장을 앞당기는 직접적인 계기 중 하나가 되었으며, 간접적으로는 1980년대 후반 공산권 경제 블록의 몰락을 가속시키는 요소가 되기도 했다. 오일 쇼크 이후 OPEC은 단순히 지역경제기구라는 위상을 넘어 국제정치기구로서 위상이 높아졌다. 이후에도 중동 지역의 정치적 이해관계를 대변하고, 또한 화석 연료에 기반한 전 세계 대부분의 산업의 운명을 쥐락펴락하는 막후의 기구로서 상당 기간 세계적인 영향력을 행사했다.

이처럼 20세기 후반에는 석유가 세계 경제와 국가 간 분쟁에 영향을 미치는 핵심 요소로 작용했다면, 21세기 초중반으로 접어드는 현시점에서는 반도체가 그 역할을 수행하고 있다. 1990년대 후반을 거치며 IT 혁명으로 세상이 디지털화되기 시작하자 반도체는 디지털화된 정보를 처리하고 저장하기 위한 핵심적인 장치로 자리매김했다. 이제 반도체는 개인 생활은 물론 거의 모든 산업에 없어서는 안 될 요소가 되었다. 또한 자율주행차와 첨단 센서에 의존한 가상 환경 등 반도체를 필요로 하는 영역도 많아지고 처리해야 하는 정보도 기하급수적으로 늘어나고 있는 추세다.

2020년에 전 세계를 강타한 코로나 팬데믹은 반도체에 대한 수요와 관심을 더욱 키워놓는 계기가 되었다. 코로나로 인해 대면 접촉이 줄고 온라인 수업과 원격 근무가 일상화되었다. 이로 인해 다양한 IT 기기에 대한 수요가 늘어났을 뿐 아니라 사람들의 데이터 사용량이 늘어나 이를 처리하기 위한 장비의 수요도 함께 늘어났다. 또한 자동차의 전장 제어에 쓰이는 마이크로컨트롤러(microcontroller unit, MCU)용 반도체의 생산과 공급에 문제가 생기자 글로벌 자동차 업체들의 자동차 생산에 차질을 빚어져 세계적으로 관심이 쏠리기도 했다.

이처럼 산업의 쌀이라고 해도 과언이 아닐 정도인 반도체의 생산 기지는 주로 대만, 한국, 중국을 중심으로 하는 동아시아에 몰려 있다. 특히 대만과 한국은 글로벌 프로세서 칩 생산의 83퍼센트, 메모리 칩 생산의 70퍼센트 이상을 담당하고 있다. 여기에 급부상하는 중국과 전통의 강자인 일본까지 포함한다면, 가히 동아시아가 21세기의 페르시아 만이라고 해도 과언이 아닐 정도다.

만약 제1차 오일 쇼크 때처럼 대만과 한국에서 공급되는 반도체 생산량의 5퍼센트가 줄면 어떤 일이 벌어질까? 지금도 공급 부족에 시달리고 있는 전 세계 반도체 공급망에 혼란이 가중되어 DRAM이나 MCU 같은 반도체 제품들의 가격이 급등할 것이다. 이는 반도체 산업 자체는 물론, 반도체에 의존하는 IT 산업과 자동차 등 여타 다른 산업의 성장률을 마이너스로 만드는 결과로 이어질 수도 있을 것이다. 실제로 2020년 하반기부터 본격화되기 시작한 글로벌 반도체 공급 부족 현상은 2022년에 러시아-우크라이나 전쟁을 거치며 산업계 전방위로 확대되고 있다. 차량용 반도체 중에서도 카인포테인먼트나 MCU용 반도체의 공급 부족은 신차 출고 대기 시간을 길게는 1년 이상 연장시키기도 했고, 플레이스테이션이나 엑스박스 같은 고사양 비디오게임기 역시 반도체 의존도가 높은 상황에서 공급 물량 부족으로 품설 현상이 오래 지속되고 있는 상황이다.

공교롭게도 반도체 파운드리 기술을 선도하고 있는 대만과 한국은 모두 첨단 제조업 중심의 산업 구조와 민주주의에 기반하고 있어, 지리적으로는 물론 산업적으로나 정치적으로나 미국이 주도하는 대중국 견제의 최전선에 있다고 할 수 있다. 특히 대만이 글로벌 반도체 공급의 핵심 역할을 하고 있다는 사실은 중국이 대만을 함부로 무력

침공하지 못하게 하는 주요 방어 수단이 되고 있을 정도다. 이렇듯 대만과 한국이 미국 주도의 글로벌 가치사슬value chain의 중요한 노드를 차지하고 있기 때문에, 중국 역시 완전히 독자 생존의 길을 선택하기로 마음먹지 않는 이상 대만과 한국에 대한 의존에서 함부로 벗어나기 어렵다.

중국에게는 이러한 미국 주도의 반도체 산업 글로벌 가치사슬이 목구멍의 가시 같은 존재다. 여전히 16퍼센트 내외인 자국산 반도체 자급률을 고려하면, 이는 매년 거대한 규모의 무역 적자가 발생한다는 의미이기도 하다. 2020년에 중국은 총 3500억 달러 규모의 반도체를 수입했으며, 이는 같은 해 에너지 수입 규모의 두 배를 훌쩍 뛰어넘는다. 이러한 적자는 G2로 확실히 자리매김하려는 중국에게는 골칫덩이다.

그래서 중국은 '중국제조 2025' 같은 국가 차원의 슬로건을 내세우며 20년 넘게 반도체를 비롯한 첨단 산업 육성에 힘써왔다. 그럼에도 불구하고 중앙 정부의 의지와는 별개로 첨단 반도체 기술 확보를 위한 핵심 부품과 소재 및 인력 확보는 여전히 쉽지 않은 상황이다. 오히려 초미세 패터닝(Patterning, 반도체 회로에 미세한 크기의 전자 회로를 새기는 공정) 같은 일부 최첨단 반도체 공정 기술에서는 글로벌 선두 그룹과 중국 업체들 사이의 기술격차가 매년 벌어지고 있는 추세다. 중국의 대표적인 반도체 업체(팹리스)이자 IT 공룡인 화웨이 역시 2020년부터 미국의 주요 제재 대상이 되면서 난관에 봉착했다. 화웨이와 오랜 기간 밀월 관계를 유지해오던 대만의 TSMC 역시 미국의 세컨더리 보이콧을 피하기 위해 점차 화웨이 비중을 낮추고 있으며 미국 현지에 신규 파운드리 라인을 착공하는 등의 전략 다변화를 꾀하고 있다. 이는 2010년대 후반까지 이어져오던 중국의 패스트 팔로워 전략이 더 이상 유효하지 않게 되었다는 것을 의미한다.

하지만 중국은 미국의 제재에도 불구하고 거대한 자국의 시장을 배경으로 꾸준히 선진 업체들과의 기술격차를 좁히려 투자를 아끼지 않고 있다. 또한, 양자 컴퓨터, 양자 암호통신 등 차세대 반도체 기술에 대한 투자 역시 정부 주도 경제계획의 핵심 어젠다로 포함시켜 집중적으로 추진하고 있다. 중국은 2010년대 들어 매년 확장되고 있는 반도체 관련 기초과학 분야 연구 성과의 누적, 지적 재산의 확장, 반도체 시장의 성장에 기대어 글로벌 반도체 시장의 선두 주자가 되는 것을 꿈꾸고 있으며, 이는 대만과 한국이 중심이 된 글로벌 반도체 가치사슬의 축을 위협하는 잠재 요소가 되고 있다.

한때 글로벌 10대 반도체 기업 중 6개 업체를 거느리며 30년 가까이 반도체 산업을 이끌어온 일본은 어떤가? 과거에 누렸던 영화가 무색하게 최근 일본의 반도체 산업은 글로벌 시장에서 한 자릿수 점유율로 간신히 명맥만 유지하고 있다. 하지만 반도체 장비와 소재 분야에서는 여전히 높은 기술력을 가지고 있으며, 특허와 같은 지적 자산, 학계의 기초연구 기반과 인적 자산을 갖추고 있다. 게다가 1억이 넘는 인구와 두터운 중산층이 뒷받침하는 거대한 내수 시장도 있다.

일본 정부는 자국 반도체 산업의 부흥을 모색하고 있는데, 예전과 달리 이제는 자국 업체들로만 생태계를 꾸리는 것에 집착하지 않는다. 2021년 2월, TSMC가 일본에 반도체 공정 R&D 거점 일부를 신규 설치하기로 한 결정 역시 일본 정부의 꾸준한 해외 반도체 선두 업체 유치 노력의 일환으로 맺힌 열매다. TSMC는 2021년 10월에도 일본 정부의 지원을 받아(절반의 비용을 일본 정부가 부담했다) 일본 구마모토熊本현에 위치한 소니의 반도체 생산 시설을 인수하여 일본 자동차용 반도체나 이미지센서 등을 생산하기에 적합한 22~28나노급 공정을 적용한 70억 달러 규모의 팹을 운용하기로 결정하였다. 이는 특히 일본의 자동차 내수 시장을 겨냥한 조치로서, 실제로 일본의 자동차 부품 회사인 덴소(도요타의 주요 부품 공급사)도 이 프로젝트에 같이 참여한다고 알려져 있다. 일본에는 여전히 반도체 산업에 필수인 각종 소재, 부품, 장비 부문에서 경쟁력을 갖춘 업체가 다수 있으며, 이들을 기반으로 언제든 글로벌 시장으로 재도약할 가능성이 있다.

일본은 여전히 국가 차원에서 반도체 산업을 다시 주요 기간산업으로 회복시키고자 하는 정책을 전방위적으로 펼치고 있으며, 한때 후발주자였던 대만, 한국에 대해, 대만과는 협력하고 한국과는 경쟁하는 구도를 만들어가고 있다. 실제로 2019년 7월, 당시 일본의 아베 정부는 이른바 반도체 소부장(소재·부품·장비) 분야에서 한국의 대일 의존도가 높았던 일부 품목에 대해 수출 규제를 시행하기도 했다. 2022년 하반기 기준으로, 당시 한국이 높은 의존도를 보이고 있던 불화수소HF나 포토레지스트photoresist 등의 소재는 상당 부분 국산화가 되었지만, 에칭etching 장비나 광학 장비 등의 반도체 공정 장비는 대일 의존도가 크게 개선되지는 않은 상황이다. 한국과의 경쟁 구도와는 대조적으로, 일본 정부는 TSMC로 대표되는 대만의 반도체 업체들과의 협력은 강화하고 있다. 공장에 대한 재정 지원뿐만 아니라 인력 확보와 기술 협력 관계에서 폭넓은 행보를 이어나가고 있다.

전통적으로 메모리반도체 부문에서 세계 수위권을 20여 년간 고수해온 한국의 반도체 산업은 동북아 지역을 중심으로 하는 반도체 기술 전쟁에서 점점 코너로 몰리고 있는 형국이다. 메모리반도체 일변도의 구도를 넘어, 시스템반도체와 센서, 소부장 기술의 자립, 소재 개발, 팹리스 스타트업 생태계의 성장 등으로 산업 자체는 다각화되고 있으나, 여전히 파운드리 분야에서는 대만의 TSMC와의 격차를 줄이기 어려운 형국이며, 메모리반도체에서마저 일부 분야는 중국 업체들과의 기술격차가 거의 없어지다시피 한 형국이다.

대외적으로는 2022년 상반기부터 논의가 본격화되고 있는 미국의 이른바 '칩4동맹Chip 4 Alliance'에 대한 정책이 불확실한 상황에서 혼란이 가중되고 있다. 무역 규모 1위인 이웃나라 중국에 대해 반도체 수출 의존도가 높은 한국 입장에서 미국 주도의 반도체 동맹 참여는 최악의 경우 중국 반도체 시장 상실로 이어질 수 있는 옵션이다. 문제는 한국의 유일한 외교안보 동맹국인 미국이 주도하는 반도체 가치동맹에 참여하지 않는 것은 향후 차세대 반도체 산업에서의 포지션 상실, 재편될 글로벌 반도체 공급망에서의 비용 증가, 기술협력 기회 축소 등의 반대급부를 가져오게 될 것이라는 점이다.

한국은 2022년 5월 윤석열 정부 출범 이후 반도체 산업에 대한 투자 확대 및 산업인력 양성 정책을 구체화하고 있으나, 동북아 3국과 대만뿐만 아니라 미국과 유럽에서도 이제는 반도체 산업을 기간산업으로 여기고 더욱 신경을 쓰고 있기 때문에, 경쟁은 더욱 치열해질 수밖에 없다. 핵심 기술 하나의 차이로 '슈퍼을'이 될 수도 있고, 반대로 그동안의 자본 투입이 무위로 돌아갈 수도 있는 반도체 시장에서 그동안의 성장 공식이 더 이상 통하지 않게 된 한국은 대내외적인 난제로 둘러싸여 있다.

21세기의 페르시아만이라 할 수 있는 동아시아 3국의 반도체 전쟁은 이미 시작되었다. 반도체에 대한 전 세계 산업의 의존도는 날로

심화되고 있다. 언제든 새로운 혁신 기술이 나타나면 지금의 지배 기술은 역사의 뒤안길로 사라질 수 있다. 반도체 업체들 간의 치킨게임으로 언제든 공룡 같은 업체들이 하루아침에 쓰러지거나, 어제까지 적이던 업체들이 합병하여 새로운 경쟁 구도가 만들어질 수도 있다.

이처럼 한 치 앞을 내다보기 힘든 상황에서 한국이 이 반도체 삼국지의 승자가 되기 위해서는 종합적이면서도 차별화된 전략을 준비해야 한다. 이를 위해 먼저 일본과 중국을 분석할 필요가 있다. 일본은 어떻게 반도체 산업의 리더가 될 수 있었는지, 그리고 왜 그 자리를 계속 지키지 못했는지를 살펴보는 것은 우리에게 많은 교훈을 줄 수 있을 것이다. 또한 전례 없을 정도로 빠르게 쫓아오고 있는 중국의 강점과 약점은 무엇인지를 보다 상세하고 냉정하게 살펴봄으로써 한국이 대응할 수 있는 방향을 찾아낼 수 있을 것이다. 그리고 우리는 한국이 다시 반도체 산업에서 제2의 도약을 이루고, 나아가 초격차를 유지하기 위한 전략은 무엇인지 짚어볼 것이다.

이 책이 모쪼록 한국 반도체 산업의 현재와 미래에 관심을 가진 독자들에게 충실한 정보와 의미 있는 분석을 제공할 수 있길 바란다. 브런치북이라는 공간에 내 생각을 풀어보라고 제안해주신 메디치미디어 이양수 대표님, 출판을 제안해주신 강양구 기자님과 졸고를 엮어 책으로 만들어주신 뿌리와이파리 출판사, 그리고 전문적인 팩트 체크에 도움을 주신 페이스북 친구들과 성균관대학교 화학공학부 동료 교수님들께 이 자리를 빌려 감사의 말씀을 전한다.

2022년 가을
권석준

1부

일본의 영광,
그리고
느리지만 확실한 몰락

한때 전 세계 반도체 시장을 석권했던 일본 반도체 회사들의 위세는 채 30년을 가지 못했다. 세계 최초의 NAND 플래시메모리반도체 기술개발, 세계 최초의 킬로바이트급 DRAM 양산 공정 개발, 세계 최초의 CMOS 이미지센서 양산, 세계 최고 성능의 슈퍼컴퓨터 개발 같은 뉴스로 전 세계 언론의 헤드라인을 장식하던 일본의 반도체 산업은 왜 몰락하였을까? 단순히 기술력 부족 때문이었을까? 아니면 경영의 문제였을까? 그것도 아니라면 특별한 외생적인 문제기 있었을까? 일본 반도체 산업의 과거, 그리고 현재를 살펴보며 한국이 얻을 수 있는 교훈은 무엇인지, 그리고 일본의 시행착오를 답습하지 않기 위해서는 어떠한 전략이 필요한지 알아볼 필요가 있다. 이제 일본 반도체 산업의 영광의 시대, 그리고 쇠락의 과정을 살펴보도록 하자.

1

일소현명과
갈라파고스

자연의 물질세계에는 동적인 시스템과 정적인 시스템이 있다. 동적인 시스템에서는 외부에서 들어오는 입력에 따라 특정한 내부 변수가 달라지며 출력값도 계속 바뀌는 반면, 정적인 시스템에서는 외부에서 새로운 자극이 들어와도 시스템으로부터 나오는 산출물에는 거의 변화가 없다. 외부에서 들어오는 자극은 계속 시스템 안에 누적되거나 혹은 다른 메커니즘에 의해 해소되어 정적인 시스템은 항상 평형 상태를 유지한다. 정적 시스템은 외부의 자극에 거의 영향을 받지 않아 안정적이지만, 계가 갖는 고유의 특성을 벗어나는 새로운 특성이 발현되기는 어렵다. 반면 동적 시스템은 외부의 자극에 영향을 받지만, 또 그로 인해 시스템의 새로운 특성이 발현되기도 한다.

　이러한 양상은 사회와 조직에도 적용된다. 끊임없는 변화에 스스로를 변화시키며 잘 적응하는 사회와 조직이 있는가 하면, 변화보다는 그 자리에 머물러 있기를 선호하는 사회나 조직도 있다. 때로는 동적인 특성이 사회에 도움이 되기도 하고 때로는 정적인 특성이 오히려 이득인 경우도 있다. 하지만 변화에 대한 대응 능력에서는 동적인 조직과 정적인 조직의 차이가 극명하다. 동적인 조직은 변화에 대응하여 새로운 변화를 이끌어내지만, 정적인 조직은 변화를 내부로 침잠시키려 한다. 침잠에 실패하면 결국 외부의 자극에 적응하지 못하고 대응 능력을 상실하게 된다.

첨단 기술의 발전을 주도하느냐 아니면 그에 끌려가느냐의 운명 역시 변화에 대응하는 조직의 특성에 따라 갈린다. 지리적으로 인접한 한국과 일본은 수천 년의 교류를 통해 많은 점을 공유하고 있다. 그럼에도 불구하고 변화에 대응하는 한국과 일본의 특성은 꽤 다르다. 이 차이는 일본이 20세기 초반에 한국을 병합하여 35년간 식민 지배를 했음에도 불구하고 없어지지 않았다. 한국은 산업화 과정에서 일본의 모델을 적극적으로 수입하며 따라하려 했지만, 21세기 한국과 일본의 산업과 과학의 결은 비슷하면서도 꽤 다른 궤적을 보이고 있다.

한국인들은 유행에 민감하며 변화에 대한 적응이 빠르다. 일본인들은 유행에 덜 민감하며, 상대적으로 변화에 대응하는 속도가 느리다. 왜 이런 차이가 발생했는지는 대단히 흥미로운 주제이나 이 책에서 논하고자 하는 바는 아니다. 다만 이 차이는 두 나라의 반도체 산업 발전 과정에서 여실히 드러났다. 일본의 반도체 산업은 기술력 확보에만 초점을 맞추었는데, 이는 글로벌 시장의 변화에 대응할 수 있는 순발력을 약하게 만드는 요인이 되었다. 반면 한국의 반도체 산업은 일견 일본의 발전 과정을 닮았으나, 기술력 확보는 물론 시장 변화에 적극 대응하는 방식으로 적응력을 키워왔다.

일본 반도체 산업의 역사를 본격적으로 살펴보기 전에, 일본의 과학기술 연구와 이를 기반으로 한 산업 경쟁력이 어떻게 확보되었는지를 먼저 들여다볼 필요가 있다. 물론 이 책의 성격상 그 자세한 역사를 모두 짚어보기는 힘들고, 다만 일본의 기초과학 분야에서의 노력과 반도체 산업 같은 첨단 산업에서의 지배력 사이에 어떤 연관이 있었는지에 초점을 맞춰보려 한다.

일본은 2000년 이후에만 무려 열여덟 명의 노벨 과학상(물리, 화학, 생리의학) 수상자를 배출했다. 아마도 이 숫자는 당분간 계속 늘어날 것이다. 미국에 이어 두 번째로 많은 숫자다. 매년 가을 노벨상 수상자가 발표될 때마다 우리나라 언론은 한목소리로 일제히 한국은 뭐하고 있냐느니, 일본을 배워야 한다느니, 일본의 수상 원천은 장인정신에 있다느니 하는 기사를 어김없이 쏟아낸다. 일본이 이렇게 많은 노벨상 수상자를 배출하는 데에는 여러 이유가 있겠지만, 기본적으로는 일본의 기초과학 경쟁력이 뛰어나기 때문이다. 그리고 그 경쟁력의 가장 핵심적인 원천은 다름 아닌 그들의 '일관성' 문화다.

에도 시대 이래 일본 사회에는 이른바 '일소현명(一所懸命, 잇쇼켄메이)'이라는 철학이 공고하게 자리잡고 있다. 이는 말 그대로 한 장소에서 자신의 모든 것을 바친다는 의미이다. 예전에는 이 철학이 좁은 의미에서 '조상 대대로 이어받아 온 영지를 목숨 걸고 사수한다'는 뜻으로 쓰였지만, 오늘날에는 한 직업, 한 회사, 한 조직, 한 분야에 골몰하여 집중한다는 의미로 확장되었다. 영지를 사수해야 하므로 영주든 사무라이든 농민이든 평생 경계를 벗어나는 일이 거의 없다. 사회는 정주형 사회가 되며, 아버지의 직업을 아들이 물려받는 것이 미덕인 문화가 자리잡았다.

정주형 사회의 철학은 학문 영역, 특히 기초과학의 발전에 도움이 될 수 있다. 기초과학 연구는 하루아침에 결실을 맺기 어려우며, 꾸준한 연구와 투자가 뒷받침되어야 성과를 낼 수 있다. 몇 년 사이에 눈에 띄는 결과를 내지 못해도 꾸준한 연구를 사회적으로 장려하고 지원하며 그러한 연구자를 존경하는 풍토가 있어야 가능한 것이다. 기초과학 분야에서는 이러한 일본의 일소현명 철학이 힘을 발휘했고, 메이지 유신 이래 과학에 투자한 시간이 충분히 누적되며 기초과학 강국이 될 수 있었던 것이다.

　이 '일소현명' 정신은 개인 연구자만이 아니라 스승에서 제자로, 대를 잇는 연구로까지 이어진다. 예를 들어, 2002년 고시바 마사토시小柴昌俊 도쿄대학교 물리학과 교수는 우주 중성미자neutrino를 실험적으로 관측한 업적으로 노벨 물리학상을 수상했고, 이로부터 13년 후인 2015년에는 그의 제자이자 역시 도쿄대 물리학과 교수인 가지타 다카아키梶田隆章 교수가 중성미자가 질량을 가지고 있음을 실험적으로 관측하여 확정한 공로로 노벨 물리학상을 받았다. 그런데 다카아키 교수가 노벨상을 받는 데에는 중성미자 연구 기반시설인 슈퍼 카미오칸데Super-Kamiokande에서 얻은 데이터가 큰 도움이 되었다. 이 시설은 도쿄대 물리학과 교수이자 도쿄대 우주선宇宙線 연구소 소장이었던 도쓰카 요지戶塚洋二 교수가 평생을 바쳐 만든 곳이기도 하다. 도쓰카 요지 교수는 카미오칸데에서 발생한 실험시설 폭발 사고에 책임을 지고 소장직에서 물러난 후 건강이 악화되었고, 결국 노벨상을 수상하지 못한 채 눈을 감았다. 도쓰카 요지 교수 역시 고시바 마사토시 교수의 제자이기도 한데, 학문적 공헌도로 보아 몇 년만 더 살았더라면 그 역시 노벨 물리학상을 수상할 것이 거의 확실했다.

일본 최초의 노벨상 역시 물리학에서 나왔는데, 그 주인공은 중간자meson를 예견했던 유카와 히데키湯川秀樹 교수였다. 유카와 교수는 앞서 일본 최초의 물리학자로 불리는 야마카와 겐지로山川健次郎에서 나가오카 한타로長岡半太郎, 니시나 요시오仁科芳雄로 이어지는 일본의 물리학 사제 학맥을 잇는 주인공이기도 했다. 니시나 요시오 교수의 제자 중 다른 한 명은 도모나가 신이치로朝永振一郎 교수로서, 그 역시 노벨 물리학상 수상자. 일본의 일관성과 집중력은 비단 물리학뿐만 아니라 다른 기초과학 분야에서도 발현되는데, 몇 년 전에 해외 토픽으로 큰 화제가 되기도 했던 거의 반세기에 걸친 실험적 산림 조성 연구 사업도 그 대표적인 사례라고 할 수 있을 것이다.

치열하게 하나의 문제에 골몰하여 기어코 그것을 해결하고야 마는 이러한 일본의 일관성 문화는 꾸준함을 필요로 하는 기초과학 연구에는 아주 특화된 장점이었다. 그러나 그 집중력이 한편으로는, 역설적으로 일본의 산업 경쟁력이 글로벌 수준에서 뒤처지게 만드는 단점이 되기도 하였다.

한때 전자 산업의 왕국으로 불리기도 했던 일본은 언젠가부터 자주 '갈라파고스'라고 비하되곤 한다. 진화론의 창시자 찰스 다윈의 탐험지로도 유명한 갈라파고스는 알다시피 오랜 시간 외부와의 교류가 단절된 채 독립된 진화의 길을 걸어, 다른 지역에서는 볼 수 없는 독특한 생물종을 보유한 섬이다. 산업의 갈라파고스화는 특정 지역에 특화된 서비스가 점점 국제 표준이나 세계 시장의 추세와 다르게 발전하며 고립되는 현상을 의미한다. 이러한 불명예스러운 별명은 1990년대 후반부터 시작된 디지털 혁명과 IT 산업의 성장 과정에서

붙여졌다.

예를 들어 일본은 1G 에서 2G 이동통신으로 넘어가는 과정에서 자국이 설정한 독자적 표준인 PDC 규격을 채택했다. 그런데 이동통신은 2G부터 본격적으로 사용자의 수요 급증에 대응한 디지털 방식으로의 전환이 이루어지며 미국이나 한국에서는 CDMA, 유럽은 GSM 등의 표준이 확립되고 있었다. 일본의 휴대전화 기업들은 우선적으로 자국 시장을 대상으로 한 PDC 규격 개발에 주력했고, 결과적으로 일본 열도를 벗어나지 못해 세계로 진출하는 한국의 휴대전화 기업들에 뒤처지게 되었다.

이와 함께 일본의 모바일 산업은 기형적인 구조를 갖게 되었다. 단적인 예로, 일본에서는 스마트폰 이전 세대의 핸드폰인 피처폰 사용자 비율이 2014년까지도 스마트폰 사용자 비율보다 높았을 정도였다(한국은 2011년에 스마트폰이 피처폰을 역전했다). 이런 현상의 배경에는 피처폰으로도 무리 없이 생활하던 중에 굳이 스마트폰으로 라이프스타일을 바꾸려고 하지 않았던 일본 소비자들의 성향이 있었다. 그리고 또 한편에는 글로벌 기술표준과는 동떨어진 규격으로 산업을 지탱하려던 일본 기업들의 판단 착오가 있다.

일본의 피처폰은 일명 '가라케'[1]라고도 불리는데, 스마트폰이라면 충분히 무리 없이 사용할 수 있는 기능을 피처폰에서 억지로 돌아가게 만든 휴대전화가 대부분 가라케에 해당한다. 한국에서라면 당연히 상식인 문자메시지(SMS)를 일본 피처폰에서는 이메일(폰메일) 형

---

[1] ガラケー: 갈라파고스 케타이의 줄임말. 케타이ケータイ는 '휴대'의 일본어 '게이타이'로, 휴대전화를 뜻한다.

식으로만 전송할 수 있는데, 이를 위해서는 다른 나라에서는 잘 쓰지 않는 SMTP나 IMAP 같은 프로토콜을 따라야 한다.[2] 문제는 일본에서는 본인 인증을 할 때 핸드폰의 폰메일이 필수이므로, 이 프로토콜이 없는 시스템의 핸드폰으로는 인증이 불가능하다는 것이다. 심지어는 일본 내 이동통신사 간에서마저도 프로토콜이 통일되지 않아 호환성이 좋지 않았다.

최근에는 더욱 괴상한 스마트폰이 나왔는데, 일명 일본 내수용 스마트폰이라 불리는 '가라스마'[3]가 그것이다. 이는 스마트폰에 일본 특유의 피처폰 기능을 억지로 욱여넣은 형식의 '반피처-반스마트폰 격' 핸드폰으로, 일본 소비자들이 얼마나 피처폰에 익숙해져 있는지를 단적으로 보여 주는 사례 중 하나이다. 사실 그도 그럴 것이, 초고령화 사회인 일본에서 그나마 피처폰에 익숙했던 고령 소비자층이 핸드폰 라이프 스타일을 쉽게 바꾸기 어렵기 때문이기도 하고, 젊은 층 일부를 제외하고는 스마트폰 없이 피처폰만으로도 충분히 생활을 영위할 수 있을 정도로 대다수 소비자들의 모바일 라이프 스타일이 보수적이기 때문이다. 물론 시간이 지나면 일본에서의 스마트폰 사용자 비율도 결국 100퍼센트로 수렴하게 되겠지만, 일본의 기술력을 고려할 때 휴대전화 사용 스타일에서 보수적인 소비자 성향은 매우 흥미로운 부분이다.

일본의 산업이 갈라파고스처럼 되는 경향은 모바일이나 IT 산업

2   일부 유럽 국가와 미국의 이동통신 업체에서 여전히 이메일 표준으로 쓰는 경우가 있기는 하다.

3   ガラスマ: 가라케와 스마트폰スマホ의 합성어이다.

외에도 곳곳에서 만날 수 있다. 예를 들어, 일본의 경차 규격은 전장 3.4미터, 배기량 660시시로, 소형차 중에서도 초소형차 정도나 겨우 통과될 정도로 비좁은 규격이다. 이 때문에 글로벌 자동차 회사들이 일본 경차 시장에 진출하는 것은 거의 불가능에 가깝다. 반대로 일본의 경차 역시 외국 시장으로의 진출이 거의 불가능하다. 일본 내수 시장에서 경차의 비율이 절반에 육박하다 보니, 일본 자동차 회사들이 글로벌 경쟁력을 가지고 있는 소형차나 중소형차 같은 차종이 오히려 자국 시장에서는 잘 팔리지 않는 아이러니한 상황도 생겨난다. 단적인 예로, 미국에서 수십 년간 꾸준히 팔리고 있는 도요타의 코롤라나 혼다의 시빅(둘 다 중소형)은 미국 전역에서 언제든 쉽게 만날 수 있지만, 정작 일본 시내에서는 찾아보기가 쉽지 않을 정도다.

디스플레이 산업 역시 예외가 아니다. 일본은 한국과 대만, 중국의 디스플레이 업체에 대항하기 위해 정부 주도로 히타치, 도시바, 소니의 디스플레이 부문을 통합하고 2012년 재팬디스플레이JDI를 출범시켰다. 그러나 JDI는 매년 실적 부진에 시달리다 못해 2019년에는 자기자본 비율이 마이너스로 추락하며 위기에 빠졌다(2018년 2분기 기준, 매출은 전년보다 12.5퍼센트 줄어든 904억 엔, 영업손실은 274억 엔, 순손실은 832억 엔이었다). 앞으로의 전망도 밝지 않다. 시장점유율은 계속 떨어지고, 고부가가치 제품이나 부품의 수익 창출 능력도 부족하며, OLED에 투자한 규모 역시 한국이나 중국 업체에 못 미쳐, 앞으로의 경쟁에서 밀릴 수밖에 없는 형국이다.

JDI의 실패 원인은 무엇보다 정부 주도로 공기업 비슷한 IT 기업을 출범시킨 시대착오적인 조치일 것이다. 그러나 더 근본적인 이유가 있다. 1990년대 중후반부터 2010년대 초반까지 일본의 전자 산업 분야 공룡들이 예전 기술에만 집착하며 급변하는 차세대 디스플레이 기술의 변화 방향을 감지하지 못했던 것이다. 일본 기업들이 이미 성숙하여 기술 발전 여지가 거의 없었던 LCD와 그나마 차세대 기술이라고 밀던 PDP에 집중 투자할 때, 중국과 특히 한국 업체들은 그간 불가능하다고 여겨졌던 OLED의 대면적화와 양산기술 개발에 성공하였다. 일본은 원래 유기반도체 등 OLED 원천 물질에 대한 특허를 많이 가지고 있었지만 LCD와 PDP에 집중한 탓에 OLED에 대한 기술 투자는 상대적으로 뒤처졌었다. 결국 이미 디스플레이의 판세가 저부가가치의 LCD에서 고부가가치의 OLED로 넘어가는 와중에, 일본 기업들의 한결같은 LCD, PDP 사랑은 OLED 시장에서의 경쟁력을 상실하게 만드는 결정적인 원인이 되었다.

이 밖에도 일본의 주요 산업이 갈라파고스화된 사례가 꽤 많이 있다. 예를 들어 소니의 대표적인 판단 미스로 알려진 메모리 스틱, 레이저 디스크 기술, Shift-JIS 같은 문자 입력 체계 등은 일본에서만 통용되는 기술이다. 물론 소니와 필립스가 공동 개발한 CD나 샌디스크, 도시바, 파나소닉이 공동으로 개발한 SD카드처럼 표준화에 성공한 경우도 간혹 있긴 하다. 그렇지만 자신들의 기술에 대한 지나친 자부심과 자신감은 첨단 기술 분야, 특히 반도체 산업에서의 반복된 실책의 배경이 되었다.

결국 '일소현명' 정신으로 대표되는 일본 사회의 일관성 문화는 그들의 과학기술과 산업 경쟁력에 양날의 검이 된 셈이다. 한 우물을 끈질기게 파고드는 정신 덕분에 일본은 기초과학에서 앞장서 나가고 기업들이 한때 세계 정상에 머물 수 있었다. 하지만 수십 년간 성공 가도를 달리던 분위기에서 기존의 방식과 기술을 쉽게 바꾸지 못했던 기업의 문화, 소비자의 성향, 사회의 분위기, 국가적 철학은 한 우물에만 갇혀 있게 만든 요소가 된 것으로도 볼 수 있겠다.

한국은 일본과 반대의 경우라고 할 수 있다. 일관성 측면에서는 일본에 비할 바가 아니지만, 그만큼 유행에 적응하는 능력이 뛰어나서 급변하는 기업 환경과 기술 변화를 빠르게 파악하고 적응할 수 있었다. 부족한 일관성과 참을성 때문에 수십 명의 노벨상 수상자로 대표되는 일본에 비견될 정도의 기초과학 성과는 여전히 나오지 않고 있다. 본격적으로 기초과학에 투자다운 투자를 하여 집중하기 시작한 지 한 세대 정도밖에 되지 않았으니, 한국인들이 그렇게 바라 마지않는 노벨 과학상도 당분간 나오기는 어려울 것이다. 하지만 한국 정도의 인구와 국토 면적을 가진 나라가 강대국들에 둘러싸인 상황에서 살아남을 수 있는 방법은 제조 입국, 기술 입국, 수출 입국밖에는 없었을 것이다. 어찌 보면 지금까지는 국가의 자원을 최적으로 배분한 것일 수도 있다.

정적인 일본의 문화와 달리 동적인 한국의 시스템과 문화가 앞으로 어떻게 한국의 발전에 작용할지는 두고 봐야 할 것이다. 한국은 그 동안 급변하는 기술을 빠르게 따라잡는 패스트팔로워fast follower 전략으로 큰 성공을 거두었다. 하지만 따라잡을 상대가 없어진 시점이 도래하면(반도체의 경우에는 이미 추격당하는 입장에 선 지 오래되었다) 이제까지와는 다른 접근이 필요하다. 이제부터는 국가의 자원을 일관성 있게 할당해야 한다. 일본을 그대로 따라할 필요는 없지만, 적어도 기초과학에 대한 정부 투자에 있어서는 일본의 사례를 발전적으로 벤치마킹할 필요가 있다. 다음 세대, 그리고 그다음 세대의 한국 기업들은 세계 최고 수준의 선진 기업들과 경쟁해야 할 것이다. 이 싸움에서 버티고 이길 수 있는 실력과 맷집은 기초과학에서 나올 것이 므로, 당장의 성과가 없더라도 기초과학에 대한 과감하고 꾸준한 투자가 꼭 이루어져야 한다.

일본이라는 선례가 있는 것은 한국 입장에서는 어찌 보면 행운이다. 한국은 유사한 조건을 가진 일본 기업들의 성쇠의 경험으로부터 실질적으로 참고할 수 있는 반면교사와 타산지석 사례를 얻었다. 일본의 집중력은 배우되 한국의 적응력은 키우고, 일본의 실패에서 교훈을 얻되 한국의 경쟁력은 보존하는 지혜를 길러야 한다. 일본이 기초학문을 존중하는 문화를 우리 것으로 만들되 산업의 갈라파고스화를 자초한 근시안은 경계해야 하며, 일본의 한 우물 파기 노하우를 배우되 한 우물에 갇혀 있는 개구리가 되는 우를 피해야 할 것이다. 그런 맥락에서라도 일본에 대한 불가근불가원 태도는 계속 견지해야 한다. 지나치게 멀리하면 익히고 배울 것이 없어지고, 지나치게 가까이하면 그들의 시행착오를 답습하게 될 것이다.

2

일본 반도체 왕국,
그 영광의 시대

2020년 기준, 전 세계 반도체 시장점유율 1위는 인텔, 2위는 삼성전자(삼성전자는 2021년에 인텔을 제치고 1위로 올라섰다), 3위는 TSMC, 4위는 SK하이닉스, 5위는 마이크론이다(그림 1.1 참조).

일본 기업은 10위 안에 하나도 없고, 15위권 이내에는 메모리반도체 업체인 키오시아Kioxia 한 군데밖에 없다. 그나마도 베인캐피털 Bain Capital 같은 사모펀드가 회사 지분의 절반 이상을 소유하고 있는 사실상 다국적 회사다. 세부 시장별로 보면, 메모리반도체는 한국의 삼성전자와 하이닉스가 75퍼센트를 점유하고 있으며 시스템반도체는 미국이 65퍼센트 정도 점유하고 있다. 파운드리는 대만의 TSMC와 한국의 삼성전자가 1, 2위로 시장을 사실상 양분한 가운데, TSMC의 파운드리 시장지배력이 날로 강화되고 있다. 반도체 시장 전체를 놓고 보면 한국이 25퍼센트, 미국이 50퍼센트, 대만이 15퍼센트를 점유하고 있어 미국, 한국, 대만이 사실상 과점하고 있다고

2020 순위	2019 순위	회사명	국가
1	1	인텔	미국
2	2	삼성	한국
3	3	TSMC	대만
4	4	SK하이닉스	한국
5	5	마이크론	미국
6	7	퀄컴	미국
7	6	브로드컴	미국
8	10	엔비디아	미국
9	8	TI	미국
10	9	인피니온	유럽
11	16	미디어텍	대만
12	14	키오시아	일본
13	15	애플	미국
14	11	ST	유럽
15	18	AMD	미국

그림 1.1 **전 세계 반도체 업계의 매출 순위(2020년 기준)** (출처:IC Insights)

해도 과언이 아니다. 나머지 10퍼센트는 NXP나 보쉬 같은 유럽 업체, 화웨이華爲, SMIC(중신궈지中芯國際) 등 중국 업체, 그리고 일본 업체들이 나눠 점유하고 있는 형국이다.

이렇게 전 세계 반도체 시장을 미국과 한국, 그리고 대만이 삼분하는 사이에 일본 반도체 기업들의 점유율은 나날이 줄어들어왔다. 물론 일본의 반도체 산업이 완전히 몰락했다고 보기는 어렵다. 기존의 일본 반도체 기업들이 시장에서 밀려나던 때에 소니는 이미지 센서(CCD나 CMOS)라는 확실한 카드를 가지고 새로이 등장했다. 소니는 다른 일본 반도체 기업과는 달리 2010년 이전까지만 해도 세계 시장에서 존재감이 별로 크지 않았다. 그러나 세계 반도체 시장점

순위	회사명	국가	매출액(10억 달러)	시장점유율(%)
1	인텔	미국	7.6	9.2
2	NEC	일본	7.1	8.6
3	도시바	일본	6.3	7.6
4	모토로라	미국	5.8	7.0
5	히타치	일본	5.2	6.3
6	TI	미국	4.0	4.8
7	삼성	한국	3.1	3.8
8	미쓰비시	일본	3.0	3.6
9	후지쓰	일본	2.9	3.5
10	마쓰시타	일본	2.3	2.8

그림 1.2 **전 세계 반도체 업계의 매출 순위**(1991년 기준) (출처:IC Insights)

유율 15위권에 진입한 2012년 이래, 15위권 내외의 자리를 꾸준히 지키고 있는 중이다. 2010년대에는 스마트폰 카메라용 이미지센서 수요가 급증한 혜택을 보았는데, 2020년대 이후에는 의료용 장비와 자율주행차용 이미지 장비로 인한 수요 급증이 예상되어 소니의 CMOS 시장점유율은 적어도 40퍼센트를 넘을 것으로 전망된다. 다만 2022년에 382억 달러로 성장이 예상되는 이미지센서 시장은 그 자체로만 보면 작지 않은 규모지만, 약 4224억 달러(2020년 기준, 시스템반도체 2547억 달러, 메모리반도체 1677억 달러)에 이르는 전체 반도체 시장을 생각하면 시장의 주류라고 보기는 어렵다.

일본이 전자 산업과 반도체 산업을 주도하던 과거의 순위는 어땠을까? 1980년대 중반부터 1990년대 초반까지 반도체 상위 열 개 기업 중 무려 여섯 개가 일본 기업이었다. NEC(일본전기), 도시바, 히타치, 후지쓰, 미쓰비시, 마쓰시타가 그들로, 당시 일본 기업들의 영향력이 얼마나 막강했을지 짐작할 수 있다(그림 1.2 참조).

이렇게 전 세계를 주름잡던 일본의 반도체 기업들이 불과 30년 만에 변방으로 밀려난 이유는 무엇일까? 반도체 산업은 주기적인 경기 변동이 있고 기술 경쟁이 치열한 것으로 유명하다. '치킨게임'이라는 용어가 가장 자주 언급되는 분야도 바로 반도체 산업이다. 가뜩이나 경쟁이 격화된 오늘날의 세계 경제에서 아무리 반도체 시장을 호령하던 일본의 업체들이라도 수십 년 이상 그 위치를 지키기란 쉽지 않았을 것이다. 하지만 그렇더라도 겨우 한 세대 남짓한 기간 만에 쟁쟁하던 일본의 반도체 기업들이 밀려나게 된 것은 주목할 만한 부분이다.

일본에 이어 반도체 산업을 주도하고 있는 우리 입장에서는 일본의 몰락을 강 건너 불구경하듯 볼 수 없다. 2010년대 들어 점점 극심해지고 있는 미국과 중국의 반도체 기술 전쟁, 중국의 공격적인 반도체 굴기 투자, 미국의 자국 반도체 산업 보호, 대만의 굳건한 파운드리 지배를 비롯하여 하루하루 달라지는 시스템반도체 생태계 등을 생각하면, 한국의 반도체 산업은 언제든 외부의 위협에 노출될 수 있다. 타이밍에 맞게 필요한 내부 개혁을 이뤄내지 못한다면, 한국 역시 일본이 걸었던 것과 비슷한 쇠망의 길을 갈 가능성이 상존한다. 일본과 다른 길을 가기 위해서도 일본 반도체 산업의 흥망성쇠를 살펴볼 이유가 여기에 있는 것이다.

3

일본 반도체 산업의 중흥과 시련

1970년대까지만 해도 한국, 중국, 대만, 일본 같은 동아시아 국가들이 반도체 산업에서 차지하는 비중은 미미했다. 한국, 중국, 대만에는 그럴듯한 글로벌 수준의 반도체 회사 자체가 없었고, 일본도 내세울 수 있는 기업은 히타치제작소 정도가 전부였다. 참고로 일본 기업 중에서 가장 먼저 반도체 사업에 진출한 곳은 히타치가 아닌 파나소닉이었다. 파나소닉은 1952년에 네덜란드 전자 회사인 필립스와 합작회사를 만들었고, 이를 통해 반도체 사업에 진출한 바 있다.

당시 반도체 산업을 지배하던 기업은 대부분 IBM, TI(Texas Instruments), 모토로라, 인텔 같은 미국 회사들과 필립스나 지멘스 같은 서유럽 회사들이었다. 사실 메모리반도체의 대명사인 DRAM의 경우, 인텔이 1971년 1Kb 용량의 DRAM을 발명하였으니 초기의 반도체 산업을 미국 기업이 주도했던 것은 당연하다고 할 수 있다.

일본은 후발주자로 출발했지만 전후 복구 과정에서의 막대한 투자와 글로벌 경기 상승 국면이 맞물리면서 성장의 발판을 마련한 상태였다. 파나소닉과 히타치를 비롯하여 NEC, 도시바, 후지쯔, 미쓰비시전기 같은 기업들은 컴퓨터에 대한 산업 수요가 증가함에 따라 각종 산업용 기계에 대응할 아날로그 반도체 및 범용 반도체 시장의 성장 가능성에 주목했다. 이 업체들은 비슷한 시기에 반도체 산업에 차례로 뛰어들었는데, 미국과 유럽 기업들에 비해서는 상대적으로 진입이 늦은 상황이었다. 하지만 일본 기업들은 정부의 막강한 연구개발 투자, 산학연이 연계된 톱니바퀴 같은 연구개발 산업화 생태계, 그리고 원천 선행기술에서 확보한 다양한 기술 IP를 바탕으로 1980년대 초반부터 시장을 장악해나가기 시작했다.

일본의 반도체 산업은 일본 정부의 치밀한 계획이 밑받침이 되었다는 점을 간과하지 않아야 한다. 1970년대에 오일 파동을 겪으며 일본 정부는 지속 가능한 경제 발전을 위한 핵심 과제로 첨단 산업 육성을 선정하고, 통산산업성 주도로 '초LSI기술연구조합'이라는 일종의 민관 연합기구를 만들었다. 일본 특유의 관 주도 방식으로 탄생한 이 단체는 개별 기업 차원에서는 미국의 앞선 기업들을 따라잡기 어려운 상황에서 일본의 반도체 기업들 간 연구개발 비용의 중복 투자를 방지하고 기술 노하우를 공유하며 시장 변동에 대해 공동으로 대응할 수 있는 토대로 작동하였다. 특히 이 단체는 일본의 독자적인 반도체 산업 생태계를 창출하는 것도 목표로 잡았다. 이 과정에서 대규모 반도체 업체들은 물론이고, 실리콘 웨이퍼 같은 반도체 소재, 에칭이나 증착 등의 공정 장비, 기타 부품 관련 중소기업들이 많이 육성되었다. 결과적으로 강고한 반도체 산업 생태계는 일종의 수직화된 반도체 산업 구조를 형성했고, 이는 일본 반도체 산업의 효율성을 보장하는 시스템이 되었다.

1980년대부터는 DRAM이 대용량 컴퓨터와 통신 장비에 필수적인 부품으로 인식되기 시작하면서 DRAM 수요가 폭증하기 시작했다. 이미 이러한 시장 상황을 예견하고 선도적인 투자를 했던 일본 업체들은 우수한 공정 수율과 상대적으로 저렴한 단가에 엔저 호황까지 겹쳐 그전까지 미국이 사실상 독점하던 반도체 시장을 평정할 수 있었다. NEC는 1985년부터 1991년까지 반도체 시장점유율 1위를 기록하였고, 같은 기간 매출액 기준 반도체 상위 10개 사 중 6개가 일본 기업이었다.

이렇게 몇 년 사이에 일본이 약진할 수 있었던 것은 이른바 치킨게임에서 승리했기 때문이었다. 이미 선행기술과 반도체 산업 클러스터에 엄청난 연구개발 투자를 하여 생산 수율과 품질에서 압도적으로 앞선 기술력을 확보한 일본 기업들은 마침 엔저 호황으로 막대한 자금력까지 보유하게 되자 미국의 AMD, 마이크론, 그리고 인텔 같은 기존의 강자를 상대로 치킨게임을 벌일 수 있게 되었다. 치킨게임에서 승리하게 된 일본은 무려 80퍼센트 가까이 글로벌 시장을 점유하며 승자 독식의 포지션을 취할 수 있었다. 오죽했으면 당시 충격을 받은 미국 언론들이 일본의 치킨게임을 '제2의 진주만 습격'이라는 원색적인 어구로 표현했을까.

반도체 제조 산업에서는 종종 치킨게임이 벌어지곤 한다. 비교적 짧은 주기로 거대 자본이 투입되어야 하며 그만큼 신규 업체의 진입이 어렵고 원가 경쟁을 이어가기가 어려운 시장이기 때문이다. 반도체 업체의 치킨게임은 대략 다음과 같은 과정으로 이루어진다.

① 선행주자는 선행기술 투자로 확보된 노하우를 이용하여 후발주자에 비해 상대적으로 고품질의 반도체칩을 만든다.

② 후발주자가 시장에 진입하는 시기에 선행주자는 이미 현재 기술 기반의 반도체칩에서 다음 세대 기술 투자를 위한 충분한 자금을 회수한 상태이다.

③ 후발주자가 시장에 진입하기 위해 단가를 낮추면, 선행주자는 이미 확보된 넉넉한 자금을 바탕으로 단가를 압도적으로 더 낮춰버린다.

④ 후발주자의 자금력에는 한계가 있으므로 원가보다 한참 낮은 단가를 오래 버티기가 힘들고, 이 과정에서 자금 회수가 안 되는 대부분의 후발주자들은 떨어져나간다.

⑤ 시장은 다시 소수의 선행주자들의 과점 상태가 되며, 반도체칩의 가격은 이들의 기술개발 사이클에 맞춰 원상 복구된다.

⑥ 그리고 후발주자가 다시 그 다음 세대의 반도체 시장에 뛰어들지만, 과정은 ①단계로 되돌아간다.

하지만 후발주자가 치킨게임의 승자가 되는 경우도 있다. 대표적인 사례가 삼성전자이다. 1984년에 삼성은 64Kb DRAM을 앞세워 세계 시장에 도전장을 내밀었는데, 하필 그 시기는 전 세계 메모리 시장에서 수요가 공급보다 작았던 역시장이었다. DRAM의 가격은 나날이 떨어지고, 일본 업체들을 제외한 나머지 업체들의 수익성은 악화되고 있었다. 1985년에 64Kb DRAM의 생산원가는 1달러 70센트인데 가격은 1달러 30센트까지 떨어졌다. 64Kb DRAM 하나를 팔 때마다 40센트씩 손해를 보는 셈이었다. 삼성이 야심차게 시작한 반도체 사업은 처음부터 위기에 몰렸다.

삼성은 이 치킨게임 국면을 전혀 의외의 방식으로 통과했다. 삼성전자의 경영진은 업계의 상식과는 정반대로 바로 다음 세대 제품(256Kb DRAM)의 공급량을 늘리는 공격적인 결정과 함께 그다음 세대(1Mb DRAM)의 선행기술 개발에 더 막대한 투자를 하는 역공법을 취함으로써 역시장에 대응하였다. 즉, 이전 세대 기술을 채택한 제품에서 회수한 자금을 선순환시켜 다음 세대 기술 기반의 제품 라인을 만드는 종래의 방식이 아닌, 이전 세대 제품은 그냥 치킨게임의 희생물로 바치고 신규 투자로 바로 다음 세대 라인을 건설하는 전략으로 대응했던 것이다. 삼성의 이러한 전략은 1987년 들어 반도체 사이클이 다시 호황으로 접어들고 1Mb DRAM이 주력이 되자 코너에 몰려 있던 삼성을 기사회생시킨, 말 그대로 신의 한 수였다. 물론 한국의 금성반도체를 비롯한 대부분의 후발주자들은 투자된 자금의 회수 없이 신규 투자를 할 만큼 기초 체력이 튼튼하지 못해 적자를 고스란히 떠안고 시장에서 철수한 후였다.

또 이른바 램버스 사태라고 불리는 사례도 있다. 1990년대 후반, 차세대 메모리반도체 방식을 놓고 당시 램버스 DRAM 방식[4]과 DDR DRAM 방식[5]이 경쟁을 하던 과정에서, NEC, 마이크론, 인피니온 같

---

4   램버스 DRAM은 1992년 램버스사에서 개발한, 고속직렬버스 기반으로 대역폭이 대폭 향상된 메모리를 의미한다. 그러나 램버스 외의 다른 회사에서는 이 방식의 메모리를 생산할 수가 없었고, 메모리 업체들이 이에 맞서 DDR 방식의 메모리를 채용하기 시작하면서 결국 시장에서 퇴출되었다.

5   Double Data Rate Synchronous Dynamic Random Access Memory(DDR SDRAM)를 말한다. 여기서 SDRAM은 동기식 DRAM을 의미하며, CPU의 동작 클럭과 주기를 맞춰서 데이터 입출력 및 전송이 가능하기 때문에 소비 전력이 줄어들고 데이터 처리 속도가 빨라지는 장점이 있다. SDRAM 방식 중에서도 DDR은 말 그대

은 2~4위 업체들이 삼성전자를 견제하기 위해 램버스 DRAM에 대한 투자를 대폭 확대하며 시장 주도권 쟁탈을 벌였다. 삼성전자는 오히려 램버스 방식을 포기하고 DDR 방식에 올인했는데, 인텔이 램버스 DRAM에 대한 지원을 포기하면서 차세대 메모리 표준은 램버스가 아닌 DDR로 넘어가게 되었다. 삼성이 막대한 자금력을 램버스와 DDR에 반반씩 분배했다면 시장의 충격이 분산되었겠지만, 삼성은 DDR에 올인했고, 램버스 방식으로 주도권을 잡으려던 업체들은 대형 적자를 안게 되었다.

반도체 치킨게임은 지금도 여전히 벌어지고 있다. 2009년에는 독일의 DRAM 업체이자 인피니온의 자회사인 키몬다Qimonda가 치킨게임 끝에 파산했으며, 2012년에는 일본의 DRAM 업체인 엘피다가 대형 적자가 누적된 끝에 파산했다. 이와 관련해서는 뒤에서 더 자세히 살펴볼 것이다.

어쨌든 다시 본론으로 돌아와서, 그렇다면 1980년대 중반 일본의 반도체 5인방(후지쯔, 미쓰비시, NEC, 도시바, 히타치)이 DRAM 가격을 폭락시켜 미국을 상대로 한 치킨게임에서 승리할 수 있었던 이유는 무엇이었을까?

그것은 일본 반도체 회사들이 공통적으로 풍부한 자금을 확보했다는 것과 더불어, 선행주자보다 반 발 앞선 기술개발 투자를 감행하고 있었기 때문이다. 그럴 수 있었던 배경에는 70년대부터 시작된 일

로 이중으로 데이터를 전송하는 방식이므로 데이터 전송 속도가 더욱 빠르다. 2002년 처음 공개된 후, 2004년 DDR2, 2005년 DDR3, 2014년 DDR4, 2021년 DDR5로 계속 성능 개선이 이어지고 있으며, 현재 SDRAM의 가장 널리 쓰이는 표준으로 자리 잡고 있다.

본 정부(통상산업성과 재무성)의 집중적인 산업 육성책이 있었다. 소수의 대기업 위주로, 일본 통산성과 재무성은 거의 0퍼센트에 가까운 자금 대출, 공동 R&D 과제 도출, 외국 반도체 기업에 대한 일본 진출 장벽 강화(특히 일본 기업으로의 기술이전을 요구했다) 등의 제도적 장치를 만들었다. 특히 1976~79년 사이, 일본 통산성은 당시 기준으로는 한 해 정부 예산(대략 20조 엔)의 약 0.1퍼센트에 해당하는 2억 달러 정도를 VLSI 설계 기술 확보를 위한 R&D 자금으로 후지쓰, 미쓰비시, NEC, 도시바, 그리고 히다치의 반도체 5공주에게 집중 지원하기도 했다. 공식 통계는 아니나, 당시 겉으로 드러나지 않은 간접적인 금융지원책까지 합치면, 1976~79년 사이에 일본 통산성과 재무성이 이들 5공주에게 집중 지원한 패키지 규모는 5억 달러를 훌쩍 넘는다는 추정도 있다. 이에 도움을 받은 일본 반도체 업체들은 중복 R&D 투자를 피하여 기술격차를 매우 저렴한 비용으로 줄일 수 있었으며, 공정 수율 개선 쪽으로 기술을 집중 개발하는 전략을 취하여 미국 업체들에 비해 수율을 10퍼센트 이상 높이는 기술적 우위를 빠른 시간에 달성할 수 있었다.

일본 반도체 회사들이 시장을 좌지우지할 수준이 되자 당장 미국의 관련 업계가 나섰다. 1985년 6월, 미국 반도체산업협회SIA는 악명 높은 미국 통상법Trade Act of 1974 301조(일명 슈퍼 301조)를 걸고 넘어졌다. 이들은 미국무역대표부USTR에 일본 반도체 산업정책의 불공정성, 특히 일본 정부 주도의 반도체 산업 보조금 지급 등 불공정 무역 요소를 정치 쟁점으로 만들며 청원하였다. 같은 시기 미국의 반도체 업체 마이크론은 일본의 반도체 기업 일곱 곳을 불공정 거래, 정부의 무역 보조금 특혜, 반도체 설계 특허권 침해, 그리고 덤핑 혐

의로 USTR에 제소하였다.

미국 정부 역시 일본의 정부 주도 반도체 산업 육성 정책을 자유로운 경쟁을 저해하는 시장 교란 행위로 간주했다. 더욱이 당시 레이건 정부는 공정 무역fair-trade의 기치를 내걸고 있었다. 1986년 들어 상무부는 USTR에 제소된 반덤핑 사안에 대한 직권 조사를 시작하였고, 이후 본격적으로 일본 반도체 산업에 대한 무역 제재를 천명하였다. 이는 곧 일본 반도체 제품에 대한 보복관세 부과 결정으로 이어졌다.

보복관세로 인해 미국에 수출하는 일본 반도체의 가격이 상승했고, 이는 경쟁력 약화의 신호탄이 되었다. 미국 정부의 보복관세 조치를 장기간 버틸 수 없었던 일본 반도체 업계는 같은 해인 1986년 다소간 굴욕적인 제1차 '미·일 반도체협정'을 체결할 수밖에 없었다. 협정 조건은 일본에 지극히 불리했다. 일본 기업들은 미국에 대한 저가 반도체 수출을 중단하고, 미국 내 반도체 시장 점유율을 절반 이하로 유지하며, 1986년 기준으로 10퍼센트이던 일본 내 미국 반도체 업체 점유율(쿼터)을 1992년까지 20퍼센트로 상향 조정해야 했다. 미국의 무역 제재와 가혹한 견제 조치는 계속되었다. 반도체협정도 1991년에 다시 2차 협정이 체결되며 1996년까지 5년 더 연장되었다.

이러한 미국의 10년간의 견제에도 불구하고 일본은 반도체 시장 1위를 내주지는 않았다. 다만 일본의 반도체 대기업들은 수위권의 프리미엄을 잃어버리기 시작했다. 일본 반도체 기업들의 막대한 선행기술 투자, 제품 다변화, 후발주자에 대한 끊임없는 견제, 일본 정부의 간접적인 지원책은 여전히 유효했던 상황이었으나, 더 이상 시장 장악력을 확장하기는 어려웠기 때문이다. 기본적으로 일본은 자국 반도체 시장의 쿼터를 미국과 합의한 수준으로 내주는 바람에 자국 시장에서 안정적으로 취하던 수익의 20퍼센트를 잃게 되었고, 그만큼의 수익을 해외시장에서 벌어들여야 했으나, 해외시장은 후발주자들의 기술격차 단축과 원가 경쟁으로 인해 점유율 확장이 어려웠다. 또한 10년간의 반도체협정 기간은 장기적으로는 일본 반도체 산업이 매출과 기술 양면에서 초격차를 벌려나갈 수 있었던 소중한 시간을 잃게 만드는 조치가 되기도 하였다. 수익률과 시장점유율, 그리고 기술격차 등 모든 면에서 수위권 수성이 점점 어려워지는 가운데, 과감한 투자나 기술개발보다는 수율과 품질의 극단적인 강화 방향으로 전략의 틀을 잡았던 일본 반도체 대기업들의 실착 탓이었다.

그 기간 동안 후발주자이던 한국의 삼성전자는 과감한 라인 증설과 선행기술 개발에 힘입어 무사히 세계 반도체 시장에서 살아남았고, 시간이 지나면서 특히 DRAM 메모리반도체의 최상위권 글로벌 기업으로 올라설 수 있게 되었다. 또한 대만의 반도체 업체들 역시 본격적으로 파운드리 산업에서의 시장점유율을 높여나갈 수 있는 시간을 벌게 되었다.

4

일본 반도체
쇠망의 시작

징조

1984년 글로벌 반도체 업계의 치킨게임, 1985년의 미국 반도체산업협회SIA의 무역 제소에 이은 반도체협정, 1996년까지 이어진 미국의 무역 제재 조치, 그리고 각국의 경쟁과 견제 조치에도 불구하고 일본 반도체 업계의 시장지배력이 곧바로 약화되지는 않았다. 그 이유는 1980년대부터 시작된 팹리스와 파운드리 영역의 분리 때문이기도 했다.

  1980년대 이전까지만 해도 반도체 산업은 설계와 제조를 한 회사, 적어도 한 그룹에서 하는 것이 상식이었다. 칩의 설계는 곧 칩의 생산을 의미했던 것이다. 이처럼 설계와 생산을 분리하지 않는 방식을 '집약 소자 제조(Integrated device manufacture, IDM) 방식'이라고도 한다. 물론 이 방식이 효과를 거두려면 소재 개발, 소자 제작, 공정 개발, 수율 관리, 패키징을 포함하는 반도체 생산 전 과정을 체계적으로 수직계열화할 필요가 있다. 이 때문에, 과거에는 인텔, TI, AMD, 마이크론 같은 일부 대기업만이 IDM 방식으로 반도체 산업에서의 지배력을 유지할 수 있었다.

1980년대 들어서면서부터 미국의 일부 반도체 회사들이 이 관습에 도전장을 던지기 시작했다. 설계에 비해 생산 공정과 수율 관리는 막대한 자금과 인력, 그리고 시행착오가 필요했던 탓에 설계에만 집중하는 회사, 즉 팹리스들이 나타난 것이다. 설계에만 집중하는 팹리스 업체가 있다면 당연히 공정과 수율에만 집중하는 파운드리 업체도 생겨났을 것인데, 그 대표적인 케이스가 바로 최근 글로벌 반도체 생산의 지배력 강화에 박차를 가하고 있는 대만의 TSMC이다.

물론 모든 반도체 기업들이 설계와 생산을 분리한 것은 아니었다. 그리고 그 분리 전략은 초창기에는 오히려 시장점유율 면에서 별로 좋은 선택이 아닌 것처럼 보였다. 실제로 당시 시장을 리드하던 일본의 반도체 업체들은 시장점유율 고수와 기술 유출에 대한 염려를 근거로 여전히 설계와 생산을 분리하지 않고 수직계열화된 IDM 모델을 고집했다. 사실 일본의 반도체 기업들은 설계와 생산뿐 아니라 설계-소재-부품-공정-후공정에 이르는 전 과정을 수직계열화했고, 그 덕분에 1970년대 후반부터 장장 20년간 세계 시장을 주도할 수 있었다. 일반적으로 수직계열화된 산업이 제 궤도에 오르면 공정이 최적화되고 의사결정의 시간이 단축되며 표준을 더 효과적으로 공유할 수 있으므로 안정된 수익을 가져다줄 수 있다. 그렇기 때문에 일본 반도체 기업들은 일부 미국 회사들처럼 설계와 생산을 굳이 분리하면서까지 새로운 방식을 채택하려 하지는 않았다. 그렇지만 반도체 칩의 설계 기술이 빠르게 발전하고 공정 기술이 뒤따라 급속히 발전하면서, 설계와 생산이 통합된 방식은 더 이상 큰 이점으로 작동하지 않기 시작했다. 설계와 제조가 이원화되면서 각 분야에 특화된 기술이 더 집중적으로 개발되었고, 맞춤형 칩을 만들기 위한 설계 수요가 증가하면서 그에 대응할 수 있는 제조 기술도 동반하여 발전했다. 이는 종합 반도체 생산 방식에 비해 설계에서 생산으로 이어지는 시간을 단축할 수 있었을뿐더러, 다변화되는 시장에 더 유연하게 대처하기에 좋은 방식이었다 시대가 바뀐 것을 알아차리지 못한 일본의 종합 반도체 기업들에게 있어 IDM 모델은 오히려 그들의 발목을 잡는 형국이 되었다.

1980년대 중후반부터 1990년대 중후반까지 세계 시장의 50퍼센트를 점유하고 10대 기업에 6개 업체를 올릴 만큼 막강하던 일본의 반도체 산업은 한 세대가 지난 2019년이 되자 시장점유율이 한 자릿수(7퍼센트)까지 쪼그라들었다. 일본 정부가 구조조정 끝에 야심차게 출범시킨 엘피다메모리는 2012년에 파산했고, 도시바는 누적된 적자를 못 이겨 2017년에 반도체 사업 부문을 해외 사모펀드 컨소시엄에 매각했다(도시바의 반도체 사업 부문은 이후 2019년에 도시바-호야 연합이 지분 50.1퍼센트를 갖는 키오시아로 재출범했다). 2019년 초에는 후지쓰의 반도체 공장이 대만의 파운드리 업체 UMC에 인수되었고, 일본 정부가 절치부심하며 업계의 구조조정을 이끌어내어 출범시킨 반도체 회사 르네사스일렉트로닉스 역시 2019년에 적자를 기록했으며, 차량용 반도체 분야를 통해 부흥을 모색하고 있지만 녹록치 않다. 2021년 기준, 르네사스는 전 세계 3위(글로벌 MCU 점유율 20퍼센트) 차량용 반도체 공급업체의 자리를 지키고는 있지만, 2021년 2월 주력 공장인 이바라키茨城현 나카那珂 공장의 화재, 2022년 3월 도호

쿠東北 지방의 지진, 2022년 7월 구마모토熊本시의 공장에 떨어진 번개 등으로 인해 끊임없이 생산에 차질을 겪고 있다. 2019년 11월에는 일본 반도체 산업 최후의 보루로 여겨지던 파나소닉마저 자사의 반도체 분야 자회사(파나소닉세미컨덕터솔루션, 파나소닉-타워재즈세미컨덕터)을 대만의 신생 반도체 업체인 누보톤테크놀로지Nuvoton Technology Corporation에 매각하기로 결정하기에 이르렀다.

이로써 일본에서 반도체 시장에 제대로 발이라도 담그고 있는 기업은 소니 한 곳(도시바도 키오시아의 지분에 일정 비율 참여하고 있으므로 여전히 반도체 산업에 있어 발을 걸친 것으로 볼 수 있으나, 조만간 철수할 예정이다) 정도만 남았다. 그나마 소니는 CMOS 이미지센서에서 나오는 매출이 거의 대부분이어서 메모리반도체, 시스템반도체 모두 시장에서는 그 자취를 찾아보기 어렵게 되었다.

이 쇠락의 과정은 반도체 이전에 일본이 세계 시장을 주름잡던 LCD의 소멸 과정과 매우 유사하다. 일본은 한때 한국이나 중국은 상대가 되지 않을 정도로 전 세계 LCD 산업 분야에서 압도적인 점유율을 자랑하고 있었다. 그러나 대면적 기술 혁신과 양산 단가 경쟁에서 밀리고 LCD 사업의 수익성이 해가 거듭될수록 악화되면서 파나소닉을 필두로 샤프Sharp, 재팬디스플레이JDI 등이 시장에서 철수한 바 있다.

배경과 원인

그렇다면 일본은 왜 20년 동안 지배하고 있던 반도체 산업의 왕좌에서 내려오게 된 것일까? 달리 말하면 왜 일본은 '겨우' 20년 만에 압도적으로 지배하던 시장을 잃어버리게 된 것일까?

직접적인 계기로는 1980~90년대 '미·일 반도체협정'으로 인한 일본 반도체 업체에 대한 견제를 생각할 수 있다. 조금 더 넓게 보자면 위에서 언급한 산업 구조의 재편을 일본이 따라가지 못한 측면을 이야기할 수도 있겠다. 특히 PC 위주의 반도체 수요가 점차 정보가전과 모바일 수요로 대체되기 시작하면서, 반도체칩의 다변화 기조에 대한 대응 능력이 부족했음을 생각할 수 있다. 더 거시적인 관점에서 이야기하자면, 그 기간 동안 급격하게 수축한 일본 경제의 저성장 기조(이른바 잃어버린 10년, 20년)와 1997년 동아시아 금융위기, 2008년 전 세계 금융위기, 2011년 동일본 대지진 같은 산업 외적 요인도 언급할 수 있을 것이다.

그러나 이 책의 목적 중 하나는 일본의 쇠망사로부터 더 자세한 교훈을 얻는 데에 있기 때문에, 그 기간에 일본의 반도체 기업 내부에서 정확히 무슨 일들이 벌어지고 있었는지, 그리고 그 이후 2000~2010년대에 이들이 어떻게 실책을 거듭한 끝에 스스로 왕좌에서 내려오게 되었는지의 상세한 과정을 복기해둘 필요가 있다. 이를 살펴봄으로써 우리는 생생한 교훈과 함께 동일한 실수를 반복하지 않기 위해서는 무엇이 필요한지에 대한 힌트를 얻을 수 있을 것이다.

도시바

도시바는 1970년대에 반도체 시장에 본격 진입한 일본 반도체 기업 5총사 중 하나로, 기술을 중시하는 문화를 가진 전형적인 일본 회사이다. 도시바의 역사는 무려 150년에 가깝다. 일본 기계공학의 아버지로도 불리는 다나카 히사시게田中久重는 1875년에 다나카제작소田中製作所를 설립하고, 일본 최초로 각종 전기 제품을 시장에 출시하여 대성공을 거두었다. 이후 1939년에 산업용 전기 제품 전문 기업이자 다나카제작소의 후신인 시바우라제작소芝浦製作所와 소비자용 전기 제품에 주력하던 도쿄전기(전 하쿠네쓰샤白熱舍)가 합병하며 '도쿄시바우라전기東京芝浦電氣', 줄여서 '도시바'라는 이름의 전자-전기회사가 탄생하였다. 합병 이후에도 주로 산업용 전기 제품 사업에서 업력을 쌓아온 도시바는 제2차 세계대전 전후에 차츰 가전제품 분야로 사업 영역을 넓혀갔다.

도시바가 단순히 반도체 생산 업체가 아닌 기술력을 가진 회사로 세계 시장에 본격적으로 이름을 날리기 시작한 것은 1970년대 후반부터다. 1977년에는 세계 최초로 4Kb 용량의 CMOS RAM을 개발하였고, 1980년에는 도시바의 마스오카 후지오舛岡富士雄 박사가 세계 최초로 'NOR형 메모리'를 개발하며 플래시메모리의 창시 기업이 되었다. 1986년에는 후지오 박사가 이끄는 개발팀이 NOR형 플래시메모리에 이어 지금도 플래시메모리의 전형으로 쓰이고 있는 'NAND형 플래시메모리' 개발에 마침내 성공하기도 했다. 이를 기초로 1987년에는 플래시메모리 양산 기술을 상용화하여 출시했다. 또한 1985년에는 현대적 형태의 휴대용 PC(노트북)를 세계 최초로 출시하기도 했다. 이후 도시바는 플래시메모리의 강자로 자리매김하면서 본격적으로 반도체 전성시대를 열어젖혔고, 2000년에는 미국 웨스턴디지털Western Digital과 파트너십을 맺으며 글로벌 기술표준을 주도하는 회사가 되었다.

도시바의 반도체 기술력은 앞서 이야기했듯이 플래시메모리 원천기술로 대표된다. 1980년대 이후 도시바는 20년 넘게 플래시메모리의 기술표준을 선도했으며, 적어도 플래시메모리 분야에서는 세계 시장점유율 2위 밖으로 밀려난 적이 없었다.

그러나 주력으로 밀던 전력반도체(중형 IGBT[6] 기반) 사업은 수익성이 1990년대 후반부터 악화되었고, 결국 2004년 미쓰비시전기에 일부 매각되었다. 2006년이 되자 도시바는 당시 아베 정부(1기)가 주도하여 추진하던 이른바 '원자력 르네상스' 정책에 화답하여 미국의 원전 설계 업체인 웨스팅하우스Westinghouse를 인수하였는데, 이로 인해 그룹 전체의 재무 상태가 악화되었다. 인수 당시 도시바는 빠르면 2015년, 늦어도 2020년까지는 투자금을 모두 회수할 계획이었다. 그러나 2011년 동일본 대지진과 함께 후쿠시마 원전에서 방사능이 유출되자 일본 국내는 물론 전 세계적으로도 원자력 발전에 대한 여론이 급속히 악화되었다. 결과적으로 각국 정부가 원자력 발전소 투자를 중지하거나 철회하자 원자력 사업의 투자금이 회수되지 못하고 매몰비용이 되어버렸다. 이는 직접적으로는 2015년 약 2200억 엔(당시 환율로 약 2조 5000억 원) 규모의 원전 사업 관련 회계부정 사건으로 이어졌고, 도시바 그룹 전체의 몰락을 재촉하는 신호탄이 되었다.

2015년 당시 도시바 그룹의 사업은 크게 반도체(디바이스 & 스토리지), 에너지(에너지시스템 & 솔루션), 사회기반시설(산업용 전기시설), 그리고 정보통신기술(주로 가전이나 PC)의 네 분야로 나뉘어 있었다. 절체절명의 위기를 맞은 도시바는 네 개 사업 분야 중 에너지와 반도체의

---

6   Insulated Gate Bipolar Transistor: 절연 게이트 양극성 트랜지스터라고도 하며, 금속산화막 전계효과 트랜지스터(MOSFET)를 게이트 부분에 집적하여 접합한 트랜지스터. 게이트와 이미터 사이의 전압이 걸리면 입력 신호에 의해 스위칭 기능을 고속으로 제어할 수 있다. 고효율, 고속 전력 제어 반도체로 쓰일 수 있기 때문에 자동차 모터 제어용 반도체로 많이 쓰인다.

일부(메모리반도체)만 남기고 시스템 LSI와 영상기기, 백색가전, PC 등 나머지 사업 부문은 구조조정하는 계획을 세운다. 문제는 사업성이 전혀 없던 원전 사업은 유지하고, 오히려 수익성이 있는 사업은 매각하려 했다는 것이다. 실제로 도시바는 2015년에 주력 사업 중 하나인 CMOS 이미지센서 사업을 불과 100억 엔에 소니에, 의료기기 자회사인 도시바메디컬시스템즈를 6655억 엔에 캐논에, 2016년에는 생활가전 사업 부문을 중국 가전회사 메이디에 514억 엔에 매각하였다. 그리고 PC 사업은 그나마 사업부 매각 없이 완전히 청산한 후, 공장부지 등 부동산만 100억 엔에 매각하기도 했다.

이러한 그룹 차원의 자구책마저도 상황을 반전시키지는 못했다. 도시바의 원자력발전 사업 부문 자회사인 웨스팅하우스는 2017년에 파산 보호 신청을 하기에 이르렀고, 기록적인 적자 행진을 이어갔다. 도시바가 끝까지 놓지 않았던 원전 사업의 핵심 'AP1000 원자로'는 해외 건설 비용이 과도하게 상승함에 따라 수익은커녕 손실만 가져오는 아이템이 되어버렸다. 이는 도시바 입장에서는 더 이상 원전에 기댈 수 없게 되었음을 다시금 확인하는 것이기도 했다. 이제 도시바에게 돈 되는 사업이라고는 사실상 반도체만 남았고, 자금 압박에 시달리던 도시바가 결국 그룹의 마지막 자존심인 반도체를 처분하는 것은 시간문제일 뿐이라고 여겨졌다.

2016년 11월, 도시바는 반도체 부문 중 일단 SSD(Solid State Device) 사업을 분사하고 신생 SSD 회사의 지분 19.9퍼센트를 매각하기로 결의했다. 마침내 2017년 9월에는 마지막으로 남아 있던 반도체 사업 부문인 플래시메모리 사업 부문을 포함, 도시바메모리홀딩스의 지분 대부분을 미국의 베인캐피털이 주도하는 해외 컨소시엄에 2조 4000억 엔에 매각하였다.[7] 이전에 도시바가 처분한 다른 사업들의 매각 금액과는 단위가 다른 데에서도 알 수 있듯, 플래시메모리는 안정적인 수익을 내던 알짜배기 사업이었다.

도시바의 메모리 사업이 시장에 매물로 나왔을 때, 이를 인수하려는 전 세계 기업들이 관심을 보였다. 1차적으로 인수전에 참여한 회사들은 대부분 글로벌 IT 기업들이었다. 이중 선두주자는 미국 IT 공룡들인 애플, 구글, 아마존, 미국의 통신 및 반도체 전문 기업 브로드컴Broadcom Corporation, 역시 미국 기업인 웨스턴디지털, 대만의 폭스콘Foxconn, 그리고 한국의 SK하이닉스였다. 인수 희망자로 나섰던 회사들 중에 일본 반도체 기업이 하나도 없었다는 것이 주목할 부분이다. 그만큼 일본 반도체 산업 자체가 위축된 분위기였음을 방증하는 사실이기도 하다.

도시바 메모리 사업은 규모에 비해 사업의 복잡도가 높았던 관계로, 인수 의향을 가진 기업들이 컨소시엄을 이루어 인수전에 뛰어드는 모양새로 바뀌었다. 사모펀드인 베인캐피털은 SK하이닉스, 애플, 델Dell, 시게이트테크놀로지Seagate Technology, 킹스턴테크놀로지 Kinston Technology, 그리고 일본 측 투자 파트너로 일본 경제산업성의 민관펀드와 일본정책투자은행으로 구성된 다국적 컨소시엄을 조직하여 뒤늦게 인수전에 참여했다. 이 컨소시엄은 인수 금액을 시장 기대치보다 높게 설정하여 다른 경쟁자들을 제치고 도시바의 플래시

---

7   매각 결과 미국 사모펀드 베인캐피털을 필두로 미국의 애플, 델, 시게이트, 킹스턴테크놀로지, 대한민국의 SK하이닉스가 참여하는 컨소시엄이 49.9퍼센트 지분을 갖고 일본의 호야Hoya가 9.9퍼센트를 갖게 되었다. 도시바는 나머지 40.2퍼센트 지분을 유지하였다.

메모리 사업을 인수하는 데에 성공했다.

이 과정에서 컨소시엄의 도시바 플래시메모리 인수를 가장 강하게 반대한 회사는 다름 아닌 웨스턴디지털이었는데, 이는 컨소시엄에 당시 3위권 반도체 파운드리 업체이자 메모리반도체 시장의 강자이기도 했던 SK하이닉스가 포함되어 있었기 때문이었다. 웨스턴디지털은 SK하이닉스가 인수전에 참여할 경우, 도시바의 플래시메모리 기술 관련 원천 특허에 접근할 수 있다는 것을 이유로 컨소시엄에 대한 견제 의견을 제시했다. 웨스턴디지털의 요구 조건에 어느 정도 타협(SK하이닉스의 도시바 플래시메모리 IP 접근 제한)을 보인 컨소시엄은 마침내 도시바의 플래시메모리 사업을 인수하는 데에 성공했다. 그러나 애초부터 회사를 오래 경영할 의지가 없었던, 사모펀드 컨소시엄에 불과했던 베인캐피털은 2019년 10월, 다시 '키오시아홀딩스Kioxia Holdings Corporation'라는 회사를 설립하며 플래시메모리 사업에서 엑시트했다.[8]

여전히 도시바는 과거의 영광을 재현하기 위해 키오시아의 지분을 50퍼센트 이상으로 늘리기를 원하고 있다. 그러나 2019~20년의 글로벌 반도체 시장이 불황을 겪은 데다가, 여전히 세계 시장에서의 원전 사업 수익성이 불투명하여 적자 기조가 유지되고 있고, 원전 사

8   시장에 재진입한 키오시아는 다소 회생하는 듯한 분위기다. 2020년 상반기 기준, 키오시아의 플래시메모리 점유율은 세계 2위다. 그러나 이제 키오시아는 일본의 반도체 기업으로는 볼 수 없다. 키오시아의 지분은 일본의 도시바와 호야 연합이 50.1퍼센트, SK하이닉스를 포함한 한미 반도체 회사 연합이 49.9퍼센트로 양분한 구조다. 여기서 절반을 차지하고 있는 한미 연합 내에서도 SK하이닉스의 비중이 가장 크다는 점에 주목할 필요가 있다. 이는 하이닉스가 메모리반도체 시장 전체에서 차지할 수 있는 시장 지배력이 확장될 여지가 있다는 의미이기도 하다.

업에 투자한 다른 대주주들과의 각종 소송에 시달리고 있는 상황 등, 외부 환경은 그다지 호의적이지 않다. 2020년부터 전 세계를 강타하고 있는 코로나19 사태로 인해 가전용 반도체 시장이 견인하는 글로벌 반도체 시장의 상승세와 함께 외부 환경은 개선될 여지가 있지만, 메모리반도체 부문은 다른 반도체에 비해 그 수혜를 추가적으로 얻기에는 무리가 있는 상황이다. 따라서 그룹 전체의 적자 구조를 개선하기 위해 현금 확보가 급한 도시바 입장에서는 이 지분을 늘리기는커녕 오히려 처분해야 할 상황에 놓일 수도 있다. 일부 전문가들은 도시바가 플래시메모리 사업의 수익성이 보장되는 시점이 지나기 전에 하루라도 빨리 지분을 매각해야 한다고 주장하는 것으로 알려지고 있다.

도시바는 여전히 키오시아를 통해 메모리 시장에서의 권토중래를 모색하고 있다. 도시바 입장에서는 키오시아가 새로운 캐시카우가 되어 당분간 현금 흐름을 안정적으로 확보하는 수단이 되기를 기대하고 있을 수 있다. 2019년 10월에 키오시아가 '도시바메모리홀딩스'라는 전신과 완전히 결별하고 '키오시아홀딩스'로 사명을 변경한 것도 상장을 통해 안정적으로 대규모 자금을 조달하려는 시도의 일환으로 볼 수 있다.

2020년부터 키오시아는 기존의 USB 메모리 같은 플래시메모리뿐만 아니라, SSD, SD 메모리카드 시장으로의 지배력 확장을 모색하고 있다. 키오시아는 막대한 손실에도 불구하고 2019년 출시한 512Gb 차량용 메모리카드, 2020년에는 데이터 센터와 5G 네트워크 장비 수요 증가에 따른 구세대 NAND 플래시 판매로 수익을 회복하겠다는 방침을 세운 것으로 알려졌다.

또한 전통적으로 기술에서 강점을 가지고 있는 NAND 플래시메모리 분야에서 역시 차세대 기술 경쟁력을 확보하기 위해 노력을 기울이는 것으로 보인다. 2019년 12월에는 자사의 3D 플래시메모리 셀 구조인 3D NAND BiCS(Bit-Cost Scalable) 플래시 기술에 기반을 둔 새로운 개념의 '트윈 BiCS 플래시' 메모리 셀과 5세대 3D NAND 'BiCS 플래시' 구조를 발표하기도 했다. 이 기술은 기존의 NAND 플래시메모리 셀 구조에 비해 더 높은 비트 밀도를 가능케 하는 구조를 가지고 있다는 장점이 있다. 따라서 이는 향후 SSD의 저장밀도 향상과 속도 향상으로 이어질 수도 있으며, 이에 기대어 키오시아는 권토중래할 기반을 만들 수 있을지도 모른다.

하지만 미래가 그렇게 밝지만은 않다. 키오시아가 발표한 자사의 실적 보고서에 따르면, 키오시아는 2019년 매 분기마다 막대한 규모의 적자(1분기 3084억 원, 2분기 1조 500억 원, 3분기 7087억 원, 4분기 2203억 원, 도합 2조 2800억 원)를 기록했다. 이는 2019년 내내 지속된 글로벌 메모리반도체 수요 감소, 2019년 6월 일본 미에三重현 욧카이치四日에 위치한 키오시아의 NAND 플래시메모리 생산설비 정전(이로 인한 복구 비용으로만 약 3700억 원이 필요했다), 2020년 1월 욧카이치 공장의 팹 라인에서 발생한 갑작스러운 화재 사고 등 대내외적인 불안 요소가 겹쳤기 때문으로 보인다. 이제 글로벌 반도체 경기가 회복되고 있어 시장 상황에 따라서는 키오시아의 수익 구조가 개선될 여지도 있겠으나, 이미 삼성전자와 SK하이닉스, 마이크론 등의 강자가 지배하고 있는 시장에서 고부가가치 메모리 소지에서의 수익 창출은 한계에 부딪힐 가능성이 크다.

어느 산업이든 마찬가지겠지만, 특히 반도체 산업 같은 분야에서는 시장지배력이란 결국 기술의 경쟁력이 담보가 되어야 비로소 확보될 수 있는 것이다. 이를 고려하면, 키오시아의 시장지배력이 글로벌 반도체 경기에 좌우될 것이라는 전망은 반쪽짜리 전망이고, 사실은 그 이전부터 도시바메모리를 전신으로 한 키오시아의 기술 수준이 해가 거듭될수록 삼성전자와 벌어지고 있는 상황이 더 핵심적인 수익률 저하의 원인이라는 것이 업계의 주된 평가다.

메모리반도체 시장의 변동성 역시 키오시아에게는 큰 불안 요소이다. 대내외적으로 플래시메모리 시장의 변동성은 상존하며, 기록적인 적자 규모 기조가 몇 년 더 지속될 경우, 키오시아 역시 전신이었던 도시바메모리처럼 쇠망의 길을 걷게 될 가능성이 크다. 키오시아의 생존과 별개로, 현금 유동성 확보가 급한 도시바는 결국 키오시아를 비롯한 메모리 사업 전체에서 손을 뗄 것으로 보인다. 만약 도시바가 권토중래를 꿈꾸며 다시 메모리반도체, 특히 플래시메모리반도체로 재진입하고자 한다면 웨스팅하우스와 원전이라는 골칫덩이와 그로 인한 채무를 모두 다 해결하고 난 다음이 될 것이다.

NEC

'일본의 IBM'으로 불리기도 했던 NEC(Nippon Electric Company)는 일본의 다른 전기전자 회사들같이 오랜 역사를 가지고 있다. NEC는 미국에서 에디슨과 같이 일한 적도 있었던, 일본 전기 산업의 전설적인 인물 이와다레 구니히코岩垂邦彦가 설립한 이와다레전기상점岩垂電氣商店과 미국 웨스턴일렉트릭Western Electric(현 알카텔 루슨트Alcatel-Lucent Enterprise)의 합작회사로 1899년에 설립되었다. 그러나 제2차 세계대전 중 일본의 진주만 공습 이후 미-일 관계가 급속도로 악화되면서 미국과의 파트너십이 종료되었다. 종전 후에는 일본 스미토모住友 그룹에 인수되었으며, 이후 통신, 진공관, 반도체, 그리고 컴퓨터를 회사의 주력으로 삼았다. 1983년에는 사명을 NEC로 바꾸며, 본격적으로 글로벌 시장을 타깃으로 사업을 확대하기 시작했다. NEC의 반도체 사업은 1980년대 중반부터 1990년대 초반까지 세계 최상위권의 시장점유율을 기록하며 큰 수익을 올렸으나, 1990년대 후반부터 조금씩 기울기 시작했다.

NEC의 반도체 관련 사업은 크게 두 분야로 나뉘어 있다. 첫 번째는 집적회로(Integrated Circuit, IC) 부문으로, NEC일렉트로닉스가 담당했다. NEC일렉트로닉스는 MIPS 계열 CPU[9]와 범용 CPU, 그리고 독자 규격 CPU를 가리지 않고 골고루 생산했다. 이 덕분에 NEC는 범용 마이크로 컴퓨터와 퍼스널 컴퓨터, AV 기기용 시스템 LSI 등 광범위한 분야의 반도체 소자 사업을 펼칠 수 있었다.

두 번째는 메모리 부문으로, NEC메모리(이후 NEC-히타치메모리로 합병)가 담당했다. NEC의 메모리 사업은 한때 막강한 시장지배력을 자랑했다. 1985~91년 사이 세계 반도체 시장점유율 1위, 1991~2001년에는 인텔에 이어 2위를 기록하기도 했다. 그러나 그 이후 대만과 한국의 후발주자들과의 가격 경쟁, 수익성 악화, 선행 개발 투자 감소로 이어지는 악순환의 고리에 빠지면서 세계 시장에서 조금씩 밀려나게 되었다. 결국 자국 반도체 산업의 지배력 유지를 천명했던 일본 정부의 구조조정 제안에 따라, NEC의 메모리 사업은

---

9   Microprocessor without Interlocked Pipeline Stages CPU: 1986년 MIPS Technologies에서 개발한 RISC 계열의 명령어 집합 체계에 기반한 CPU다.

1999년 12월에 히타치제작소의 메모리 사업부와 통합되었다.

'NEC-히타치메모리'는 합병과 함께 세계 시장점유율을 20퍼센트 이상으로 끌어올리는 것을 목표로 삼았다. 1998년 기준으로 NEC의 DRAM 점유율이 11퍼센트, 히타치의 점유율이 6.2퍼센트였기 때문에 합병 후 예상되는 점유율은 산술적으로는 17퍼센트 정도였다. 하지만 많은 사람들이 NEC만의 대용량 고속 데이터 처리 기술 노하우와 당시 세계 최고 수준이던 히타치의 180나노급 미세 패터닝 기술이 합쳐진 데에 따른 시너지 효과가 있을 것으로 예상했다. 2000년에 들어서며 세계 DRAM 시장은 이제 삼성전자, 현대-LG 반도체(현 SK하이닉스), 미국의 마이크론, 그리고 NEC-히타치 메모리의 4강 구도로 재편되었다.

하지만 두 회사의 합병은 그리 오래가지 못했다. DRAM 시장의 기술, 생산 단가, 수율 경쟁이 극심해지면서 NEC-히타치메모리의 메모리 시장점유율은 합병 전 두 회사 점유율의 산술적 합산 수치보다도 낮아졌다. 시너지가 기대되던 양사의 기술 노하우 통합은 양사의 서로 다른 기술 규격, 기술 인력 간의 불통 문제, 경영진의 판단 착오 등이 겹치며 오히려 역효과만 내는 결과로 이어졌다. 결국 NEC와 히타치의 공존은 6개월을 가지 못했다.

엘피다

경력이 좀 있는 반도체 업계 종사자나 혹은 은퇴한 사람들은 한때 일본 반도체 왕국의 떠오르는 희망이었던 엘피다메모리Elpida Memory를 기억할 것이다. 엘피다메모리는 다른 일본 반도체 회사들에 비하면 비교적 신생 업체였고, 1970년대 일본의 반도체 5인방에 포함되지 않은 회사였다. 그렇지만 엘피다의 역사를 추적하면, 결국 일본 반도체 5인방이 다시 나오게 된다.

1993년, 반도체 치킨게임에서의 우위를 점하기 위해, 일본 정부와 반도체 업체의 경영진들은 업체들의 중복 투자를 막기 위한 전략적인 업계 구조조정에 합의했다. 앞서 살펴본 것처럼, 1999년 12월, NEC와 히타치제작소의 DRAM 메모리 사업 부문이 합병되었고, 'NEC-히타치메모리'라는 어정쩡한 공존을 뒤로 한 채, 반 년도 안 되어 다시 합병된 회사는 2000년 5월, 상호가 '엘피다메모리'로 바뀐다. 그러나 일본 메모리반도체 산업의 수익성이 계속 악화되자 일본 정부는 2000년대에 들어서도 반도체 업계, 특히 메모리반도체 업계의 구조조정을 다시 한번 단행하려 했다. 실제로 그로부터 채 3년도 안 된 2003년 3월, 엘피다는 미쓰비시전기의 DRAM 메모리반도체 사업을 양도받으며 개발 인력을 그대로 흡수하는 방식으로 다시 덩치를 키우면서 일본의 유일한 DRAM 업체로 자리를 잡게 되었다. 이것만 놓고 보면 엘피다의 전신에는 NEC, 히타치, 그리고 미쓰비시가 포함되어 있기 때문에, 1970년대 일본 반도체 5인방 중 무려 3인방이 합쳐져 만들어진 회사라고 볼 수 있다.

그러나 DRAM 시장에서 한국 기업의 주도권을 빼앗아오겠다는 일본 정부의 기대와는 달리 두 회사, 나아가 세 회사의 합병은 오히려 악수가 되었다. 애초에 같은 일본 회사라고 해도 세 회사의 문화가 너무 달랐던 데다가, 규모가 서로 엇비슷했던 탓에 경영진 간 그리고 기술진 간 주도권 싸움이 끊이지 않았기 때문이다.

3사의 합병으로 탄생한 거대 반도체 기업 엘피다에 플러스알파 효과가 아예 없었던 것은 아니었다. 실제로 엘피다의 DRAM 설계 및 공정 기술은 2000년대 초중반까지만 해도 삼성전자를 앞서 있는 것으로 알려져 있기도 했다. 예를 들어 메모리반도체 산업에서 수익률과 직결되는 수율만 놓고 봐도, 2005년 기준 당시 최신 제품이던 512Mb DRAM에서 엘피다의 수율은 98퍼센트에 달했던 데에 반해, 삼성의 수율은 80퍼센트를 갓 넘기는 수준이었다. 18퍼센트나 되는 수율 차이는 기술력의 큰 격차로 받아들여지면서 많은 사람들이 엘피다를 삼성전자보다 한 수 위의 회사로, 그리고 앞으로도 메모리반도체 시장과 차세대 기술을 선도할 만한 회사로 간주했다.[10]

문제는 엘피다가 이 높은 수율을 만들어낸 공정 기술의 고도화에 대해 지나친 자신감을 가졌고 나아가 그것에 지나치게 집착했다는 것이다. 삼성전자의 수율 80퍼센트는 엘피다에 비해 확실히 한 수준 떨어지는 지표였다. 하지만 삼성전자 경영진은 굳이 엘피다의 98퍼센트 수율을 무리해서 쫓아가기보다는, 메모리 칩의 크기와 웨이퍼 한 장에 집적할 수 있는 칩의 숫자에 주목했다. 예를 들어, 삼성전자의 512Mb DRAM 칩 면적은 70제곱밀리미터인 데에 반해, 엘피다의 칩 면적은 91제곱밀리미터나 되었다. 결국 지름 300밀리미터 크기의 실리콘 웨이퍼를 기준으로 보면, 삼성전자는 웨이퍼 한 장에서 약 1000개 정도의 칩을 생산하고, 엘피다는 약 714개 정도의 칩을 생산한 셈이다. 결국 삼성전자는 수율 80퍼센트로 170개의 불량품을 제외한 830개의 DRAM 칩을 최종 생산할 수 있었다. 반면 엘피다는 98퍼센트의 수율로 불량품은 14개뿐이었지만, 최종 생산량은 700개 정도에 불과했다. 동일한 웨이퍼 한 장에서 생산되는 칩의 수

---

10 유노가미 다카시/임재덕 역, 2013, 『일본 전자·반도체 대붕괴의 교훈』, 성안당.

량으로 보면 오히려 삼성전자가 엘피다를 18퍼센트 이상 앞서게 되었다. 엘피다의 공정 수율은 삼성전자보다 월등히 높았지만, 실제 웨이퍼에서 얻는 생산 효율은 훨씬 낮은 수준이 된 셈이다.

삼성전자가 엘피다보다 앞선 기술은 또 있었다. 아무리 수율 관리를 잘하거나 칩 면적을 소형화한다 하더라도 생산 속도에 따라 그 효과가 달라질 수밖에 없다. 지금도 그렇지만 당시에도 메모리반도체 칩 생산 속도를 결정짓는 단계는 바로 미세 패터닝 공정이었다. 그런데 패터닝 공정을 포함하여 웨이퍼 처리 공정의 속도 전체를 놓고 보면 삼성전자가 엘피다에 비해 두 배 이상 빨랐다.[11] 웨이퍼당 칩 생산 효율이 18퍼센트 차이 나는 상황에서 삼성이 두 배 이상 빠르게 칩을 생산할 수 있었기 때문에, 결국 양사의 생산 용량 차이는 약 2.4배(1.18×2)로 벌어졌다.

단위 웨이퍼당 칩 생산 용량과 칩 생산 속도의 차이 외에도 엘피다의 허점은 또 있었다. 바로 공정 수율이었다. 엘피다가 자랑하던 공정 수율 98퍼센트는 사실 오로지 기술만으로 얻어진 것도 아니고 아무런 대가 없이 얻어진 것도 아니었다. 98퍼센트의 수율 달성을 위해 엘피다는 품질 검사에 과도한 투자를 했다. 즉, 검사하는 단계가 그만큼 많아졌다는 뜻이다. 반도체 산업에서는 공정이 하나씩 늘어날 때마다 곧바로 생산 시간과 비용(검사 비용, 재료 비용, 에너지 비용 등)이 증가한다. 이는 생산 용량의 하락과 수익률의 하락을 의미한다.

---

11 이는 삼성전자가 엘피다에 비해 2/3에서 1/2 수준의 마스크 개수만 사용하고서도 동일한 스펙 혹은 그 이상의 품질을 갖는 패터닝 공정을 완료할 수 있었기 때문인데, 그것은 이른바 '인테그레이션integration technology'으로 불리는 기술 덕분이었다.

엘피다는 수익과 생산 속도를 희생하며 수율 목표를 달성하려 했던 것이다.

삼성전자는 80퍼센트의 수율로 20퍼센트의 불량품은 폐기해야 했지만, 굳이 수율을 끌어올리기 위해 더 많은 비용과 시간을 투입하지 않았다. 그렇게 함으로써 삼성전자는 생산 원가를 엘피다에 비해 1/3 이상 절약할 수 있었다. 그에 더해, 삼성은 기존 공정 장비를 더 오래 사용할 수 있는 공정 요소 기술을 개발함으로써 장비 감가상각비를 절감하기도 했다. 반도체는 장비 비용이 매우 큰 산업이기 때문에 장비 감가상각비의 절감은 원가 절감에도 크게 기여했다.

수율에 대한 양사의 철학의 차이는 그대로 영업이익률의 차이로 이어졌다. 엘피다의 DRAM 영업이익률은 3퍼센트에 불과했던 데에 반해, 삼성전자의 DRAM 영업이익률은 무려 30퍼센트였다. 엘피다는 고수율이라는 빛 좋은 개살구에 집착하면서 이미 질 수밖에 없는 경쟁을 하고 있었던 셈이다. 삼성전자는 18퍼센트 뒤지는 수율을 10배 앞서는 수익률로 역전하는 경영 전략을 취했고, 그것은 2000년대 이후 삼성이 메모리반도체 시장의 확고한 일인자로 올라설 수 있었던 원동력이 되기도 했다.

삼성은 높은 수익률로 벌어들인 자금을 차세대 공정과 설계를 위한 연구개발에 재투입하였다. 예를 들어 삼성은 20나노 DDR3 DRAM(4Gb급)과 별개로 칩 면적이 더 작은 4세대 DRAM 기술(8Gb, 16Gb급)에 매진할 수 있었다. 앞서 살펴보았듯 단위 웨이퍼당 더 많은 메모리 칩을 생산하는 능력은 수율만큼이나 중요한 요소인데, 삼성은 이 우위를 다음 세대에도 이어가는 전략을 앞서 실행했던 셈이다. 또한, 차세대 기술에서 파생된 공정 기술과 설계 노하우는 현 세대 DRAM의 수율 향상과 최적화에도 다시 활용되기도 했기 때문에, 결국 삼성 입장에서는 일석이조의 효과를 거둘 수 있었다.

엘피다는 삼성과의 경쟁에서 뒤처졌지만 여전히 효과적인 대응을 하지 못했다. 엘피다로서는 기술에 대한 과도한 집착에서 벗어나 공정의 단순화, 수익률 개선, 비용 절감 등의 조치를 취해야 했다. 하지만 엘피다의 실책은 계속되었다. 자사의 생산 원가 경쟁력이 도저히 개선될 기미를 보이지 않자, 엘피다는 과감하게 설계만 남기고 제조는 파운드리에 위탁해 생산하는 방식을 택했다. 2007년 1월, 엘피다는 일본 기업으로서는 파격적으로 일본이 아닌 다른 나라의 파운드리와 협업을 개시했다. 즉, 대만의 PSC사와 중국의 SMIC(쭝신궈지中芯國際) 같은 파운드리 전문 업체에 자사의 DRAM 생산을 맡기기 시작한 것이다. 이는 삼성전자와의 가격 경쟁을 이어가야 하는 엘피다 경영진 입장에서는 일견 합리적인 선택이기도 했을 것이다. 왜냐하면 엘피다가 판단하건대, 경쟁에서 밀리게 된 원인은 설계 기술이 아닌 생산 공정, 더 정확히는 공정의 효율에 있었다고 생각했기 때문이다. 이미 2008년 초에 DRAM은 기가바이트 시대로 접어들었고, 단가는 1달러 이하의 시대가 되었던 것을 생각하면 더더욱 합리적인 선택으로 보였을 수 있다. 1달러 이하의 가격이라면 생산 원가 경쟁력이 그만큼 중요해질 것이기 때문이다. 생산을 위탁한 이후에도 엘피다의 기술에 대한 과도한 자부심과 집착은 계속되었다. 2012년 1월 말에 일본에서 열린 한 국제회의[12]에서 엘피다의 사카모토 유키

---

12   3차원 LSI 기술 및 3차원 패키지 기술 국제회의.

오坂本幸雄 사장[13] 은 DRAM 기술의 미래 비전을 주제로 기조 강연을 했다. 그는 엘피다메모리가 2013년부터는 전 세계 DRAM의 탑3가 될 것이고, 파운드리 위탁을 주긴 했어도 여전히 엘피다의 선행기술 투자 효율은 타사 대비 3배 이상 앞서 있으며, 칩 제조 기술도 트랜지스터 집적도 최대화와 패키징 부문에서만큼은 여전히 세계 최고 수준이라는 점을 강조했다. 2011년 2월, 사카모토 사장은 40나노급 스테이지에서는 삼성에 비해 32퍼센트 이상 칩 면적을 작게 가져갈 수 있음을 천명했다. 곧이어 30나노급 스테이지에서는 엘피다를 제외하면 그 어떤 회사도 기술을 상용화시킨 적이 없는 전인미답 영역이기 때문에, 향후 엘피다가 차세대 메모리반도체 기술을 독점할 수 있을 것이라는 자신감을 내비치기도 했다. 또한 당시 기준으로는 선행 공정이었던 25나노급 공정에서도 자사의 기술이 이미 양산 전 단계이며, 공정에 필요한 마스크 개수는 경쟁 업체 대비 절반에 불과할 것이기 때문에, 공정 단가를 이전보다 훨씬 줄일 수 있음을 강력하게 주장하기도 했다. 이는 모두 엘피다가 2000년대 중후반 삼성전자와의 3세대 DRAM 기술 경쟁에서 밀림으로써 뼈저리게 교훈을 얻었던 부분으로 생각된다.

사카모토 사장 취임 후 2년이 지난 2004년, 회사의 경영진과 전략팀은 사카모토 사장에게 기술에 대한 집착이라는 함정의 위험성을 수차례 경고했다. 사카모토 사장은 선행기술 개발과 현행기술 위탁 생산을 동시에 추진하는 전략으로 삼성과 경쟁하려 했지만, 그 전략

---

13   사카모토 사장은 2002년 당시 실적 부진에 허덕이던 엘피다의 구원투수 격으로 일본 파운드리(현 UMC재팬) 사장에서 스카우트되어 온 인물이었다.

은 통하지 않았다. 2010년대 들어 삼성과의 격차는 더 벌어졌으며, 40나노급 이하 DDR3 DRAM(2Gb, 4Gb) 양산 경쟁에서는 엘피다의 경쟁력은 사실상 비교하기 어려운 수준으로까지 추락을 거듭했다.

물론 엘피다와 엘피다의 경영진이 모든 판단 착오의 책임을 뒤집 어쓰기에는 다소 억울한 측면도 있긴 하다. 어느 반도체 회사나 현재 생산하는 제품의 공정 외에 미래 1~2세대 제품의 공정에 대한 선행 연구개발 투자를 게을리할 수 없다. 연구개발 투자는 기술 경쟁력으로 이어지기 때문에, 기술에 대해 어느 정도 집착을 하는 것 자체를 비난할 수는 없다. 그런데 운 나쁘게도 엘피다가 절치부심 하며 차세대 DRAM 공정 기술에 막대한 자금을 투입하던 시점은 2008~2009년 미국 리만브라더스발 글로벌 경제 쇼크, 2011년 동일본 대지진, 타이완의 대홍수로 인한 파운드리 업체의 생산 차질 등이 연이어 겹친 시기여서, 시장 상황이 매우 안 좋아졌던 시점이었다는 것이 화근이었다. 물론 위탁 생산을 통해 개선된 재무 구조를 다시 스마트폰과 태블릿용 모바일 DRAM 사업으로 확장해나간 경영진의 판단이 2008년 글로벌 금융위기의 타격을 최소화하는 데에 도움을 준 것은 사실이다. 그러나 업체 경기가 나빠지는 시점에서는 기술개발에 대한 과도한 투자보다 현 공정 단가의 개선과 수익률 보전 전략이 필요하다. 그러나 엘피다는 얼마 남지 않은 자금력을 선행기술 개발에만 투입하였고, 결국 이것이 다시 한번 엘피다의 발목을 잡게 되었다.

결국 엘피다는 사카모토 사장의 장담과 달리 부채 4480억 엔을

안은 채 2012년 2월에 법정관리를 신청하는 신세가 되었다.[14] 그해 엘피다는 매출액 2200억 엔, 영업손실 928억 엔, 순손실 990억 엔을 기록했다. 자금 조달이 어려워진 엘피다는 결국 시장에 매물로 나왔고, 2012년 7월 단돈 25억 달러에 미국의 마이크론테크놀로지에 인수되었다. 2014년 2월에는 회사의 이름이 '마이크론메모리재팬'으로 바뀜으로써 엘피다라는 이름도 사라졌다. 이와 함께 일본 DRAM 반도체의 역사도 막을 내리게 되었다.

2019년 6월, 마이크론메모리재팬은 야심차게 히로시마 공장을 중심으로 차세대 10나노급 DRAM 라인을 증설하였는데, 이곳은 마이크론이 '타도 삼성'을 외치며 투자한 공장이기도 하다. 마이크론은 이후 20억 달러를 추가로 투자하여 네덜란드의 노광 장비 업체인 ASML의 ArFi 방식의 DUV, 나아가 EUV(extreme ultraviolet) 노광 장비가 적용된 10나노급 EUV 공정 기반, 64Gb 서버용 차세대 DRAM 메모리 모듈 양산을 계획하고 있다. 향후 5G 통신, 자율주행차 빅데이터 처리, 금융시장 빅데이터 처리 등 서버용 대용량 DRAM 수요가 지속적으로 커져갈 거라는 예측을 감안하면, 2020년대 이후 마이크론이 삼성전자, SK하이닉스와 DRAM 시장을 놓고 수위를 다툴 수 있는 기반이 될 것으로 보인다. 이런 상황을 지켜보는 과거의

---

14   이후 사카모토 유키오 사장은 대만의 파운드리 업체인 UMC와의 인연에 기대어 다시 메모리반도체 업계로 돌아왔다. 중국 DRAM 업계의 강자 중 하나인 칭화유니그룹의 수석 부사장 겸 일본법인 CEO로 다시 업계로 복귀한 사카모토 사장은 그룹의 메모리 관계사인 YMTC(양쯔메모리테크놀로지스)가 중국 충칭에 건설하여 2022년부터 양산 예정인 DRAM 사업을 총괄한다고 한다. 중국이 반도체 사업을 단기간에 육성하기 위해 인력을 대규모로 스카우트하는 과정에서 사카모토 회장과 함께 100명 가량의 전직 엘피다 임직원과 엔지니어들이 대거 YMTC에 합류한 것으로 알려져 있다.

엘피다 관계자들에게는 만약 엘피다가 2012년에 인수되지 않고 버틸 수 있었더라면 하는 아쉬움이 클 것이다.

현재 세계 DRAM 시장은 삼성, 하이닉스, 그리고 마이크론의 3강 체제로 고착되었다. 데이터 처리 용량과 DRAM 수요도 계속 늘어날 것으로 보여, 현재로서는 마이크론이 인수한 엘피다를 일본 업체에 다시 매각할 가능성은 매우 낮아 보인다. 일본으로서는 이 산업에 대한 가장 중요한 키를 잃어버린 셈이다.

후지쓰

일본의 대표적인 IT 기업인 후지쓰는 1923년 후루카와전기古河電氣와 독일의 지멘스가 합작 설립한 전기통신 전문 회사 후지전기富士電機를 그 전신으로 한다. 1935년에는 후지전기의 통신 부문만 분리하여 후지통신기제조주식회사富士通信機製造株式會社를 설립하였고, 이 회사가 본격적인 통신 및 전기 제품 제조사로 변신했다. 1967년에 사명을 후지쓰富士通로 바꾼 후 1970년대부터 세계 대형 컴퓨터(메인프레임) 시장의 강자로 자리잡기 시작했다. 1980년대에는 PC 사업에 진출하여 일본의 대표적인 PC 업체가 되었으며, 슈퍼컴퓨터 업계에서도 세계적인 기술을 보유한 기업으로 성장하였다. 실제로 2020년 11월 기준 전 세계 최고 성능의 슈퍼컴퓨터들 중 1위는 고베에 위치한 일본 이화학연구소理化學研究所(리켄理研)에 후지쓰가 설치한 후가쿠富岳였다.

1980년대 후반 들어, 후지쓰는 '후지쓰세미컨덕터'라는 자회사를 설립하고 소용량 플래시메모리 사업을 시작했다. 후지쓰가 DRAM 대신 플래시메모리에 주목한 데에는 여러 이유가 있었다. 우선 후지쓰는 DRAM 시장의 극심한 경쟁과 수익 변동성을 피하고자 했다. 또한 DRAM은 주로 PC나 서버용 컴퓨터 같은 분야로만 수요가 제한되는 데에 반해, 소용량 플래시메모리는 응용 범위가 더 넓다는 것에도 주목했다. 실제로 오늘날과 같은 모바일과 클라우드 환경을 예상하기 어려웠던 당시로서는 플래시메모리가 향후 디지털카메라, 휴대폰 등 새로운 IT 기기용 메모리로 쓰일 가능성이 충분해 보인 것도 사실이었다.

1993년 4월, 후지쓰는 NOR형 플래시메모리의 시장 장악을 위해 당시 플래시메모리 시장을 주도하던 미국의 반도체 회사 AMD와 제휴하였다. 두 회사는 50:50의 지분 구조로 자산 규모 30억 달러에 임직원이 7000명에 달하는 FASL(Fujitsu AMD Semiconductor Limited)이라는 합작회사를 설립하였다. 1990년대의 AMD는 현재 많은 사람들이 알고 있는 AMD와는 달리 CPU보다는 메모리반도체에 집중하던 반도체 회사로서, 특히 NOR형 플래시메모리 기술에서 인텔 다음으로 경쟁력을 가진 대형 업체였다. 90년대 당시 플래시메모리의 주종은 NOR형 플래시였고, 인텔에 이어 업계 2, 3위였던 양사의 합작은 플래시메모리 업계에 큰 뉴스였다. FASL은 본사를 미국 캘리포니아에 두고 회사를 대표하는 '스팬션Spansion'이라는 새로운 브랜드로 시장에 진출하였다. 스팬션은 NOR형 소용량 플래시메모리 사업에 집중하였고, 한때 플래시메모리 시장에서 약 40퍼센트의 시장점유율을 보이기도 했을 정도로 성과를 내기도 하였다.

1990년대 후반으로 가면서 시장의 흐름은 소용량보다는 대용량을 선호하는 쪽으로 바뀌고 있었다. 해상도가 높아지면서 디지털 이미지 용량이 점점 커지고, 휴대폰이 급격하게 보급되었기 때문이다.

이를 감지한 후지쓰-AMD 연합은 대용량 플래시메모리에 대한 글로벌 수요에 대응하기 위해 NOR형 64Mb 플래시메모리 기술의 확보에 주력하였다. 그러나 양사가 예측하지 못한 부분이 하나 있었다. 2000년대 들어 플래시메모리의 주종이 NOR형에서 NAND형 위주로 재편되었던 것이다.

NAND형 플래시메모리는 각 셀이 직렬형태로 이루어져 있어서 무작위 접근random access이 불가능하고 각 셀에 저장된 데이터를 순차적으로 읽어들여야 한다. 결과적으로 NOR형 플래시에 비해 데이터를 읽는 속도가 느리다. 대신 직렬로 연결된 구조 덕분에 데이터를 덮어쓰거나 지울 때에는 무작위 접근이 가능하여 빠른 속도로 작업이 이루어질 수 있다. 즉, 메모리 블록이 여러 페이지로 구분되어 있기 때문에, 데이터의 쓰기/지우기 속도는 NOR형 플래시보다 더 빠르다.

반대로 NOR형 플래시메모리는 각 셀이 병렬형태로 연결되어 있

	장점	단점
NAND형 (직렬형태)	– 쓰기/지우기가 빠르다 – 제조단가가 저렴하다 – 대용량 확장이 용이하다	– 읽는 속도가 느리다 – 데이터 안정성이 떨어진다
NOR형 (병렬형태)	– 읽는 속도(access)가 빠르다 – 데이터 안정성이 우수하다 – PIM(Processing-In-Memory) – 반도체에 유리하다	– 쓰기/지우기가 느리다 – 제조단가가 비싸다 – 대용량 확장이 어렵다

그림 1.3 **NAND형 메모리와 NOR형 메모리의 장단점**

고, 따라서 무작위 접근 방식의 읽기가 가능하므로 데이터를 읽어들이는 속도가 빠르다. 하지만 병렬 구조이기 때문에 데이터를 덮어쓰거나 지우는 과정에서는 무작위 접근을 할 수 없다.

읽는 속도가 중요할지 쓰기/지우기 속도가 중요할지는 플래시메모리를 어디에 사용할지에 따라 달라진다. 예를 들어 NAND형은 읽는 속도가 느리므로 컴퓨터 메모리로는 부적합하다. 즉, 애초에 NAND형 플래시메모리는 DRAM을 대체할 용도로는 적합하지 않지만, 언제든 휴대가 간편한 USB 메모리 같은 용도로는 적합하다. 이 경우, 데이터를 실시간으로 빠르게 읽어들이는 기능은 별로 중요하지 않고, 오히려 빠른 속도로 데이터를 저장하거나 지우는 것이 더 중요하다. 이러한 관점에서 볼 때 실시간 데이터 읽기에 쓸 용도가 아니라면 당시 데이터의 용량이 점차 대용량화되고 있었기 때문에 NAND형 플래시메모리가 NOR형보다 유리해질 것으로 예상할 수 있었다.[15]

그러나 애초에 두 회사의 연합체가 보유하고 있던 원천기술은 주로 NOR형이었고, 이 때문에 기술의 전환이 쉽게 이루어질 수 없었다. NAND로의 기술 전환에 제대로 대응하지 못한 FASL의 수익성은 악화되기 시작했고, 결국 2003년 4월에 두 회사는 NOR형 플래시메모리 사업을 분리하여 독립된 합작회사로 만들기로 결정했다. 그 과정에서 기존의 FASL은 새로 설립하는 통합 회사에 흡수되었다. 회사 이름은 2003년 7월 임시로 옛 사명인 FASL로 정했다가, 이듬

---

15   1기가 이하 용량까지는 NOR 플래시도 경쟁력이 있었지만, 그보다 큰 용량에서는 NAND에 비해 경쟁력이 많이 뒤처졌다.

해 6월에 제품의 브랜드였던 '스팬션'으로 바꾸었다. 합작회사 스팬션은 2005년 12월에 미국 나스닥NASDAQ에 상장되어 본격적인 플래시메모리 전문 반도체 기업의 궤도에 올랐다.

스팬션은 출범과 동시에 공격적인 경영에 나섰다. 스팬션은 NAND에 비해 저장 용량 면에서 단점을 보이던 NOR형 플래시메모리를 결코 포기하지 않았다. 독립 반도체 기업으로서의 스팬션이 출범하던 2000년대 중반까지는 여전히 디지털 카메라 수요가 컸고, 512Mb 수준의 용량에서는 NOR형 플래시메모리가 NAND 플래시메모리에 비해 가격 경쟁력이 있었다. 스마트폰 시대가 본격 개막하기 전이었기 때문에, 휴대폰용 메모리로서도 NOR 플래시메모리는 적어도 GSM을 채택하고 있던 유럽 시장에서는 경쟁력을 유지할 수 있었다.

스팬션은 NAND 플래시의 대용량화 기세에 맞서, NOR 기반의 대용량화 기술을 새로 개발함과 동시에 양산 규모도 확대하기 위해 막대한 자금을 투입하였다. 스팬션은 이스라엘의 플래시메모리 업체 사이펀반도체Saifun semiconductor의 기술을 도입하여 NOR형 플래시 대용량화 기술을 확보하였고, 마침내 2005년 10월부터 1Gb 용량의 NOR 플래시메모리 양산을 시작할 수 있었다. 2007년 10월에는 아예 사이펀반도체를 인수하며 당시로서는 최첨단 기술인 미러비트MirrorBit 기술을 적용하여 NOR형 플래시메모리의 대용량화, 고속화를 한층 더 개선된 수준으로 추구하려 했다.

스팬션은 메모리 양산에도 투자를 게을리하지 않았다. 양산 효율을 높이기 위해 이전의 200밀리미터급 웨이퍼 생산라인을 후지쓰에 매각하고 그 대금으로 300밀리미터급 웨이퍼 라인을 건설하여 2007년 9월부터 본격적인 가동을 시작했다. 그와 동시에 차세대 플래시메모리 기술 개발에도 힘을 써, 향후 서버용 메모리반도체 시장을 지배하던 DRAM을 대체할 목적으로 개발한 플래시메모리 EcoRAM과 상변화메모리phase change memory PRAM 등에 대한 선행기술 개발에도 막대한 투자를 하였다. 2005년 기준 스팬션의 매출액은 약 20억 달러였는데, 연구개발비가 그 15퍼센트인 3억 달러나 되었을 정도로 스팬션의 기술개발 의지는 실로 대단했다. 이 비율은 2007년에 이르러서는 17.4퍼센트까지 늘어났다. 글로벌 반도체 업계의 매출액 대비 연구개발비의 비율이 보통 5~10퍼센트임을 고려하면, 당시 스팬션의 연구개발 투자는 업계 평균의 두 배를 훌쩍 넘는 수준이었던 것이다.

그러나 2000년대 중후반 들어, 고해상도 디지털 이미징 기능이 기본으로 탑재된 피처폰이 널리 사용되었고, 그 이후에는 스마트폰(NAND 플래시 사용)이 본격적으로 보급되기 시작하면서 디지털 카메라 시장은 점점 축소되었다. 이로 인해 대용량 NOR 플래시메모리가 주력이던 업계의 수익성은 해가 거듭될수록 악화되었다. 또한 서버용 메모리반도체에서는 DRAM이 좀처럼 플래시메모리에게 그 지배권을 내주지 않고 있었다.

이렇게 대용량 플래시메모리, 특히 NOR형 플래시메모리와 EcoRAM 등의 플래시메모리 수익성이 악화되다 보니 스팬션의 연구개발 투자비는 장기간 회수되지 않았고, 이 비용은 결국 매몰비용으로 작용했다. 이 때문에 스팬션은 2005년부터 2008년까지 연속으로 막대한 적자 규모를 기록했다(2005년 2억 8500만 달러, 2006년 9100만 달러, 2007년 2억 4000만 달러, 그리고 2008년에는 22억 달러). 결국 스펜션재팬은 적자를 이겨내지 못하고 2009년 2월 파산했다.

스팬션이 기록했던 적자의 1차적 원인은 NAND가 대세가 되었는데 NOR로 대응하고자 하면서 과도하게 투자한 연구개발비가 회수되지 않았던 것과 야심차게 준비한 300밀리미터급 웨이퍼 라인 건설에 실패한 것이었다.[16] 스팬션은 웨이퍼를 크게 만듦으로써 원가를 절감하고자 하였으나,[17] 200밀리미터 웨이퍼일 때와 동일한 수준의 수율을 유지하기 위해서는 추가적인 장비가 필요하게 되어 예상치 못한 비용이 계속 발생했던 것이다.

그러나 스팬션의 경쟁력 하락에는 더 근본적인 원인이 있었다. 겉으로는 스팬션이라는 지붕 아래 한 회사처럼 존재했지만, 사실 일본의 후지쓰와 미국의 AMD는 마치 다른 회사인 것처럼 행동했다. 스팬션의 본사는 미국 캘리포니아 서니베일에 있지만, 그 파트너인 후지쓰의 메모리 생산 공장은 일본 후쿠시마福島에 있었다. 미국 본사와 일본 현지 스팬션재팬 사이의 의사소통은 지리적 거리만큼이나 잘 되지 않았다. 야심차게 준비한 300밀리미터급 웨이퍼 라인이 예상을 넘어선 공정 비용으로 인해 수익성 악화라는 실패를 맞게 된

---

16   라인을 건설하고 설비 투자를 1000억 엔 넘게 투입했지만, 결국 공정 비용의 급격한 증가 때문에 라인은 완성되지 못했다.

17   웨이퍼가 300밀리미터(12인치)로 커지면 웨이퍼 한 장에서 생산되는 실리콘 다이 비용이 줄어든다. 작은 원에 가로세로 1센티미터짜리 정사각형을 빼곡하게 채우는 것과 큰 원에 채우는 것을 비교해보자. 원의 크기가 커질수록 원의 면적 대비 이러한 정사각형들의 총면적이 차지하는 비율이 더 높아지는데, 이는 웨이퍼 한 장에서 더 많은 실리콘 칩을 생산할 수 있다는 뜻이 된다. 예를 들어 가로세로 1센티미터짜리 다이를 만드는 경우, 6인치 웨이퍼에서는 140개, 12인치 웨이퍼에서는 600개 가량 나온다. 크기만 놓고 본다면 12인치 웨이퍼에서 단위 면적당 40개 정도의 다이가 더 많이 생산되는 셈이다. 따라서 그만큼 다이 한 개당 비용은 줄어든다.

것도 사실 이러한 의사소통의 문제에서 비롯된 측면도 있다. 일례로 300밀리미터 라인의 건설 자금이 미국 본사로부터 제때 송금되지 않았고, 그로 인해 (리스로 들여온) 장비 비용이 증가한 경우도 있었다.

스팬션은 지속적 적자를 견디지 못하고 2009년 3월에 미국에서도 파산을 신청한다. 그런데 스팬션은 파산 신청을 하기 전에 플래시메모리 주력 품목을 그때까지 투자를 집중하던 NOR에서 NAND로 전환하였다. 핸드폰용 플래시메모리 시장에서 맥을 못 추고 있던 NOR 플래시를 포기하고, 대신 NAND형 대용량 플래시메모리 사업에 본격적으로 뛰어들기로 결정한 것이다. 이를 위해 스팬션은 차세대 NOR형 플래시메모리 연구개발비를 대폭 삭감하고 일부 공장을 아예 매각하였으며, NAND 플래시메모리 생산을 위해 파운드리 업체와 계약을 추진하였다. 이러한 조치에 힘입어 2010년이 되자, 스팬션의 영업이익은 적자에서 흑자로 돌아섰다.

이를 계기로 미국 스팬션 본사는 2010년 1월에 다시 새로운 자회사인 '재팬스팬션'을 설립하였다. 하지만 이는 일본에서 먼저 파산을 신청하여 회생절차를 밟고 있었던 일본 측 스팬션, 즉 '스팬션재팬'과는 별개의 행보였다. 법정관리 신세이던 '스팬션재팬'은 새롭게 태어난 '재팬스팬션'과는 상관없이 독자적인 길을 모색해야 했고, 결국 제조 부문을 매각하여 부채를 갚고 회사를 청산하였다.[18]

다시 새롭게 출발한 재팬스팬션은 2010년 7월부터 엘피다메모

---

18 2010년 7월, 미국의 TI는 청산에 나선 스팬션재팬의 일부 공장(아이즈와카마쓰 공장)을 인수했고, 8월에는 두 회사 사이에 NOR형 플래시메모리 위탁제조 계약이 체결되었다. 즉 TI가 인수한 스팬션재팬의 공장이 TI가 인수한 NOR형 플래시메모리의 파운드리가 된 셈이었다. 이로써 스팬션재팬은 완전히 시장에서 사라지게 되었다.

리와의 기술 제휴를 시작했으며, 2012년 2월 마침내 NAND형 플래시메모리를 상용화하였고, 한국의 SK하이닉스에 파운드리 생산을 위탁하면서 동시에 크로스라이센싱 계약을 맺었다. 또한 NOR형 플래시메모리를 최대한 살려 대용량화를 지속적으로 추구하기도 했다.[19] 재팬스팬션은 자사의 NOR형 대용량 플래시메모리 생산을 중국의 파운드리 업체인 XMC에 위탁하기로 하는 계약을 체결한 후, 2010년 11월 2Gb 제품, 2011년 8월에는 4Gb 제품, 2012년 11월에는 8Gb 제품을 차례로 상용화하는 등, 무서운 속도로 시장에 복귀하였다. 마침내 적자 구조도 개선되어 2012년, 재팬스팬션은 영업이익이 흑자로 돌아섰다.

하지만 후지쓰는 길고 긴 AMD와의 파트너십 청산 과정에서 이미 너무 많은 손해를 보았다. 플래시메모리의 시장점유율 축소, 신규 라인 증설 과정에서 발생한 조 단위가 넘는 매몰비용, 법정관리로 인한 기업 신뢰도 추락, 인력 유출 등은 돌이키기 힘든 수준이었다. 이는 후지쓰 그룹이 반도체 사업의 정리를 결심하게 하는 결정적인 요인이 되었다. 2013년 4월, 후지쓰는 자신들의 마이컴 아날로그 반도체 사업을 재팬스팬션에 매각하기로 결정하였다.[20] 후지쓰 입장에서 마이컴 아날로그 반도체 사업은 그룹의 연매출액에서의 비중이 1.3퍼센트에 불과한 비주류 사업 부문으로서 회사의 전반적인 사업

---

19   NOR 플래시 중에서도 대용량의 경우는 스팬션 본사가 지적재산권IP을 소유했고, 새로 설립한 재팬스팬션이 그 IP를 활용하여 2010년부터 2Gb 이상의 대용량 NOR 플래시를 상용화했다.

20   이 시점에서 재팬스팬션은 전신이 후지쓰일 뿐 사실상 후지쓰와 별 연관이 없는 기업이었다.

구조에는 큰 변화가 없었다. 하지만 이는 플래시메모리는 물론 반도체 관련 사업 전반을 정리하려는 상징적인 시도였다.

후지쓰는 2000년대 초반부터 플래시메모리를 포함한 반도체 사업 수익성 악화로 10년 가까이 구조조정에 시달렸고, 마침내 2014년 7월에는 그때까지 남아 있던 주력 반도체 공장 2곳을 미국의 온세미컨덕터On semiconductor와 대만의 파운드리 업체 UMC에 각각 매각하였다.[21] 또한 대만 UMC가 인수한 미에현 공장에서 주로 제품을 생산하던 후지쓰MFIS(Mie Fujitsu Semiconductor Limited)는 2018년 6월 아예 UMC에 84.1퍼센트의 지분을 넘김으로써 완전히 UMC의 자회사가 되었다.

후지쓰가 반도체 사업에서 손을 떼리라는 전망은 그전부터 있었다. 2013년 기준, 후지쓰의 반도체 사업 전체 매출액은 3216억 엔으로, 후지쓰 그룹 전체에서 차지하는 비중은 크지 않은 상황이었다. 이제 후지쓰는 투자 대비 실적이 딱히 좋지 않았던 반도체 사업을 정리하면서 누적된 적자로 인한 비용을 절감하고 그렇게 절감한 비용은 다시 클라우드 사업 등에 집중하는 경영 전략을 취했다. 후지쓰는 1위를 고수하던 일본 국내 PC 시장에서도 2019년 처음으로 외국 회사인 HP와 델에 밀려났다. 후지쓰의 PC 시장 철수 역시 오래 전부터 예견되던 일로서, 2016년 10월 PC 사업에서 레노버와의 전략적 제휴를 검토하는 것을 시작으로, 2017년 11월 중순에는 브랜드

---

21   이미지 처리용 시스템 LSI 반도체를 생산하던 미에현 소재 공장은 대만의 UMC에, 차량용 마이크로컴퓨터MCU를 생산하던 니가타현 소재 공장은 미국의 온세미컨덕터에 매각하였다.

만 남기고 아예 레노버 그룹에 PC사업을 매각하였다. 한때의 영광을 자랑했던 후지쓰의 반도체 사업에서 이렇게 메모리와 PC가 사라지고, 슈퍼컴퓨터에 들어가는 일부 프로세서 설계 정도만 남게 되었다.

르네사스

DRAM 부문에서 엘피다메모리가 두드러졌다면, SoC(System on a Chip, 단일 칩 체제) 같은 비메모리반도체 부문에서는 르네사스Renesas Electronics가 눈에 띈다. 2003년 히타치제작소와 미쓰비시전기의 시스템반도체 부문이 55:45의 비율로 합쳐져 출발한 이 회사는, 2010년에는 NEC의 비메모리반도체 부문까지 합병하여 더 덩치가 커졌다. 일본의 반도체 5인방 중 NEC, 히타치, 미쓰비시가 합쳐져서 출범한 메모리반도체의 공룡 엘피다메모리가 오버랩되는 부분이기도 하다. 르네사스는 겉으로는 민간 기업이었지만, 일본 정부와 민간이 연합하여 일종의 공기업으로 만든 회사이기도 했다.[22]

르네사스로의 합병 전, 히타치의 비메모리 사업 부문은 CPU 사업(르네사스의 SuperH 제품군으로 계승됨)에, NEC의 비메모리 사업 부문은 마이크로컨트롤러 사업(르네사스의 78K 마이크로컨트롤러 제품군으로 계승됨)에, 미쓰비시전기의 비메모리 사업 부문 역시 마이크로컨트롤러 사업(르네사스의 R8C, R16C 등의 제품군[현재는 RL78 제품군으로 통합]으로 계승됨) 등에 치중하고 있었는데, 이들 사업을 단지 비메모리반도체라는 이유만으로 묶어버렸기 때문에 사업 간의 시너지 효과는 미미했고,

---

22　　현재 르네사스의 최대 주주(지분율 33.4퍼센트) 중 하나가 바로 일본 경제산업성이 주도하는 기업 구조조정을 목적으로 하는 민관펀드인 일본산업혁신기구INCJ다.

일부 사업 부문은 겹치기도 하는 등 비용의 증가 요인이 발생하기도 하였다.

비메모리반도체(SoC, 마이크로컨트롤러, 시스템 LSI)는 백색가전부터 엘리베이터 같은 산업용 전기제품, 전력반도체부터 사물인터넷IoT까지 다양한 제품군에 사용되고 해당 제품의 특성이 제각기 다르기 때문에 모든 분야를 아우르는 공통적인 요소 기술을 통해 경쟁력을 확보하기는 태생적으로 어렵다. 따라서 한 제품(가령 엘리베이터용 칩셋)을 잘 만드는 업체와 다른 제품(가령 셋톱박스 칩셋)을 잘 만드는 업체는 다르기 쉽고 그만큼 시장도 잘게 나누어져 있다. 이로 인해 비메모리 시장에서의 점유율이 높더라도 수익률은 메모리반도체 같은 표준화된 산업에 비해 상대적으로 낮은 것이 특징이다. 대신 메모리반도체와 달리 시장의 변동성이 크지 않아 수익률은 안정적인 편이다.

그런데 르네사스를 만든 일본의 업체와 정부는 이러한 특성을 충분히 고려하지 않은 채, 기술력을 믿고 무리한 합병을 추진했다. 합병으로 몸집을 불림으로써 시장을 모두 장악할 것으로 기대했지만, 오히려 그 거대한 몸집으로 인해 의사결정 속도 등의 경영 효율은 저하되었다. 또한 합병 전 이미 잘하고 있던 분야에서의 경쟁력마저 다른 분야에 맞춰 하향 평준화되는 역효과를 불러왔다. 당연히 르네사스의 수익률은 악화되었고, 높은 시장점유율은 이 수익률을 더욱 악화시키는 요인이 되기도 했다. 실제로 2010년 기준 르네사스의 차량용 마이크로컴퓨터 시장점유율은 42퍼센트, 산업용 마이크로컴퓨터로 확장해도 시장점유율이 30퍼센트나 되었지만, 영업이익률은 0.61퍼센트에 불과했다. 2011년에는 영업이익률이 아예 마이너스가 되었고, 손실 규모는 1150억 엔에 달하게 되었다. 같은 시기에 마이크로컴퓨터의 경쟁 업체인 인텔의 영업이익률이 36.5퍼센트에 달했던 것을 생각하면 이는 충격적인 수치라고 하지 않을 수 없다.

수익률이 악화되자 르네사스는 다각도로 업종 다양화를 시도했다. 2010년 노키아의 무선 부품(통신 모뎀) 사업을 인수하여 르네사스모바일을 설립하였으나, 2011년 동일본 대지진을 거치면서 2013년에 다시 브로드컴에 모바일 시스템반도체 사업 전체를 매각했다. 시장점유율 1위이던 자동차 반도체용 MCU 사업 역시 수익성이 악화되던 일부를 대만 업체에 매각하고 2013~2014년에 종업원의 30퍼센트(약 1만 5000명)를 해고하는 등의 구조조정을 단행했다.

그러나 또 한편으로 르네사스는 회사 사정이 악화되어가던 와중에도 무리한 인수를 계속하였다. 2017년 아날로그 반도체 업체인 인터실을 32억 달러에, 2018년에는 역시 아날로그 반도체 업체인 IDT를 67억 달러에 인수하는 초대형 M&A를 단행하기도 하였다. 이 인수를 통해 르네사스는 저전력 마이크로컨트롤러 분야의 경쟁력을 강화할 수 있었지만, 이 저전력 MCU는 빠르게 성장하던 자율주행 자동차용 반도체로는 사용하기가 어려웠다. 결국 이 대규모 투자는 그리 효과적이지 않은 결정이었다.

르네사스가 이러한 고비용 저효율 사업의 악순환에 빠지게 된 것은 엘피다메모리가 그랬던 원인과 크게 다르지 않다. 일단 세 회사가 합쳐지며 경영 구조가 복잡해져서 의사결정이 빠르게 이루어지지 못했다. 그리고 무엇보다도 기술을 맹신하는 분위기 속에서도 오히려 빠른 기술 변화를 따라가지 못하고 뒤처졌다. 단적인 예로 2012년 르네사스가 출시한 스마트폰 AP용 SoC를 들 수 있다. 르네사스는 자신들의 1.5기가헤르츠 듀얼코어 CPU에 3세대(HSPA+)와 4세대

(LTE) 통신 기능을 얹은 MP5232라는 SoC를 출시했다. 르네사스의 이 제품은 단순히 CPU와 통신 모뎀의 기능을 통합한 수준으로, 이미 많은 기술적 발전을 이룬 경쟁사 제품에 미치지 못했다. 당시 급성장 중이던 모바일 AP칩 시장은 퀄컴(점유율 32퍼센트)과 삼성전자(점유율 27퍼센트), 그리고 브로드컴과 미디어텍이 주도하고 있었는데, 특히 업계 1위 퀄컴은 이미 멀티코어 방식은 물론 소형화, 발열과 소비전력 면에서도 많은 발전을 이루고 있던 상황이었다. 이 모든 측면에서 경쟁력을 확보하지 못했던 르네사스의 AP 사업은 처참한 실패로 끝났다.

파나소닉

전통의 일본 반도체 5인방이 1990년대 이후 겨우 20년 사이에 차례로 쓰러지는 와중에 충격적인 소식이 또 들려왔다. 비록 5인방은 아니었지만 일본 반도체 회사 중에서 가장 이른 1952년에 반도체 사업을 시작했던 파나소닉이 2019년 11월에 계속된 적자를 감당하지 못해 마침내 사업을 접기로 했다는 소식이었다. 파나소닉은 1990년대 전후 세계 상위 10위권 이내의 자리를 굳게 지키던 회사였다.

  파나소닉은 마쓰시타 고노스케松下幸之助가 1918년 마쓰시타전기기구제작소松下電氣器具製作所를 설립하면서 그 역사가 시작되었다. 이후 1932년 마쓰시타전기산업으로 사명을 변경한 후, 나쇼날National, 파나소닉Panasonic, 테크닉스Technics 등의 브랜드를 차례로 출범시키면서 본격적인 전자 왕국으로 변모해나갔다. 1980~90년대에는 전 세계 최대의 가전업체로 성장하였고, 2008년 이후에는 그룹 이름을 마쓰시타에서 아예 파나소닉으로 변경하였다. 2010년대 들어 가전 사업이 고비용 저효율의 구조에서 벗어나지 못하자 백색가전 사업에서 철수했다. 이후 파나소닉은 B2C에서 B2B 기업으로 변신을 꾀했다. 파나소닉은 가전 업체인 동시에 오래된 반도체 업체이기도 했다. 1952년 네덜란드 필립스와 합작해 본격적으로 반도체 사업을 시작했으며, 주로 가전제품용 반도체 산업에 집중하였다.

사실 거대한 전자회사이자 일본 반도체 산업의 선구자인 파나소닉의 몰락은 일찍부터 예견되었던 사건이다. 파나소닉은 기술 변화의 거대한 흐름을 읽지 못하고 자사의 가전제품에 탑재할 반도체에만 주력한 탓에 제품군이 빈약했다. 2000년대 이후에는 전기차용 배터리 제어용 반도체 등으로 사업을 확장하려고 시도하였으나 기술 경쟁력에서 뒤처져 적자가 누적되었다. 그나마 자사의 반도체 고객이던 소비자 가전 사업도 한국이나 중국산 제품에 밀려나면서 믿을 구석마저 없어졌다. 사실 파나소닉이 가전에서도 경쟁력을 잃게 된 이유 중 하나는 비효율적인 파나소닉 반도체에만 의존한 탓에 원가 경쟁력 확보가 태생적으로 어려웠기 때문이었다.

파나소닉은 이미 지난 2014년 도야마富山현 등에 있는 공장 3곳을 이스라엘 반도체 업체 타워재즈와 공동 운영하는 방식으로 전환한 데에 이어, 오카야마岡山현에 있는 2곳의 공장은 폐쇄하였다. 2019년 4월에는 가전용 다이오드 같은 중저가 반도체 사업마저 일본 반도체 기업 롬Rohm에 매각하기도 했다. 주요한 생산 및 사업 기반의 매각 소식은 파나소닉이 반도체 사업을 조만간 정리할 것이라는 전망을 불러왔다.

하지만 이 시기에도 파나소닉은 여전히 기술에 대한 투자를 하고 있었다. 예를 들어 파나소닉 반도체 솔루션은 메모리반도체 중 차세대 기술 중 하나로 평가받던 저항변화메모리ReRAM를 2013년에 세계 최초로 선보이기도 했다. 2015년에는 이 기술을 이용하여 8비트급 마이크로컨트롤러 내장 메모리에 180나노 공정으로 제조된 ReRAM을 도입하기도 했다. 이를 통해 파나소닉은 IoT 등에 광범하게 적용될 수 있는 ReRAM 표준화를 시도하려 했다. 실제로 파나소닉은 벨기에의 imec과 공동으로 2015년 6월, 40나노 공정을 통해 IoT 전용 소용량 ReRAM 및 클라우드 전용 대용량 ReRAM의 투트랙 전략을 발표하기도 했으며, 양산을 위해 대만의 UMC와 공동으로 공정기술 개발을 발표하기도 했다. 그 노력의 결실로서 2019년 파나소닉은 1Mb급 저장용량의 ReRAM 양산을 발표했으며, 주요 타깃을 대형 마이크로컨트롤러나 SoC로 설정했다.

그러나 거대 공룡 파나소닉의 이러한 기술개발 노력 역시 글로벌 반도체 경기의 둔화와 커패시터 등의 기본 소자 분야에서 가격 경쟁은 물론 기술 경쟁에서도 밀린 현실 앞에서는 속수무책이었다. 2019년 11월, 파나소닉은 반도체 사업 포기를 공식 천명하였다. 자회사 파나소닉세미컨덕터솔루션과 더불어 이스라엘의 타워재즈와 공동으로 출자한 이미지센서 합자회사 파나소닉-타워재즈세미컨덕터 지분 49퍼센트를 포함, 반도체 관련 사업의 지분 대부분을 대만의 반도체 기업인 누보톤에 전량 넘기고 시장에서 철수한다고 발표한 것이다. 반도체와 직접적인 연관은 없지만, 그동안 계속 적자 신세를 면치 못했던 파나소닉의 LCD 패널 제조업 역시 2021년까지 완전 중단할 것임도 같이 발표되었다. 이로써 1952년 네덜란드의 필립스와의 합작을 시작으로 70년 가까이 이어오던 파나소닉의 반도체 사업은 막을 내리게 되었다. 반세기의 역사 차이가 무색하게, 2008년에 설립되어 메모리반도체에서 IoT 등에 널리 이용되는 마이크로 제어장치에 이르는 산업용 반도체를 주력으로 하는 누보톤 같은 회사에 인수된 파나소닉의 현실은, 중생대의 공룡이 신생대의 작은 포유류에게 잡아먹히는 상황을 연상하게 한다.

5

일본 반도체 왕국, 성쇠의 갈림길

지금까지 살펴보았듯, 일본의 굵직한 반도체 업체들의 쇠망사에는 공통적인 패착이 관찰된다. 일본 반도체 왕국의 패착은 크게 세 가지로 나눌 수 있다. 가장 큰 패착은 기술에 대한 과도한 자신감과 그로 인한 세계 시장의 변화에 대한 대응력 저하다. 두 번째 패착은 혁신의 딜레마다. 시장을 압도하기 위해 과감하게 투자한 혁신 기술이 아이러니하게도 오히려 수익률의 발목을 잡았기 때문이다. 세 번째 패착은 정부의 과도한 간섭이다. 일본의 반도체 산업 초창기에는 정부가 든든한 보호막이자 비용을 절감하고 정보 공유를 가능하게 해준 훌륭한 플랫폼으로 작용하였으나, 업체들이 세계 시장을 선도하며 경쟁하던 시점에서는 오히려 발목을 잡는 꼴이 되었다. 이러한 세 가지 요인들이 어떻게 일본 반도체 산업이 한때 세계를 지배했던 왕좌를 뒤로 한 채 쇠망의 길로 접어들게 만들었는지를 이제부터 하나씩 살펴보자.

기술력의 신화와 함정

일본 반도체 산업의 여러 업체들이 쇠락하는 과정에서 보였던 가장 큰 공통점은 각 회사가 소중하게 추구하던 기술에 대한 집착이다. 이들이 그렇게 기술에 집착했던 이유는 무엇일까? 왜 그 과정에서 기술 이상으로 중요했던 다른 요소를 놓치게 된 것일까? 물론 경영학 교과서가 가르쳐주듯이 시장의 향방에 대한 경영자들의 근시안, 스피디한 의사결정과 강력한 리더십을 가진 경영자의 부재, 무리한 흡수합병 및 기업문화 융합 실패로 인한 효율 저하, 정부 주도 구조조정으로 인한 업체 생태계 혼란 등의 이유도 있었을 것이다. 이와 별도로 자국의 기술에 대해 지나친 자신감을 심어준 일본 특유의 사회 분위기가 중요한 역할을 했다고 할 수 있다.

지금도 일본의 서점가에는 지나치다 싶을 정도로 자국을 찬양하는 책들이 넘쳐난다. 예를 들어 '왜 일본 민족은 우수한가?', '왜 일본의 기술력은 세계 제일인가?', '왜 일본은 한국과 중국이 따라올 수 없는 나라인가?', '왜 선진 각국은 일본을 배우려고 하는가?' 같은 제목의 책들이 버젓이 잘 팔린다. 일본인들이 겉으로는 겸손해도 속으로는 자국에 대한 자부심이 굉장하다는 것을 엿볼 수 있는 대목이기도 하다.

일본의 반도체와 선사 산입이 한창 잘나가던 시절, 차세대 반도체 기술이나 제품이 시장에 발표되면 일본 언론은 호들갑을 떨며 앞선 기술력을 앞다퉈 찬양했다. 영어에서 유래된 외래어를 유난히 좋아하는 일본인들은 특히 '혁신(革新, 가쿠신)'이라는 일본어 대신 굳이 '이노베이션(innovation, イノベーション)'이라는 단어를 즐겨 사용했으며, 이른바 초고성능, 오버스펙over spec, 누구도 범접할 수 없는 기술 수

준을 갖는 것이 지상 최고의 미덕인 양 찬양하기에 바빴다. 그만큼 기술력에 대한 과신과 기술의 중요성에 지나치게 집착하게 만드는 분위기가 산업계뿐만 아니라 사회 전반에 팽배해 있었다.

이러한 분위기는 기업들로 하여금 자신들의 기술에 스스로 취하게 만드는 동시에, 그 기술에 목을 매고 회사의 자원을 총동원해야 하는 무언의 압박으로 작용하기도 했다. 더 나은 기술을 만들 여력이 있는데 굳이 전략적인 고려 때문에 스펙을 낮추거나 수율을 희생할 이유를 찾지 못했다. 또한 스스로의 기술력이 뛰어나니 굳이 비싼 다른 나라의 장비를 사올 이유도, 다른 나라 회사에 외주를 주어야 할 이유도 없었다. '해냈다 일본!'이라는 지상 명령이 일본의 반도체 회사들로 하여금 그저 기술에만 몰두하게 하는 최면제 역할을 한 것이다.

물론 제조업이 발전하기 위해서는 꾸준한 기술개발 투자가 매우 중요하다. 이는 앞으로도 변함없는 주지의 사실이다. 기술에 대한 회사 차원의 과감한 투자가 없으면 회사의 경쟁력은 약화되고, 시간이 지나면 존폐 위기의 기로에 놓일 수 있기 때문이다.

문제는 기술의 발전 경로가 하나가 아닐 수 있다는 점이다. 그래서 한 방향으로만 치우친 기술 투자는 언제든 다른 방향에서 나타난 '파괴적 기술disruptive technology'에 의해 사장될 가능성이 있다. 앞서 살펴본 여러 일본 반도체 회사들 중에도 자신들의 기술과 다른 방향에서 나타난 파괴적 기술로 인해 타격을 받은 경우가 여럿 있다. 대표적으로 히타치의 트렌치형 DRAM 집적 공정 기술, 후지쓰 그리고 스팬션이 막대한 연구개발비용을 투자하여 20년 넘게 포기하지 않았던 NOR 플래시메모리, 95퍼센트 이상의 수율을 유지하기 위해 지나치게 높은 비용이 요구되는 OSAT(검사 및 패키징 공정)를 포기할 수 없었던 엘피다 등의 사례를 생각할 수 있다.

　시장의 지배적인 기술을 대체하는 '파괴적 혁신 기술'은 굳이 큰 회사가 사운을 걸고 개발해야 하는 것은 아니다. 파괴적 혁신 기술 중에는 벤처 기업이나 심지어 대학생이 자신의 집 차고에서 뚝딱 만들어낸 경우도 있다. 문제는 해당 분야의 기존 업체들은 파괴적 혁신 기술을 직접 개발하지는 않더라도 그것의 잠재력을 최대한 이른 시점에 파악해야 한다는 점이다. 만약 어떤 회사가 이 파괴적 기술의 혁신성을 알아보지 못하거나 도입을 주저한다면, 그 회사는 시장에서 순식간에 뒤처질 가능성이 많다. 파괴적 혁신 기술로 인해 그 회사가 가지고 있던 기술이 이제는 경쟁력이 떨어지는 구식 기술로 전락할 것이기 때문이다.

　일본의 반도체 회사들이 기술 변화에 대응하는 과정에서 공통적으로 저질렀던 실착 중 하나는 연구개발 인력만을 우대하고 주요 의사 결정이 마케팅 인력보다 기술개발 인력 중심으로 이루어졌다는 점이다. 예를 들어 엘피다는 다른 부문 종업원들보다 연구개발 인력을 우대한 것으로 유명한데, 연구개발 인력 중에서도 생산을 책임지는 양산 부서보다 설계를 책임지는 개발 부서를 훨씬 우대하였다. 종업원들에게 이익을 배분할 때에는 연구개발, 특히 개발 부서에 훨씬 큰 보상이 이루어졌으며, 신규 기술 도입 과정에서도 개발 부서의 의견이 항상 우선시되었다.

　이는 경쟁 업체였던 인텔이나 삼성전자의 경우와 대비된다. 인텔은 개발 부서와 양산 부서를 동등하게 대했고, 의사결정 과정에서 오히려 양산 부서의 입김이 세게 작용하는 경우도 있었다. 또한 예상 시장 원가를 미리 예측하여 그에 맞는 공정을 설계하고 최종 기술 수준을 결정하는 방식을 취했다. 그 과정에서 시장 조사 데이터를 충분히 가지고 있는 마케팅 부서의 의견이 큰 비중으로 반영되었다. 일본 업체들과 같은 기술우선주의는 찾아볼 수 없었다. 삼성전자는 개발과 양산을 아예 구분조차 하지 않았으며, 연구개발과 마케팅 부서 간 인력을 순환 배치하며 제품 개발 단계에서부터 시장에서 요구하는 사항들을 고려할 수 있게 하였다.

인텔이나 삼성전자의 시스템과 비교해 보면 일본의 반도체 회사들이 가지고 있던 개발 우대 문화는 더 극명해 보인다. 삼성전자는 입사할 때의 직군이 개발 혹은 양산이었다고 하더라도 우수한 인력 중 일부를 본인의 동의를 받아 마케팅 부서로 전환 배치하는 등, 우수 자원을 공정과 양산 개발에 앞서 마케팅에 배치하는 공격적인 인재 경영 전략을 펼쳤다. 반면 엘피다메모리의 경우 기술개발 인력들의 이른바 고인물화가 심화되고 있었다. 기술개발 인력들은 본인들이 개발해오던 이전 세대 기술의 로드맵을 확신하고, 그 로드맵에서 벗어나려고 하지 않았다. 이런 상황에서는 경영진이 파괴적 기술에 대한 보고를 받았다고 해도 기술개발 인력들의 미적지근한 반응을 무시하면서 새로운 기술에 대한 과감한 결정을 하기가 어렵다.

일례로 엘피다 경영진은 2000년대 중반부터 삼성과의 DDR3 기술격차를 줄이기 위해서는 선행기술이 아닌 현 기술의 원가 절감이 더 우선이라는 경영 의견을 꾸준히 제시하였으나, 기술진은 로드맵을 준수하여 선행기술을 한발 앞서 개발함으로써 리더십을 되찾는 것이 우선이라는 의견으로 대립각을 세웠고, 이는 DRAM이 DDR2에서 DDR3로 넘어가는 과정에서 무리한 선행기술 개발 투자로 이어지는 결과가 되었다.

실제로 이미 기술로 성공한 회사 중 개발 인력의 입김이 강한 회사의 경우에 파괴적 혁신 기술을 적극적으로 수용한 경우는 거의 없다. 그동안 자신들이 성공을 경험했던 기술 방식을 버리고 새로운 방식을 취하기란 쉽지 않을 것이다. 역설적이게도 과거에 큰 성공을 한 기술 인력일수록 새로운 기술에 대한 모험을 걸어볼 가능성은 낮아질 수밖에 없다.

반도체 산업에서는 속도가 중요하다. 반도체 집적회로의 성능이 18개월마다 2배로 뛴다는 '무어의 법칙Moore's Law'에서도 알 수 있듯이, 반도체 산업의 시장 변화는 다른 어떤 산업에서보다 빠르다. 따라서 시장의 변화를 빠르게 감지하고 이에 맞춰 신속하게 대응하는 것이 성공을 지속하기 위한 필수적인 조건이다. 그런데 시장의 변화를 가장 빠르게 감지할 수 있는 사람들은 마케팅 인력들이다. 이들은 제품을 필요로 하는 기업이나 단체와 수시로 접촉하고 일반 소비자들의 트렌드가 어떻게 바뀌는지를 세심하게 관찰한다. 하지만 일본 기업들의 마케팅 인력은 회사 내에서 발언권이 크지 않았던 탓에 기술개발 인력들과 다른 의견을 관철시킬 수 없었다. 파괴적 혁신 기술을 간파했다고 해도 그 기술이 시장을 장악해나가는 것을 그저 지켜볼 수밖에 없었던 것이다. 세상이 이미 새로운 기술을 채택하였을 때쯤에는 자신들의 기술은 구식으로 전락하여 적자를 부추기는 원인이 되어 있었다.

파괴적 혁신과 혁신 기업의 딜레마

기술을 중시하던 일본 기업들이 왜 새로운 기술 변화에 적응하지 못하고 도태되었을까? 왜 일본 반도체 기업들은 이 결단을 제때 내리지 못했던 것일까? 이에 대한 답은 세계적인 기업경영 전략가인 하버드 경영대학원 클레이턴 M. 크리스텐슨Clayton M. Christensen 교수가 제안한 '혁신 기업의 딜레마Innovator's Dilemma'라는 개념에서도 찾을 수 있다.

크리스텐슨 교수가 말하는 '혁신 기업의 딜레마'는 거시적으로 봤을 때 자신이 1995년에 창안했던 '파괴적 혁신'과도 연결되는 개념이다. 그가 파괴적 혁신을 제창했을 때 말한 원래의 의미는 이렇다. 어떤 기업이 혁신적인 제품이나 서비스로 시장에서 성공을 경험했을 경우, 그것이 다음 단계로 나아가기 위한 발걸음에 오히려 장애물이 될 수 있다는 것이다. 성공한 기업은 관성에 젖기 쉽고 기존의 비즈니스 방식과 이미 확보한 고객의 충성도만 고집하는 우를 범할 위험성이 크기 때문이다.

예를 들어 한때 혁신적인 기술이던 피처폰 시장의 최강자 노키아는 애플사의 아이폰처럼 아예 시장을 새로 만들어버리는 파괴적 혁신 기술이 등장하자 불과 몇 년 후 시장에서 사라지고 말았다. 스마트폰 시장에 진입하기는 이미 늦은 상황에서 기존 고객들의 다수가 아이폰으로 대표되는 스마트폰 시장으로 이동해버렸기 때문이다. 피처폰이 유행할 때 QWERTY 자판을 제공하며 독자적인 시장을 가지고 있던 블랙베리의 운명도 노키아와 다르지 않았다.

'혁신 기업의 딜레마'는 반도체 산업에 대해서도 똑같이 적용할 수 있다. 그간 확보하고 있던 제품의 경쟁력을 계속 유지하려는 어떤 기업이 지금까지 기업을 성장시키고 유지시키게 해준 기술 방식에 투자를 너무 과도하게 집행하면 어떻게 될까? 한때 큰 이익을 안겨주었던 기술에 지나친 자원을 투입하여 소비자들이 필요로 하는 수준을 넘어서는 오버스펙 제품을 만들 경우, 당연히 가격이 올라가게 된다. 대부분의 소비자들은 당연히 불필요하게 비싼 오버스펙 제품이 아닌 용도에 맞는 적절한 가격의 제품을 선택할 것이다. 이는 반도체 산업의 역사에서도 고스란히 확인할 수 있는 대목이다.

예를 들어, 1970년대 대형 콘솔 컴퓨터용 하드디스크는 14인치가 표준 규격이었다. 당연히 같은 규격의 디스크에 더 많은 데이터를 저장하는 것이 당시의 기술 경쟁의 핵심이었고, 일본 업체들 역시 이 부분에 초점을 맞춰 디스크 저장 밀도 향상을 위한 소재와 읽기/쓰기 속도 향상에 주안을 두고 기술 경쟁에 나섰다. 그 과정에서 소형컴퓨터에 적합한 8인치 하드디스크에 대한 관심은 거의 없었으며, 이는 일본의 반도체 업체들이 하드디스크의 물리적 저장 밀도 향상에 대한 높은 기술력을 가지고 있었음에도 불구하고, 개인용컴퓨터에 더 적합한 8인치 디스크 기술 개발에 뒤처진 원인이 되었다. 14인치 디스크의 오버스펙은 오로지 대형 컴퓨터에만 적합했기 때문이다. 정작 개인용 컴퓨터에 적합한 8인치 디스크의 기술 스펙을 이끌어갈 수 있었던 기회를 놓친 셈이다.

DRAM 생산 공정에서도 과거 6인치 웨이퍼 기준의 공정은 일본 DRAM 업체들이 극한까지 공정 기술을 발전시켰지만, 정작 생산 능력을 결정하는 것은 오히려 웨이퍼의 크기였고, 그 과정에서 수율의 손해를 다소 감수하고서라도 발빠르게 8인치로 옮겨간 삼성이 유리한 고지를 선점할 수 있었다. 6인치 웨이퍼에 비해 8인치 웨이퍼는 1.8배 이상의 다이 생산이 가능하고 수율의 손해가 있더라도 전체 생산량에서 압도할 수 있으므로 유리하다는 것은 상식이었으나, 일본 업체들의 6인치 공정에 대한 과도한 기술 투자는 쉽게 8인치로 넘어가는 것을 주저하게 만든 요인이 되었다.

플래시메모리 역시 일본은 NAND 플래시메모리가 장기적으로는 유리한 기술적 옵션이 될 것임을 알고 있었음에도 불구하고, NOR 플래시메모리의 기술적 스펙을 높임으로써 NOR 플래시메모리 고유의 장점(NAND에 비해 더 빠른 읽기/쓰기 속도)을 극대화하고자 하였다. 실제로 플래시메모리 초창기에는 NOR형 메모리가 주종을 이뤘기에 일본 메모리반도체 업체들의 판단은 처음에는 유효한 것으로 보였다. 그렇지만 곧 플래시메모리에 요구되는 스펙으로서 읽기/쓰기 속도 이상으로 용량이 대두되면서, 용량 확대에 훨씬 유리한 NAND형 플래시메모리 기술이 점점 비중을 높여갔다. 하지만 도시바를 비롯한 일본의 플래시메모리 업체들은 NOR 플래시메모리의 장점을 더욱 극대화하고 NAND만큼 용량을 확대하는 것에 투자를 지속하였다. 이 과정에서 NOR 플래시메모리 생산 원가는 치솟기 시작했고, 기술적 스펙이 앞섰음에도 불구하고 NOR 플래시메모리는 시장점유율이 오르기는커녕 더 하락하기 시작했다.

반도체 산업의 경우에는 오버스펙 제품과 평범한 스펙 제품 사이의 원가 격차는 더 심하다. 결과적으로 오버스펙 제품의 가격이 지나치게 비싸져, 결국 이른바 가성비 측면에서 경쟁력을 상실하게 된다. 어떤 면에서는 일본이 자동차 산업의 성공 경험을 반도체 산업에서 그대로 복제하려던 것이 아닌가 싶기도 하다. 도요타, 닛산, 혼다, 마쓰다, 미쓰비시 같은 일본 자동차 회사들은 글로벌 시장에 진출하면서 같은 값이라면 더 오래 고장 없이 작동할 수 있는 제품을 만든다는 전략을 취했다. 1990년대에 이들 일본 자동차 5사는 글로벌 시장점유율 확대를 위해 주요 부품에 대해 '5년 동안 주행거리 10만

킬로미터 이내'라는 파격적인 품질보증 조건을 내세웠다. 그리고 일본 기업들은 미국과 유럽 시장에서 큰 성공을 일구며 세계적인 자동차 회사로 도약했다. 1970년대에 일본 반도체 업체들이 선택한 전략은 글로벌 자동차 시장에 진입할 때 일본 기업들이 취했던 전략과 크게 다르지 않았다. 그러나 반도체는 자동차와 달랐다. 생명과도 관련 있는 자동차는 고장이 잘 안 난다는 안전에 대한 신뢰가 중요했지만, 반도체는 그렇지 않았던 것이다.

일본의 반도체 기업들이 기술 스펙에 과도하게 집착한 유명한 계기 중 하나는 일본 제1의 통신기업 NTT와의 사업에서였다. 1980년대에 들어 늘어나는 대용량 데이터를 처리해야 했던 통신 업계를 중심으로 대형 컴퓨터에 대한 수요가 매년 증가하였고, 당연히 그에 소요되는 DRAM 메모리반도체 수요 역시 폭증했다. 이때 NTT는 무려 25년간이나 고장 없이 작동할 수 있는 통신용 칩셋과 메모리반도체를 요구했다. 일본 반도체 회사들은 NTT의 품질 기준을 충족하기 위해 극한의 환경에서도 작동할 수 있는 통신 칩셋과 메모리 기술 개발에 열을 올렸고, 결국 NTT의 기준을 만족시키는 제품을 공급할 수 있었다. 이후 일본산 반도체에 대한 신뢰도는 급상승하였고, 일본 기업들이 세계 반도체 시장의 점유율을 휩쓰는 결과로 이어지기도 했다.

이는 단기적으로는 분명 일본 기업들에게 호재였으나 장기적으로는 되려 독이 되었다. 일단 25년이나 버틸 정도의 고내구성, 고신뢰도의 반도체칩을 만드는 과정은 길어야 5년 정도의 수명을 예상하는 보통의 반도체칩과는 완전히 다른 접근을 필요로 한다. 극단적으로 오랜 기간 동안 높은 신뢰도를 갖는 반도체칩을 만들기 위해서는 품질 검사와 제조 정밀도 향상, 그리고 소재 단계부터 불순물 함량을 극단적으로 정확한 수준으로 제어하고, 장비의 사용 시간 증가로 인한 장비 교체 주기의 단축까지 다방면에서 많은 노력과 투자가 필요하다. 이런 추가적인 기술개발 비용과 공정 비용은 요구 조건이 가혹해질수록 더 가파르게 상승한다.

예를 들어 다시 NTT의 통신용 반도체 사례로 돌아가보자. NTT의 요구 조건을 충족시키기 위해 일본 반도체 업체들은 통상적인 경우보다 훨씬 더 많은 공정 비용을 지불해야 했을 것이다. 실제로 64Mb DRAM의 경우, NTT의 요구 조건을 맞추기 위해 NEC는 통상적인 미세 패터닝 공정에 소요되는 것보다 적게는 1.5배, 많게는 2배 이상 많은 마스크를 사용했다. 그리고 패키징과 품질 검사 과정에도 더 많은 비용을 투입해야 했다. 이렇게 많은 비용을 들여 25년을 버틸 수 있게 만든 통신용 반도체가 공급되었다.

그런데 불운하게도 통신 장비 역시 기술 변화가 빠른 시장이다. 통신 방식과 용량을 규정한 기술표준은 주기적으로 바뀌고 그에 맞춰 통신용 반도체의 스펙도 바뀌어야 한다. 즉 25년을 버틸 수 있는 제품의 신뢰도보다 새로운 표준에서 규정하는 향상된 스펙을 충족시키는 것이 더 중요하다. 그럼에도 불구하고 일본 업체들은 스펙보다 요구 조건 대응에 필요한 기술개발, 그리고 그로부터 파생된 기술의 보전에 더 많은 신경을 썼다. NTT가 무시할 수 없는 큰 고객이었다고 해도, 글로벌 시장을 생각한다면 변화하는 기술표준에 맞추고 오히려 이를 선도하는 노력을 기울였어야 했다. 이로써 NEC 등 일본 업체는 대형 컴퓨터를 위한 고신뢰도의 DRAM을 만들 수 있었을지는 모르겠지만, 해외의 통신사들이 요구하는 고성능 저비용의 제품을 제때에 공급하는 데에는 실패했다.

반도체 업계의 빠른 기술 변화 사이클도 영향을 미쳤다. 자동차 모델은 4~5년마다 바뀌지만, 1990년대의 반도체 산업의 기술 변화는 그보다 훨씬 짧은 주기로 이루어졌다. 불과 1~2년 사이에 성능이 2배씩 증가하여 2~3년 전 기술과 제품은 금세 시장에서 자취를 감출 정도였다. 2년 정도면 DRAM의 세대교체가 이루어지고 이전 세대의 칩은 반값 이하가 되니, 25년을 버틸 수 있다는 특징은 사실상 아무런 의미도 없었다. PC나 스마트폰 사용자들이 2~3년 정도 사용하면 신형 모델을 구입하는데 구형 PC나 스마트폰의 메모리가 고장나지 않았다는 사실이 무슨 의미가 있겠는가.

기술에 과도하게 투자하며 원가 경쟁력이 떨어진 일본 반도체 업계는 1980년대 중반 혜성처럼 등장한 삼성전자에게 시장을 빼앗기기 시작했다. 1989년 메모리 분야에서 도시바, NEC, TI에 이어 4위였던 삼성전자는 1990년에는 1위 도시바(시장점유율 14.7퍼센트)에 이어 2위(12.9퍼센트)까지 올라섰다. 이어 삼성전자는 4Mb, 16Mb DRAM 시대로 접어들던 당시 상황에서 공정 기술 개발을 이끌던 진대제, 권오현 박사를 중심으로 스택 공정stacking 기반의 DRAM 구조 혁신[23]에 올인하는 투자(1991년 4500억 원, 1992년 8000억 원)를 하였

---

23 메모리 소자를 집적하는 방식으로서 당시 경쟁하던 트렌치Trench방식과 스택stack 방식이 있었는데, 80년대 후반 당시, 정부와 산업계가 주도한 차세대 DRAM 개발 공동 연구프로젝트에서는 어떤 방식을 취할 것인지 합의가 이루어지지 않았다. 이에 대해 공동 연구프로젝트에 참여하고 있던 삼성전자는 NMOS와 커패시터를 차례로 위로 쌓아올리면서 집적도를 높이는 방식의 스택 공정 기술개발을 추진했고, 마침내 성공함으로써 4Mb DRAM 양산에 성공하였다.

고, 반도체 시장 진출 10년 만인 1992년에 마침내 DRAM 시장점유율 세계 1위에 등극했다. 이는 크리스텐슨 교수가 주창한 파괴적 혁신의 교과서적인 사례이기도 하다.

삼성전자가 공격적인 투자를 한 상황에서 마침 PC 시장이 성장하며 DRAM 수요가 폭증했다. 삼성전자의 투자는 곧바로 시장점유율 확대로 이어졌고, 이렇게 벌어들인 여유 자금은 차세대 기술개발 투자로 이어지는 선순환으로 연결되었다. 이렇게 DRAM 시장을 장악한 삼성전자는 이후 플래시메모리 시장에도 진출하여 메모리 분야의 대표적인 회사로 자리잡았다. 2002년 들어 삼성전자는 NAND 플래시메모리 공정을 완성하고, 그 이후 지금까지 거의 20년 가까이 DRAM과 NAND 플래시메모리반도체 분야에서 거의 50퍼센트의 점유율을 유지하며 1위 자리를 놓치지 않고 있다. NAND 플래시메모리 기술의 성숙 덕분에 삼성전자는 메모리반도체뿐만 아니라 그로부터 파생되는 기술 제품군, 예를 들어 SSD 같은 제품 분야에서도 업계 1위에 올랐다.

삼성전자의 성장은 이렇게 일본 반도체 왕국의 몰락과 함께 이루어졌다. 일본 업체들의 시장지배력은 1990년대 중반부터 약화되기 시작하였고, 1997년 동아시아 금융위기와 2000년대 초반 실리콘 사이클silicon cycle의 하강 국면이 도래하자 실적 악화를 견디지 못하고 여러 업체가 구조조정되는 현실에 직면하게 되었다. 이후 위에서 살펴본 것처럼 합병과 급격한 개편, 무리한 정부의 개입과 도시바 등 일부 회사의 회계부정, 경영진의 적기 투자/철수 판단 미스가 겹쳐 일본 반도체 왕국의 쇠망으로 이어지게 되었다.

국가의 보호인가, 아니면 간섭인가?

일본 반도체 왕국의 쇠망을 재촉한 세 번째 요인은 다름 아닌 일본 정부의 과도한 개입 혹은 보호주의였다. 당초 일본의 반도체 산업이 후발주자인데도 불구하고 도약할 수 있었던 것은 일본 정부의 개입 덕분이었다. 일본 경산성은 '초LSI기술협의회'라는 민관 협의체를 만들어 기술 노하우를 업체들 간에 공유하고 투자가 중복되지 않도록 조정하며 각자의 장점에 집중할 수 있게 유도하는 역할을 하였다. 이를 바탕으로 일본 업체들은 자생할 수 있는 반도체 생태계를 갖추며 빠르게 세계 시장을 장악했다.

1985년 미-일 반도체협정에 이어 1997년 동아시아발 금융위기를 거치며 일본 반도체 업계가 위기를 맞자 일본 정부가 다시 나섰다. 일본 정부는 반도체 산업의 중흥을 목표로 한 대규모 프로젝트를 기획하였다. 200억 엔 규모의 아스카 프로젝트, 80억 엔 규모의 HALCA(차세대반도체개발) 프로젝트, 315억 엔 규모의 ASPLA(첨단SoC 기반기술개발) 같은 프로젝트가 그 대표적인 사례들이다.

일본 정부의 기획은 이번에는 업계에 득이 되기보다 부담을 안겨주었다. 우선 이 프로젝트들은 규모가 애매했다. 정부가 대규모 자원을 배정하여 선행 원천기술 개발 등을 지원했다면 도움이 되었을 수도 있었을 것이다. 하지만 이미 규모가 커진 반도체 기업 입장에서는 분기 매출액도 안 되는 규모의 정부 연구개발 프로젝트가 오히려 번거로울 뿐이었다. 경산성은 과거의 관례대로 반강제적으로 업체들에게 참여를 요구했고, 기업 입장에서는 이를 마냥 피할 수도 없었을 것이다.

그뿐만이 아니었다. 일본 정부는 자국 산업을 보호하겠다는 열망이 너무 컸던 나머지 기업들이 경영 효율화 차원에서 결정한 사업 분리나 정리를 쉽게 허가해주지 않았다. 예를 들어 엘피다가 공정 채산성 때문에 칩의 생산을 대만의 파운드리 업체인 SPC나 TSMC에 위탁하려고 했을 때 경산성은 자국 산업의 위축과 기술 유출을 우려한 나머지 이를 허락하지 않았다. 그리고는 국가 주도로 파운드리 업체를 새로 만들고자 하였다. 정부가 직접 파운드리 회사를 갑자기 만들어낼 수는 없으므로 기존 업체들에게 부담을 지울 수밖에 없었다. 이 신규 파운드리 회사를 만들겠다는 정부의 계획은 히타치제작소, NEC, 후지쓰, 마쓰시타전기, 미쓰비시전기, 도시바 등이 공동으로 참여하는 것을 전제로 하고 있었다.

하지만 참여를 요구받은 회사 대부분은 정부의 계획을 탐탁찮게 생각했다. 엘피다는 신규 파운드리 업체가 만들어지면 생산 외주를 해결할 수 있으니 동의할 수 있었다고 해도, 르네사스를 비롯한 다른 시스템반도체나 비메모리반도체 업체에게는 그다지 실익이 없었기 때문이다. 실제로 이들 업체들은 파운드리 공정에 누가 더 많이 참여할 것인가, 누가 더 책임질 것인가, 비용 분담은 어떻게 할 것인가를 두고 이견을 좁히지 못했다. 결국 경산성이 주도한 파운드리 신설 프로젝트는 논란만 야기한 채 흐지부지되어버렸다. 오히려 후지쓰는 2005년 국가 파운드리 구상이 무색하게, 독자적으로 첨단 공정이 적용된 공장을 건설하기도 하였다. 이는 일본 정부의 입김이 점점 자국 반도체 업계에게 통하지 않고 있었다는 것을 단적으로 보여주는 예이기도 하다.

경산성과 총리실의 엘리트 관료들이 산업정책을 주도하며 반도체 산업을 중흥시키려는 시대착오적인 시도는 이후에도 이어졌다. 앞서 도시바 부분에서도 자세히 살펴보았지만, 자국 기업이 원천기술을 가지고 있는 플래시메모리 시장을 포기할 수 없었던 일본 정부는 악화되는 수익률에도 불구하고 도시바 반도체 사업 부문의 지분을 정부 주도의 민관펀드가 인수하는 악수를 두었고, 이 펀드는 수조 원이 넘는 손실을 입었다. 르네사스가 출범하던 2010년대 초반에도 1970년대의 '초LSI기술협의회'를 떠올리게 하는 정부 주도 민관펀드 '산업혁신기구'를 만들었다. 이 펀드 덕분에 르네사스가 2012년 말 파산 위기를 넘길 수 있었던 것도 사실이다. 하지만 여전히 르네사스가 적자를 면치 못하고 있는 현실을 생각하면 차라리 일찍 청산하는 것이 이득이었을 상황에서 정부가 억지로 산소호흡기를 씌워 강제로 연명치료를 한 격이라고 볼 수도 있다.

2020년대 들어서도 일본 정부는 반도체 산업 부활에 대한 희망의 끈을 여전히 놓지 않고 있는 것으로 보인다. 2020년 7월, 일본 정부는 기존의 반도체 산업 육성 전략을 대폭 수정한 방침을 내놓았다. 기존에는 메모리나 비메모리반도체 분야에서 정부 주도로 3개 이상의 일본 기업들이 합병하는 등의 방식을 모색했다면, 새 방침에서는 반도체 생산 경쟁력이 뛰어난 외국 업체와 일본이 강점을 가진 소재·부품·장비 업체 간 선택과 집중을 통해 국제 연대 조직을 만들고 이를 지원하겠다는 것이었다.

일본 정부는 여전히 메모리반도체 산업을 포기하지 않고 있기도 한데, 2022년 7월에는 키오시아 설비 개선을 위해 미국 웨스턴디지털과 키오시아가 투자하려는 2조 7000억 원 규모의 금액에 대해 그 1/3 수준인 9000억 원 규모의 지원을 하는 프로그램을 발표하기도 했다. 일본 정부가 확보한 재원은 첨단 반도체 생산 기반을 강화하기 위해 조성해온 민관협력기금에서 비롯된 것이다. 이를 통해 키오시아는 2023년 상반기 3차원 NAND 플래시메모리 양산 경쟁에 뛰어들 것으로 예상된다.

일본은 첫 협력 대상으로서 파운드리 1위 업체 TSMC(2019년 기준 파운드리 시장점유율 51.2퍼센트)를 염두에 두고 있다. TSMC는 도쿄대와 수년 전부터 공동으로 연구개발 프로젝트를 수행하고 있고, 미중 간 반도체 전쟁과 무역 갈등이 장기화될 조짐을 보이자 TSMC의 신규 생산 거점을 중국이 아닌 일본으로 유치하는 전략을 추진하고 있기도 하다. 실제로 일본 정부는 TSMC가 일본에 공장을 지을 경우 자금을 지원하고, 일본의 반도체 기업과 합작을 할 경우에는 수년간 1000억 엔을 투입할 계획이라고 밝히기도 했다. 2021년 하반기 들어 TSMC는 일본 현지에 소니와 합작으로 22~28나노 공정 기반으로 차량용 반도체와 이미지센서를 생산할 수 있는 신규 라인 건설 계획을 밝히기도 하였다. 경제산업성은 TSMC뿐만 아니라 기회가 된다면 삼성전자나 미국, 유럽의 반도체 회사와도 국제 연대를 할 수 있다고 밝힌 바 있다. 2022년 7월에는 미국과 일본이 양자 컴퓨터를 포함한 차세대 첨단 반도체 양산을 위한 공동 연구를 시작한다는 소식도 있었다. TSMC와 삼성전자도 아직 시연하지 못한 2나노급 반도체 공정 기술을 개발하기로 한 것이다. 이는 일본이 언제든 차세대 반도체 공정 기술 분야에서 다시 경쟁에 뛰어들 준비를 하고 있음을 의미하는 것이기도 하다.

한국 업체들과는 2019년 8월 이후 일본 정부의 한국에 대한 반도체 주요 소재 수출 규제 조치로 인해 협력의 가능성이 없어 보인다. 하지만 사실은 이 조치로 인해 일본의 소재·부품·장비 분야 반도체 생태계가 되려 약화되고 있는 것으로 보인다. 수출 규제 조치가 발표되자 한국의 업계는 그간 일본 의존도가 높았던 반도체 소재·부품·장비 품목의 공급망을 다변화하는 전략을 적극적으로 취하고 있다. 이로 인해 그간 한국의 반도체 대기업과 공급망을 형성하던 일본의 관련 업체들의 수익성이 급격하게 약화되고 있는 실정이다.

그러자 한국의 반도체 업체가 일본으로 진출하기는커녕 한국으로 직접 수출을 못하게 된 일본의 반도체 소재·부품·장비 회사들이 한국 진출을 추진하고 있다. 이미 2019년에는 간토덴카關東電化공업 같은 중소규모 소재 회사가 한국 공장에서 생산을 개시했으며, 다이요太陽 홀딩스 같은 부품 회사는 2020년 5월 한국에 신규로 400만 제곱미터 규모의 공장(프린트 배선판PWB과 반도체 패키지 기판용 드라이 필름형 솔더 레지스트 생산)을 세우기 위해 자회사 '다이요어드밴스트머티리얼'을 설립하겠다고 발표하기도 했다. 다이요는 반도체 초미세 패터닝 공정의 핵심 소재인 솔더 레지스트 분야에서 80~90퍼센트를 점유하는 세계적인 업체이다. 이외에도 많은 일본 기업들이 생산기지 한국 이전을 적극 검토하고 있는 것으로 알려져 있다. 일본의 소재나 부품 업체들 입장에서는 비단 삼성전자나 SK하이닉스 같은 반도체 업체만이 아니라 향후 현대-기아차 그룹의 자율주행 자동차나 사물인터넷 등 한국 시장이 더 성장할 여지가 크기 때문에 포기하기가 어려울 것이다.

사실 한국에는 일본 업체뿐만 아니라 다른 해외 업체들도 반도체 소재·부품 관련 공장을 신설하고 있다. MEMC코리아(대만의 글로벌웨이퍼스가 모회사)는 2019년 11월에 5400억 원을 투자하여 천안시에 반도체용 실리콘 웨이퍼를 생산하는 두 번째 공장을 새로 준공했다.

이로써 천안, 수원, 탕정, 이천, 평택 등 한국의 주요 반도체 산업 클러스터와의 거리적 이점을 갖게 된 MEMC는 웨이퍼 공급 시장의 점유율을 확대할 수 있었다. 한국 업체 입장에서는 이전까지 실리콘 웨이퍼를 일본에서 절반 이상 수입하였는데, 수입선을 다변화시키는 효과가 있었다.

일본 정부 입장에서는 애써 키워온 자국의 반도체 산업 생태계가 차례대로 무너지는 것을 두고 볼 수는 없었을 것이다. 그러나 어느 나라든 정부가 필요 이상으로 시장과 산업에 무리하게 개입하기 시작하면 산업 생태계는 왜곡을 겪게 된다. 특히 세계 시장에서 경쟁해야 하는 반도체 업체들로서는 국가의 도움이 어느 순간 관여와 간섭으로 변질되어 신속한 경영 판단을 저해하는 폐단을 겪게 될 수도 있다. 국민 생활에 필수적인 사회기반시설 등의 경우에는 정부가 직접 챙기거나 정부가 지분을 소유한 공기업을 통해 개입하는 것에 대해 정당성이 부여된다. 그러나 반도체 산업은 국민 생활에 직접적으로 필요한 산업이라 할 수도 없고 자국 시장보다는 세계 시장을 놓고 경쟁하는 산업이라는 점에서 정부의 무리한 리더십 발휘는 정상적인 기업 생리를 방해할 수 있다. 이는 마치 과도한 보호로 인해 정상적인 성인으로 자라나지 못한 어른을 연상케 한다. 어린아이가 자랄 때 부모는 당연히 의무적으로 아이를 위험으로부터 보호해야 하고, 사회생활을 하는 데에 필수적인 생활 방식과 지혜를 가르쳐야 한다. 그런데 그것이 너무 과도하면 이는 아이를 망치게 된다.

일본 정부가 지금까지 벌여온 각종 사업과 보호주의, 펀드 조성, 강제적인 구조조정, 정부 주도의 사업 제안 같은 조치는 반도체 산업이 성장하여 글로벌 시장에 진입하는 시점까지는 핵심적인 역할을 한 것이 사실이다. 그렇지만 본격적으로 세계 무대에서 경쟁하는 시점에서 일본 정부의 지나친 역할은 미국 반도체 업계로부터 덤핑 제소를 당하게 만드는 주된 요인이 되었다. 동시에 직간접적인 금융지원책, 국내 산업 보호 정책 등은 자국 반도체 산업이 세계 표준을 주도할 수 있는 기회를 놓치게 만들기도 했다. 자국의 반도체 업체들이 전성기를 지나 쇠락기에 접어든 시기에 무리하게 추진한 반도체 업계 구조조정은 시너지는커녕 비용 급증으로 인한 연쇄 파산의 단초를 일부 제공하였으며, 민관펀드를 통한 자국 산업의 보호 정책은 업계의 업종 전환 타이밍을 놓치게 만드는 주된 배경이 되기도 하였다.

6

한국은 일본의 전철을
밟지 않을 수 있을 것인가?

지난 2012년 『일본 전자 반도체 대붕괴의 교훈』이라는 책을 펴낸
유노가미 다카시湯之上隆[24] 미세가공연구소 소장은 지난 2019년 8월
의 대對한국 수출 규제, 특히 반도체 산업 관련 소재·부품·장비 수출
규제 정책은 그렇지 않아도 그 영향력이 점점 줄어들고 있는 일본의
반도체 산업이 아예 빠르면 5년 이내로 소멸할 위기를 자초하게 될
것이라 경고한 바 있다. 일본의 반도체 관련 수출 규제 조치는 결국
제 살 깎아먹기에 불과하며, 오히려 한국의 반도체 회사들로 하여금
대일 의존도를 줄이는 계기를 마련해준 것이나 마찬가지라고 유노가
미 소장은 강력하게 경고했다.

일본의 대한국 수출 규제 조치는 글로벌 반도체 업체들로 하여금

---

24   전직 히타치제작소 반도체와 엘피다메모리에서 20년 넘게 일한 엔지니어이자, 현 일
     본 반도체 산업 전문 컨설턴트이다.

일본산 반도체 소재·부품·장비에 대한 대체재 찾기를 가속화했다. 반도체 산업의 특성상 한번 소재나 부품 공급 라인을 정하면 그것에 맞춰 공정 최적화가 이루어지기 때문에, 급작스러운 공급 중단은 반도체 공급 라인 전체에 악영향을 미친다. 이는 고스란히 비용의 증가로 나타나게 되며, 시장의 불확실성을 최소화하려는 반도체 산업의 특성을 고려할 때, 불확실성의 단초를 제공한 공급 중단 원인 제공자에 대한 신뢰도 하락으로 이어진다. 일본이 한국의 반도체 업체에 대해 시행한 일부 품목 수출 규제는 한국 현지의 반도체 업체들뿐만 아니라 중국에 있는 반도체 업체들에게도 영향을 끼친다.

일례로, 한국이 일본에서 수입하던 고순도 불화수소의 일부는 다시 한국을 거쳐 중국으로 재수출된다. 그리고 재수출된 불화수소는 다시 중국 현지의 한국과 미국의 반도체 생산 공장으로 공급된다. 그런데 이러한 한국 경유의 불화수소 수급에 차질이 생기면 중국 현지 법인은 일본 업체들과 다시 협상을 하거나 중국 현지에서 비슷한 급의 불화수소 생산 시설을 증설해야 한다. 이는 고스란히 생산 시간 지연과 원가 상승으로 이어진다. 이렇게 글로벌 가치사슬의 한 축을 담당하던 일본 업체들이 자의 반 타의 반으로 이 원인을 제공했으니, 결국 신뢰도 하락으로 인한 피해는 결과적으로는 일본 업체들로 돌아가게 된다.

실제로 2020년 상반기, 일본의 스텔라케미파Stellachemifa Corporation, JSR, 스미토모화학住友化學 같은 반도체 관련 소재·부품·장비 산업의 수익률은 전년에 비해 급감한 성적표를 받아들일 수밖에 없었다. 특히 반도체 및 디스플레이용 소재 관련 회사의 영업이익이 급감한 부분이 눈에 띈다. 먼저 고순도 불화수소 업계의 최강자인 스텔라케미파를 살펴보자. 스텔라케미파는 전 세계 불화수소 시장의 70퍼센트 이상, 99.999퍼센트 이상의 고순도 불화수소 시장의 95퍼센트 이상을 일본의 모리타화학森田化學과 양분하고 있다. 이회사는 한국에 대한 수출 규제 조치가 발표되자 영업이익이 전년 대비 31.7퍼센트 급감했다. 고순도 불화수소가 규제 조치에 포함되자한국 반도체 업체들은 솔브레인, 램테크놀로지, 이엔에프테크놀로지같은 한국 회사들로 빠르게 스텔라케미파를 대체했고, 이 업체들의영업이익은 전년 대비 각각 61.5퍼센트 111.1퍼센트 67.4퍼센트 상승했다.

포토레지스트(반도체 초미세 패터닝 공정의 핵심 소재 중 하나) 전문 기업 JSR(ArF 레이저 기반 DUV용 포토레지스트 전문, 포토레지스트 세계 시장점유율 24퍼센트) 역시 영업이익이 전년 대비 27.4퍼센트 줄어들었다. 플렉시블 반도체 기판의 핵심 재료이기도 한 고분자 소재 폴리이미드 polyimide 전문 기업인 스미토모화학도 예외는 아니었다. 이 회사의 경우 2019년 1426억 엔에서 2020년 1277억 엔으로 영업이익이 10.5퍼센트나 급감하였다. 대한국 수출 규제가 주 원인이었다.

한국 반도체 업계는 포토레지스트와 폴리이미드 소재의 대일본 의존도를 낮추기 위해, 공급망을 미국의 거대 화학회사 듀폰Dupon과 미국의 반도체 화학 소재 스타트업인 인프리아Inpria로, 폴리이미드는 한국의 코오롱인더스트리와 SKC 등으로 다변화하고 있다. 특히, 인프리아로 공급망을 확대한 것은 기존의 고분자 기반 포토레지스트 (Chemically Amplified Resists, CAR)에서 금속산화물 기반 포토레지스트(non-Chemically Amplified Resists, non-CAR)로 초미세 패터닝용 포토레지스트 트렌드가 바뀌고 있는 기술 변화를 감안한 것으로 풀이

된다.

10나노급 이하 차세대 초미세 반도체 패터닝 공정의 핵심 소재 중 하나인 에피택셜 웨이퍼epitaxial wafer의 경우, 일본의 반도체 수출 규제 품목에는 포함되어 있지 않았지만, 그간 일본의 웨이퍼 생산 기업 섬코Sumco가 지배하던 시장에 한국의 웨이퍼 생산 기업 SK실트론이 진입하여 7나노급 로직 반도체용 에피택셜 웨이퍼를 삼성전자 등의 고객사에 납품하기 시작했다. 7나노급 로직 반도체에 들어가는 에피택셜 웨이퍼는 전력 관리 반도체PMC, 이미지센서, 마이크로프로세서MPU 등에도 활용될 수 있기 때문에, 시장성이 우수하고 앞으로의 성장 전망도 밝다.

SK실트론은 2019년 9월 미국 화학회사 듀폰의 웨이퍼 사업부를 5400억 원에 인수하기도 했는데, 특히 듀폰이 원천기술을 가지고 있는 실리콘 카바이드SiC 웨이퍼 사업부를 인수함으로써, 고온, 고전압 안정성을 요구하는 전력용 반도체 및 전기자동차용 PCU(Power Control Unit)에 쓰이는 반도체 시장에서 점유율을 확대할 수 있을 것으로 보인다.

결국 일본이 노렸던 한국 반도체 산업, 특히 그 뿌리부터 흔들려고 했던 소재·부품·장비 산업에 대한 공격은 오히려 일본 입장에서는 사국 기업들의 신뢰도 저하와 수익률 급감으로 이어지는 자충수가 되었다. 그 과정에서 한국은 오히려 이를 기회로 반도체 소재의 안정적 공급망을 단기에 회복하여 성공적으로 일본에 대한 반도체 소재 의존도를 낮추고 있는 형국이 이루어지고 있다.

이렇게 일본의 수출 규제 조치는 세계 반도체 시장에서 완성품은 물론 소재와 부품 같은 기초 생태계에서조차 일본 기업들의 존재감이 점차 약해지고 있는 현실을 드러내주었다. 이는 이웃나라이자 일본에 뒤이은 반도체 강국인 한국의 반도체 산업에 대해 더욱 많은 것을 생각하게 해주는 부분이기도 하다.

시시각각 변하는 세계 반도체 산업의 지형은 과거의 관습과 문화를 벗어던지기를 요구하고 있다. 일본이 자랑했던 일소현명의 철학과 기술자를 극진히 우대하던 장인정신, 개인이 아닌 조직을 앞세운 톱니바퀴 같은 회사 문화가 한때 그들에게 큰 영광을 가져다준 장점이 되었던 동시에, 나중에는 그들의 몰락을 재촉한 채찍이 되었음을 한국의 반도체 업계는 잊지 말아야 한다. 기술개발만큼이나 급격히 바뀌는 시장의 변화를 읽어내고 그에 대응할 수 있는 스마트한 마케팅 인력을 키워야 하며, 이에 대한 이노베이션을 게을리하면 안 된다. 한 사람의 카리스마, 특히 설립자나 창업자의 그늘에서 언제든 과감하게 벗어날 준비를 해야 하며, 사람이 아니라 시스템에 의존하는 회사 문화를 키워야 한다. 과거의 익숙함과 관습이 가지고 있는 관성의 무게를 벗어던져버려야 하며, 뻔하고 낯익은 길에서 벗어날 준비를 해야 한다. 그리고 그 어떤 상황에서도 기초과학에 대한 연구개발 투자를 게을리하는 일은 없어야 한다. 이는 당장 오늘 먹을 것이 없다고 해서 1년 뒤 더 풍성한 열매를 가져다줄 볍씨를 삶아 먹는 것과 다를 바가 없기 때문이다.

1부에서 살펴본 것처럼, 일본이 겪었던 반도체 왕국 전성기, 그리고 쇠망의 과정은 한국 반도체 산업에 많은 것을 시사한다. 일단 한국 반도체 산업 입장에서는 이미 일본 반도체 왕국의 쇠망사를 직접 보고 체험해왔고, 그 기록을 소중한 사료로서 참고할 수 있는 상태라는 것이 가장 다행스러운 점이다. 단지 사료로만 참고하는 것이 아니라, 일본의 패착을 되풀이하지 않기 위해서라도, 한국의 반도체 산업은 일본 반도체 쇠망 과정의 실패 요인을 철저하게 분석해야 한다.

우선 한국은 자국 내 첨단 기술 생태계의 확장 및 기반 강화에 더욱 투자를 아끼지 말아야 하며, 정부 차원의 제도 개편 및 기초과학 연구 중흥 정책을 개발하고 연구개발 인력에 대한 문호를 외국에 개방하여 각국의 인재를 한국의 기업 인재로 확보하는 데에 더 많은 신경을 써야 한다. 메모리반도체 분야에서의 혁신과 더불어, 반도체 산업 전반의 수직계열화된 구조에서 특히 비메모리반도체와 시스템반도체칩 설계 능력 양성에 공을 들여야 한다. 미중 간 반도체 기술 전쟁이 장기화될 것에 대비하여, 수출-수입 다변화 정책과 더불어 소재와 부품 공급망의 다변화를 추진해야 하며, 특히 특정한 한 회사에 대한 과도한 의존을 탈피할 필요가 있다. 한국이 나아가야 할 방향에 대해서는 3부에서 더 자세하게 살펴보기로 하자.

2부

중국의 굴기,
그리고
보이지 않는 위협

1

반도체 산업
서진의 역사

글로벌 반도체 업계에는 반도체 산업의 중심이 시간이 지나면서 서쪽으로 옮겨간다는, 즉 반도체 산업은 서진西進한다는 속설이 있다. 반도체는 영국에서 처음 등장하였지만, 글로벌한 규모로 발전하기 시작한 것은 전후 미국에서였다. 이후에는 일본과 한국, 최근에는 중국까지 동아시아가 무대의 중심에 등장했다.

　반도체가 언제 처음 등장했는지는 기준에 따라 달라지지만, 반도체 소자를 기준으로 한다면 그 시작은 진공관으로 볼 수 있다. 최초의 진공관은 영국의 과학자 플레밍John Ambrose Fleming이 1904년에 최초로 발명한 2극식 진공관(2극관)이었다. 진공관은 제2차 세계대전까지 주로 장거리 전화선의 신호 증폭 용도로 활용되었고, 전후에는 통신용 증폭기의 용도를 넘어 컴퓨터 신호 처리 용도로 본격적으로 활용되었다. 그러나 진공관의 특성상 전기 신호 전달 과정에서 발생하는 고열, 여러 개의 진공관이 연결되면서 커지는 부피, 그리고 고가라는 한계를 피할 수 없었다. 본격적인 전후 경제 성장기에 접어든 각국의 산업계는 진공관을 대체할 수 있는 새로운 개념의 소자에 목말라했다.

이 기대에 부응한 것은 미국의 과학자들이었다. 1948년 미국 벨 연구소Bell Lab의 쇼클리William Bradford Shockley, 바딘John Bardeen, 브래튼Walter Houser Brattain은 반도체 소재로 이루어진 다이오드와 트랜지스터를 발명한다.[1] 이렇게 반도체 기술의 중심이 유럽에서 서쪽의 미국으로 옮겨졌고, 본격적으로 반도체 산업이 시작되었다.

10년이 지난 1958년에는 수십, 수백 개의 트랜지스터를 하나로 엮어서 다양한 기능을 한꺼번에 처리할 수 있게 만드는 이른바 집적회로가 개발되었다. 미국의 반도체 업체 TI의 엔지니어 잭 킬비Jack Kilby가 집적회로 개념을 처음 창안했다. 킬비의 아이디어는 트랜지스터 외에도 콘덴서condenser와 저항기resistor 등 여러 전자회로 소자의 크기를 아주 작게 만들어 동일한 세라믹 판 혹은 실리콘 웨이퍼 위에 집적시켜 하나의 칩으로서 구동하게 만드는 것이었다. 이후 이 아이디어는 반도체 제조 기술과 공정 정밀도가 향상됨에 따라 동일한 면적의 웨이퍼에 더 많은 트랜지스터를 집적시키는 기술로 발전되었고, 얼마나 많은 트랜지스터를 얼마나 정밀하게 집적시켰느냐에 따라 LSI(large scale integration), VLSI(very large scale integration), ULSI(ultra large scale integration) 등으로 불리며 발전을 거듭하였다.

반도체가 산업으로서 발전한 곳은 트랜지스터와 IC를 처음으로 발명한 미국이었다. 미국의 반도체 업체들은 전 세계 시장의 75퍼센트

1   세 명의 과학자는 이 공로로 1965년 노벨 물리학상을 공동으로 수상하였다.

(1970년 기준)를 점유하였으며, 매출액 상위 10개 중 8개(1975년 기준)를 차지하기도 했다.

그런데 1980년대가 되자 정부의 지원을 등에 업은 일본 업체들이 본격적으로 글로벌 반도체 시장을 재편하기 시작했다. 이른바 일본의 '반도체 5공주'로 불렸던 NEC, 도시바, 히타치, 후지쓰, 미쓰비시 같은 업체들은 1980년대 초중반 DRAM을 중심으로 하는 메모리 시장에서 인텔이나 AMD 같은 미국의 거대 업체들을 빠르게 추월하기 시작했다. 당시 일본 업체들은 생산 수율 측면에서 미국 업체들보다 월등히 뛰어났고, 여기에 엔화의 가격 경쟁력까지 수출 시장에서 유리하게 작용했다. 그 결과 일본 기업들은 글로벌 10대 업체 중 6개(1988년 매출 기준)를 차지할 정도로 반도체 시장을 장악했다.

이렇게 1980년대 글로벌 반도체 시장은 일본과 미국이 양분하는 구도가 형성되었다. 그러나 일본 기업들은 1990년대 중후반 이후 지속적으로 내리막길을 걷게 된다. 이는 무엇보다도 1985년 미-일 반도체협정의 영향이 계속된 데다 일본 업체들의 기술 혁신 방향 설정 착오, 일본 정부의 무리한 개입, 몇 번의 글로벌 경기 침체 등이 복합적으로 작용한 결과였다.

이와 동시에 글로벌 반도체 시장의 중심축은 일본에서 서쪽의 한국과 대만으로 옮겨갔다. 이 과정을 주도한 한국과 대만의 업체들은 비교적 신생이었으며, 특정 분야에 강점을 가지고 있다는 특징이 있었다. 대만의 TSMC는 반도체 생산(파운드리), 한국의 삼성전자는 메모리반도체 중에서도 DRAM에 특화된 업체였다. 반도체 설계와 생산 기능을 모두 가지고 제품군도 다양했던 기존의 반도체 강자들과는 다른 점이었다. 이는 글로벌 반도체 시장이 종합 반도체 제조 모델이 아니라 특정한 분야에 강점을 갖는 방향으로 바뀌고 있음을 의미하는 것이기도 했다.

삼성전자는 글로벌 반도체 시장에서 매출액 기준 1991년 12위였고, 1993년에는 7위로 10위권에 진입하는 데에 성공했다. 이후 1999년에는 4위, 2002년에는 2위가 되었으며, 2017년에는 마침내 미국의 인텔을 밀어내고 1위를 차지했다. 이후에도 삼성전자는 인텔과 1~2위를 놓고 순위 바꿈을 이어갈 정도로 확고한 반도체 강자가 되었다.

대만의 TSMC는 2000년대 이후 설계(팹리스)와 생산(파운드리)을 분리하는 반도체 기업들이 늘어나는 과정에서 본격적으로 성장하기 시작했다. 대만은 TSMC 외에도 UMC라는 또 다른 파운드리 강자를 보유하고 있으며, 이 두 회사는 대만을 사실상 세계 최대의 반도체 제조 공장으로 탈바꿈시키는 데에 성공했다.

2010년대 들어서는 급격하게 성장하는 또 다른 동아시아 국가가 나타났다. 바로 중국이었다. 중국은 2000년대 이후 중국 전역에 연평균 10개 이상의 반도체 생산기지를 신규로 건설해왔다. 중국의 대표적인 반도체 파운드리 업체 SMIC는 2003년에 톈진天津 공장을 신규 건설했고, 2004년과 2014년에는 베이징에, 2007년에는 상하이 지역에, 2014년과 2016년에는 남서부 해안 지방 선전深圳에 파운드리 공장을 신규 건설했다. 2010년대에 들어서는 12차(2011~15)와 13차(2016~20) '5개년 경제계획'[2]을 통해 반도체 산업을 집중 육성하

---

2   중국의 '5개년 경제계획'의 원 명칭은 '5개년 계획'으로서, 1953년부터 중국이 5년마다 발표하는 경제 발전 계획을 의미한다. 2021년부터는 제14차 5개년 경제계획

였으며, 2021년부터 시작된 제14차 5개년 경제계획에서도 반도체 자급률 제고를 목표로 지속적인 반도체 산업 육성 및 투자를 강조하고 있다. 정부의 적극적 지원과 집중 투자의 결과로 중국 반도체 산업의 매출은 2010년대 후반(14차 계획)이 되자 2010년대 초반(13차 계획) 대비 두 배 이상인 2400억 위안까지 늘어났다.

큰 틀에서 보면 중국의 반도체 산업은 지역별로 몇 개의 거대한 클러스터를 이루고 있다. 선전과 샤먼廈門을 중심으로 하는 남서부 해안 지방, 상하이, 우시無錫, 쑤저우蘇州를 중심으로 하는 동해안 지방, 베이징, 다롄大連, 톈진을 중심으로 하는 북동부 지방, 그리고 청두成都, 시안西安, 우한武漢을 중심으로 하는 서부 내륙의 클러스터들이 그것이다. 이러한 클러스터들에는 반도체 산업과 관련된 다양한 산업들이 함께 자리잡고 있다. 즉 반도체 소재·부품·장비 업체들이 서로 산업적으로 긴밀한 의존 관계를 이루고 있는 것이다.

이러한 클러스터들의 규모와 개수는 계속 늘어나고 있고, 기존의 생산라인도 증설과 업그레이드가 끊임없이 이루어지고 있다. 중국 정부의 계획이 현실화된다면 중국은 2020년대 후반에는 반도체 제조 규모에서 미국은 물론, 일본, 대만, 그리고 한국을 확실히 앞지르게 될 것이다.

중국의 반도체 산업은 비단 반도체 제조에만 머물러 있지 않다. 중국에는 반도체 설계, 즉 팹리스 회사가 매년 그야말로 우후죽순 격으로 늘어나고 있다. 1990년대까지 76개에 불과했던 중국의 팹리스 회사는 2005년 479개, 2015년 715개, 그리고 2016년 이후에는

(2021~25)이 시작되었다.

갑자기 1400개 이상으로 급증하였다. 2020년대에는 사물인터넷, 자율주행차, 드론 등 이른바 4차 산업혁명 관련 수요의 증가로 팹리스 업체들의 숫자가 3000개를 넘어설 것으로 전망되고 있다. 또한 단순히 숫자만 늘어나는 것이 아니라, 각 회사들의 평균 규모 역시 커지고 있다. 2015년 기준 중국의 팹리스 회사 중 직원 수가 50명 이상인 회사는 무려 76.5퍼센트에 달한다.

이러한 양과 질을 아우르는 반도체 업체들의 성장은 당연히 중국 반도체 시장 자체의 급격한 확장 덕분이다. 중국 내 다양한 분야에서 다양한 종류의 반도체 소자에 대한 수요가 급증함에 따라, 반도체 생산과 설계 모두 급격하게 확장되고 있는 것이다. 2020년 기준 전 세계 스마트폰의 75퍼센트, 태블릿 PC의 80퍼센트, 노트북 컴퓨터의 90퍼센트, 디지털 TV의 50퍼센트, LCD나 OLED 같은 디스플레이 패널의 90퍼센트, 통신용 셋톱박스의 60퍼센트 이상이 중국에서 생산되고 있으며, 이 제품들에 필요한 여러 반도체 중 일부가 중국에서 조달된다. 또한 2020년 기준 반도체 설계 부문의 매출 480억 달러, 후공정OSAT 부문의 매출 400억 달러, 파운드리 부문 매출 320억 달러 등 반도체 산업 거의 전 분야에서 그 성장세가 뚜렷하다.

상대적으로 저부가가치 반도체 생산에 머물던 2000년대 중반까지와는 다르게, 2010년대 들어서는 고부가가치 반도체 생산 쪽으로 선회하고 있는 흐름도 주목할 부분이다. 차량용 MCU, 포토닉스[3] 소

---

3   Photonics: 실리콘 전자 회로에 광photon으로 전송되는 신호를 처리할 수 있도록 결합된 소자 기술. 광결정, 광분배기, 광도파로, 광증폭기 같은 소자를 포함한다.

자를 포함한 광반도체, 인공지능AI용 반도체 TPU⁴ 등 부가가치가 높은 다양한 반도체 시장으로 진입하는 중국 업체들의 수 역시 매년 큰 폭으로 증가하고 있다.

이렇게 중국의 반도체 시장과 투자는 선순환 구조에 들어간 것처럼 보인다. 이대로 가면 2020년대 중후반 이후 중국 반도체 업체들의 글로벌 시장점유율은 20퍼센트를 돌파할 것으로 전망된다. 또한 2021년 기준 전 세계 반도체 수요의 45퍼센트를 중국이 차지할 것으로 전망되는데, 무려 2093억 달러에 달하는 거대한 규모다.

그러나 이러한 높은 성장세에도 불구하고 중국의 반도체 자급률⁵은 여전히 턱없이 낮은 수준이다. 2021년 기준 16.7퍼센트 수준에 불과한 중국의 반도체 자급률은 미국의 중국 기술 견제 기조로 인해 실질적인 자급률(즉, 외국의 투자와 기술 도입 없이 생산할 수 있는 칩의 비율)이 더 낮아질 것으로 전망되고 있다. 지금으로서는 2025년까지 70퍼센트의 자급률을 달성하겠다는 중국의 목표 달성이 난망한 상황이다.

2016~20년의 제13차 5개년 경제계획 단계까지 중국의 반도체 자급률은 원래 설정했던 목표의 40퍼센트 수준에 불과했다. 더구나 중국 정부가 가장 신경 쓰고 있는 반도체 기술 자급 목표 중 하나인 10나노 이하급 초미세 패터닝 공정 가능 파운드리 분야에서 역시, 2020년 기준으로도 여전히 14나노 수준에 머물며 10나노의 벽을 못 넘고 있는 게 현실이다. 중국 정부는 2021년부터 시작되

---

4   Tensor processing unit: 구글에서 2016년 세계 최초로 발표한 딥러닝 전용 반도체 프로세서. 이른바 텐서 형태 데이터의 고속 병렬 처리에 특화되어 있으며, 저전력으로 구동할 수 있기 때문에, 향후 인공지능 전용 반도체 프로세서로 각광받고 있다.

5   중국 내부의 수요를 충당하는 반도체칩 중 중국 내에서 생산된 칩의 비율.

는 제14차 5개년 계획을 통해, 자국의 반도체 파운드리 생산 용량을 40퍼센트 이상 증대하고 제조 공정 수준 역시 글로벌 경쟁 수준인 7나노 수준까지 개선한다는 원대한 목표를 설정했다. 그러나 앞서 언급한 대로 2021년 초, 미 행정부가 트럼프 정부에서 바이든 정부로 바뀐 이후에도 미국의 대중국 견제 기조에는 변함이 없다. 특히 반도체 기술과 무역 견제가 여전히 지속되고 있는 상황이기 때문에, 중국 정부가 천명한 반도체 기술굴기 목표 달성은 매우 불투명해 보인다.

2

중국 반도체
기술굴기의 허상

기술굴기의 이면

중국은 2015년 제조의 초강대국이면서 핵심 기술을 자급자족하겠다는 '중국제조 2025Made in China 2025' 정책을 선언하고, 특히 반도체 산업의 성장을 공격적으로 추진해왔다. 이러한 중국 정부의 정책은 반도체 분야에 대한 정부와 민간의 막대한 투자로 이어졌고, 앞으로도 이러한 투자는 지속적으로 늘어날 것으로 전망된다. 그러나 투자가 효율적으로 이루어지며 중국 반도체 기술의 자립이 가까워지고 있는지는 미지수다. 이른바 밑 빠진 독에 물 붓기 식의 투자, 눈 먼 투자, 중복 투자 사례들이 하나둘씩 나타나고 있기 때문이다.

2020년 8월 28일, 중국 반도체 업계의 '슈퍼 루키'로 꼽히던 파운드리 업체 우한훙신(武漢弘芯, Hongxin Semiconductor Manufacturing Co., HSMC)이 자금난으로 공장 건설을 중단했다는 소식에 중국이 발칵 뒤집혔다. 보도에 따르면, 축구장 59개 크기(42만 4000제곱미터)의 부지에는 골격만 겨우 세워진 건물 3동뿐이었고, 현장에 있던 건설 업체 직원은 "인부들 월급이 8개월째 밀려 있다"고 말했다.

HSMC는 2017년 11월 설립 당시 중국의 지방 정부와 투자 회사들로부터 1280억 위안(한화 22조 2600억 원)이라는 거액을 투자받았다고 발표하며 혜성처럼 등장했다. HSMC는 SMIC(파운드리 중국 1위, 글로벌 5위 업체)는 물론이고, 전 세계 파운드리 업계 1, 2위인 대만의 TSMC와 한국의 삼성전자를 넘어서겠다는 야심찬 계획을 제시했다. 이들은 설립 초기부터 14나노급 양산 기술을 갖추고 있다고 주장하며, TSMC 경영진 출신 장상이蔣尚義를 CEO로 영입해 시장의 신뢰를 얻었다. HSMC는 자국 1위 업체 SMIC도 도달하지 못한 10나노 패터닝을 넘어 중국 최초로 7나노 공정 양산을 2020년까지 시작하겠다고까지 호언장담했다.

현시점에서 전 세계 메모리반도체와 시스템반도체의 공통적인 핵심 기술은 단연코 초미세 패터닝이다. 초미세 패터닝은 반도체 기판 위에 새겨지는 전자 회로의 물리적 선폭을 10나노미터 이하로 축소시켜 실리콘 웨이퍼 위에 집적시킬 수 있는 기술을 의미한다. 더 작은 모눈종이를 사용하면 더 세밀한 그림을 그릴 수 있는 것처럼, 더 작은 선폭의 회로는 웨이퍼당 더 많은 트랜지스터를 집적시킬 수 있게 해 주므로, 결국 더 많은 정보를 처리할 수 있는 핵심 기술이 된다. 현재 전 세계 반도체 업체 중 10나노 이하의 패터닝 장벽을 넘은 곳은 대만의 TSMC와 한국의 삼성전자 단 둘뿐이다. 중국 1위의 파운드리 업체인 SMIC마저 2020년 기준 여전히 14나노 정도에 멈춰 있는 상황이다.

반도체 기술 자립에 역점을 두고 있는 중국 정부로서는 따라서

10나노를 넘어 7나노 공정을 3년 내에 만들어내겠다는 HSMC가 단단한 동아줄 같은 회사로 보였을 것이다. 중국 1위인 SMIC마저도 갖추지 못한 10나노 이하의 패터닝 기술을 확보할 수 있다면 중국 정부로서는 아마 영혼까지 끌어모아 지원할 결심을 했을 것이다. 그 결과 엄청난 규모의 정부 보조금(153억 위안, 한화 약 2조 6000억 원)이 HSMC로 흘러갔다.

HSMC 사건은 중국 정부의 보조금을 노린 사기극으로 드러났다. 창업자 리쉐옌李雪艷과 회사 설립에 관여했던 인사들의 행방은 오리무중이다. 중국 매체의 보도에 따르면 "HSMC 지분 90퍼센트를 보유한 베이징광량란투北京光量藍圖테크놀로지라는 업체도 HSMC와 같이 2017년 11월에 설립되었으며, 사실상 두 회사 모두 페이퍼 컴퍼니"일 가능성이 크다. 그리고 이들이 처음에 주장했던 "투자금 1280억 위안은 아예 없었던 것으로 보이며, 설립 후 3년 동안 기술 특허 하나도 나온 게 없었다"고 한다. 나아가 중국 경제 매체 차이신財新은 "HSMC가 중국 업체 중 유일하게 보유하고 있다고 자랑했던 7나노 공정용 최첨단 노광 장비가 은행에 압류되었는데, 알고 보니 이미 수년 전에 나온 철 지난 장비였다"고 보도했다. 무엇보다도 이 회사가 실제로 생산, 판매한 제품이 전무하고, 매출액도 0이었다.

반도체 업계에 정통한 사람이라면, 처음부터 HSMC라는 회사에 대해 고개를 갸우뚱했을 것이다. 일단 HSMC의 설립자는 이 분야에서 전혀 알려진 사람이 아니었고, 회사의 설립 자금을 댔다는 주체가 누구인지 불확실했다. 또한 이미 10나노 기술을 보유하고 있다고 주장하면서도 어떤 특허도 보유하고 있지 않았다. 이런 상황에서 22조 원을 넘는 수준의 투자를 유치할 수 있었다는 사실 자체가 비정상적이었다. 더욱이 전 세계에서 TSMC와 삼성전자 두 회사만 보유하고 있는 7나노 공정 기술을 아무런 기술적 배경도 없는 신생 업체가 단 3년 만에 확보할 가능성은 극히 희박하다고 보는 것이 정상이다. 이 모든 정황은 이들이 사실상 눈먼 투자자를 노린 사기꾼이었음을 강력하게 시사했다. 그러나 반도체 굴기에 눈이 먼 중국 정부는 이미 조성한 투자금을 어디엔가는 반드시 투자해야 했고, 장밋빛 계획을 제시한 HSMC에 제대로 낚였던 것이다.

아무리 중국 정부가 반도체 굴기에 혈안이 되어 있던 상황이라지만, 중국 정부 입장에서는 몇 가지 간단한 조사나 감독만 했더라도 이런 터무니없는 사기는 막을 수 있었다. 애초 회사 설립자 리쉐옌이라는 사람의 출신이 불확실하니 이에 대해 뒷조사를 더 철저하게 했어야 했다. 특히 TSMC의 CTO 출신으로 이 회사의 CEO 자리에 오른 장상이의 계약 조건은 상식적이지 않았다. 성과 달성에 대한 인센티브가 명시되어 있지 않았고, 조건도 애매하게 기술되어 있었기 때문이다.

지난 2020년 1월에는 HSMC가 공장 건설 대금은 물론 건설 노동자의 임금을 수개월씩 지불하지 못해 소송에 휘말리기도 했는데, 거액의 투자를 받은 지 얼마 안 된 회사라면 건설 대금과 임금 지불을 못할 이유가 없었다. 2020년 7월에는 우한시 정부가 "자금 부족으로 HSMC 반도체 프로젝트 좌초 위기"라는 내용의 보고서를 펴내기도 했지만, 후속 조치를 '추가로 투자하기 어려움' 정도로 약하게 내려버린 것도 화근이 되었다. HSMC의 CEO 장상이도 예전부터 스스로가 설립자들의 사기극에 놀아났고 하루빨리 물러나고 싶어한다는 이야기를 했다고 하는데, 이는 중국의 당 기율위원회 등이 이 상황을 제대로 모니터링하지 않고 있었음을 보여주는 대목이기도 하다.

중국 정부 입장에서는 이들의 사기가 성공하지 못하도록 견제할 수 있는 기회가 충분히 있었다. 민간 투자회사는 자기들이 투자하는 회사의 기술이 제시간에 개발될 수 있는지 주기적으로 기업 실사due diligence를 하면서 꼼꼼하게 진행 상황을 체크한다. 그렇지만 중국 정부가 HSMC에 대해 기업 실사를 진행했다는 기록은 없다. 기업 실사가 아니더라도, 반도체 기업이라면 주기적으로 기술의 마일스톤이 특허로 나와야 했다. 그렇지만 중국의 특허청에 해당하는 국가지식재산권国國家知識産權局에서도 이를 감지하지 못했다. 중요한 계기마다 이들의 사기 행각을 견제할 수 있는 시스템이 전혀 작동하지 않은 것이다. 한국 같았으면 여기저기 마련된 안전장치가 작동했겠지만, 중국에서는 어떤 영문인지 이 회사에 대한 정부 기관의 견제가 거의 이루어지지 않았다.

결국 HSMC는 회사에 남아 있던 240여 명의 임직원 전원에게 2021년 2월 28일자로 퇴사를 통보했다. 한때 우한시가 이 회사의 인수를 검토하기도 했지만, 워낙 부채 규모가 거대하고 내실이 없는 상황이라 포기했다고 한다. HSMC는 이대로 중국 중앙 정부, 우한시 정부, 그리고 투자자들의 투자액을 손실로 만들며 청산 절차를 밟을 것으로 예상된다. HSMC가 만들어낸 피해액과 사기 규모가 10조를 넘어서는 수준이라, 이로 인해 회사 관계자는 물론 관리들도 상당수 엄중한 처벌을 받을 것으로 보인다.

문제는 이런 사기성 사업 케이스가 21세기, 특히 2010년대 들어 중국 정부가 강력하게 추진하고 있는 자국의 첨단 하이테크 산업, 특히 반도체 굴기 곳곳에 암초처럼 도사리고 있을 것이라는 점이다.

왜냐하면 여전히 중앙 단위, 지방 단위, 회사 단위로 눈먼 산업 보조 금과 재정 혜택이 중구난방으로 중복되어 있고, 이를 중앙 집권 체제에서 실시간으로 주도면밀하게 관리하기에는 그 규모가 너무 크고 복잡하다. 더구나 산업 굴기 목표가 정부가 설정한 데드라인인 2025년 이전에 달성되어야 하기에 중앙 정부가 신속한 추진을 독려하고 있는 것도 하나의 요인이라 할 수 있다.

2020년 기준, 중국 전역에서 50개가 넘는 대규모 반도체 사업이 동시에 추진되고 있다. 총투자비만 2430억 달러, 한국 돈으로는 대략 286조 원이며, 이는 한국 정부 1년 예산의 거의 절반에 육박하는 거대한 규모다.

중국의 반도체 굴기가 내부적으로 어떻게 진행되고 있는지 그 속사정을 다 알 수는 없겠지만, 이러한 사기 사건이 앞으로도 계속 벌어진다면 그 끝은 중국 인민들에게 별로 행복한 결말은 아닐 것이다.

본격화되는 미국의 중국 반도체 산업 견제

중국 반도체 기술굴기가 맞닥친 장벽은 중국 내부에만 있지 않다. 지난 2020년 9월 4일자로 미국 정부는 화웨이華爲에 이어 중국 1위 파운드리 업체 SMIC를 제재 대상으로 올렸다. 이미 2019년과 2020년 초, 미국 정부는 중국 최대의 ICT 제조 업체이자 통신장비 업체인 화웨이에 대한 제재를 발표했고, 2020년 9월 15일부터 제재가 실행되고 있었다. 화웨이는 자사 제품(휴대폰, 통신장비)에 탑재하는 칩셋과 시스템반도체를 자체 설계하고 위탁 생산하였는데, 더 이상 해외의 파운드리 업체에 위탁 생산할 수 없게 된 것이다. 설사 중개 업체를 거치는 간접적인 방법으로 위탁 생산할 수 있는 방법이 있다고 하더라도 실효성이 크지 않다. 최종 고객이 화웨이인 주문을 받는 파운드리 업체들로서는 미국으로부터 제제당할지 모른다는 위험을 감수해야 할뿐더러, 중개 업체를 거치며 원가가 상승하는 데다가, 화웨이가 필요로 하는 공급 일정을 정확히 맞추지 못할 가능성이 커지기 때문이다. 결국 화웨이가 칩셋과 반도체를 확보하는 데에 불확실성이 커지고, 화웨이 제품을 구매하던 고객사는 불확실성을 피하기 위해 다른 거래선을 찾을 가능성이 크다.

이러한 상황이다 보니 화웨이와 중국 정부에게는 자국 내에서 안정적으로 반도체를 생산할 수 있는 파운드리 업체가 더욱 중요해졌고, 가장 믿을 수 있는 업체가 바로 SMIC였다. 하지만 SMIC마저 미국의 제재 대상이 됨으로써, 이제는 미국이 본격적으로 중국 반도체의 숨통을 조이려는 의지가 구체화된 것이다.

미국의 제재가 본격화되기 전에는 화웨이가 SMIC보다는 TSMC에 주로 의존했다. 그러나 제재가 현실 국면으로 접어든 이후에는 TSMC와의 거래가 대부분 차단되는 상황으로 흐르기 때문에, 자국의 SMIC에 대한 의존도가 높아질 수밖에 없었던 상황이었다. 하지만 미국은 이러한 화웨이의 약점을 간파했고, 중국 반도체 산업의 가장 약한 부분을 더 세게 조여가고 있다. 글로벌 반도체 업계 관계자들은 언젠가는 이런 일이 있을 것으로 예전부터 예상했었다. 하지만 이렇게 전격적으로 이루어지리라고는 아무도 예상하지 못했다.

성장 가도를 달리던 SMIC 역시 난감한 상황이다. 글로벌 파운드리 시장점유율 확대를 위해 전방위적 투자를 진행 중이던 SMIC의 가장 큰 고객은 화웨이였다. SMIC는 화웨이의 시스템반도체SoC를 14나노 핀펫FinFET 공정으로 양산하고 있다. 화웨이는 자회사 하이실리콘Hisilicon이 설계한 자신들의 통신용 SoC 칩(기린 710)을 원래 TSMC에서 14나노 공정으로 생산했었는데, 후속 모델(기린 710A)부터 SMIC에서 생산하고 있다. SMIC로서는 화웨이가 가장 중요한 고객이기 때문에, 화웨이의 칩 로드맵에 맞춰 자신들의 기술개발 로드맵을 만들었을 정도였다. 이를 위해 SMIC는 14나노 핀펫 공정(현재 양산품은 화웨이 하이실리콘의 AP인 기린 710A)을 넘어, TSMC와 삼성전자만이 양산에 돌입한 10나노 이하급 초미세 패터닝 기술을 확보하려는 전략을 가지고 있었다. 구체적으로는 화웨이의 기린 1020칩부터 5나노급 공정으로 양산할 계획이었다.

SMIC는 이런 계획을 달성하기 위해 기술 인력을 공격적으로 스카우트했다. 특히 미국 AMD, 대만 TSMC, 최근에는 삼성전자에서 고위 기술 책임자로 일하며 선진 반도체 공정을 두루 경험한 S급 핵심 인재인 대만인 량멍쑹梁孟松을 CEO로 영입했다. 실제로 량 사장의 영입 이후 SMIC의 초미세 패터닝 기술은 14나노까지 안착할 수 있었고, TSMC와 삼성전자 두 회사만 등정한 7나노 이하의 초극미세 패터닝의 고지가 보이기 시작하던 상황이었다.

그런데 미국의 이번 조치로 인해 이제는 7나노급 패터닝 기술을 확보할 가능성이 현저히 낮아졌다. 공정에 필요한 각종 광학계, EUV 같은 노광[6] 장비, 펠리클pellicle[7] 등의 장비나 부품을 확보하기가 어려워졌기 때문이다. 물론 중국이나 SMIC에 충분한 시간이 주어진다면

---

6   수~수십 나노미터급 초미세 전자회로를 반도체 표면에 새기는 공정 기술.
7   감광재에서 비롯된 이온, 그리고 그 외 여러 경로에서 발생한 오염물질로부터 마스크를 보호하는 아주 얇고 투명한 막. 투명도가 높아야 하며, 급격한 온도 변화에도 모양의 변형률이 낮아야 한다.

이런 장비를 중국에서 자체 생산할 수도 있을 것이다. 중국의 반도체 분야 기초과학기술 연구개발 투자 규모가 워낙에 거대하고, 그 성과도 계속 누적되어 세계적인 경쟁력을 갖추어가고 있는 상황이기 때문이다. 그렇지만 이런 장비의 생산에 필요한 기술 생태계가 단단하게 형성되어 있지 않고, 기술적으로도 선도하는 것보다는 추격하는 입장에 있는 중국으로서는 단시간 내에 해결할 수 있는 문제가 아니다. 결국 SMIC의 자체 기술만으로는 7나노 이하의 초극미세 패터닝 기술 단계로 진행하기란 요원한 상황이라고 할 수 있다.

메모리반도체 역시 비슷한 상황이다. 미국의 대중국 반도체 기술 굴기 견제는 반도체 산업 전방위로 확대되고 있기 때문이다. 중국 반도체 기술굴기의 한 축인 메모리반도체, 특히 DRAM 사업을 주도하던 중국의 국영기업 푸젠진화福建晉華는 최근 DRAM 사업 포기를 선언했다. 이는 무엇보다도 미국의 메모리반도체 업체 마이크론을 필두로 한 미국 반도체 업체가 제기한 특허 침해 소송 때문이었다. 소송 결과 푸젠진화가 DRAM을 판매할 수 있게 된다고 해도, 대부분의 이익을 기술 사용료 명목으로 미국 반도체 업체들에게 지불해야 할 가능성이 컸다. 중국의 또 다른 메모리반도체 업체인 허페이창신合肥長鑫의 창신메모리 역시, 마이크론 사가 가진 메모리반도체 특허를 크게 침해했을 가능성이 크기 때문에, 결국 푸젠진화와 크게 다를 바 없는 상황이다.

미-중 반도체 전쟁과 한국

문제는 이것이 한국 입장에서는 남의 일만은 아니라는 것이다. 강 건너 불구경할 때가 전혀 아니라는 이야기다. 2019년 기준, 삼성전자

매출 중 화웨이가 차지하는 비중은 7.3조 원으로, 삼성전자 연간 매출의 3.2퍼센트다. SK하이닉스의 경우 의존도는 더 높다. 연간 매출액 중 약 3조원이 화웨이로부터 발생하는데, 이는 SK하이닉스 전체 매출의 11.4퍼센트에 달할 정도의 큰 비중이다. 중국의 하이테크 산업 전체로 확대하면 두 회사의 대중국 의존도는 더욱 높아진다. 삼성전자의 경우 2019년 기준으로 중국 매출 비중이 24퍼센트에 달하고, SK하이닉스는 무려 46.4퍼센트에 달한다. 2020년 하반기부터 본격적으로 화웨이를 비롯한 대중국 반도체 기술 및 제품 거래가 중단되면서, 삼성전자도 막대한 매출 및 수익 손해가 있겠지만, SK하이닉스는 더 심각한 영향을 받게 될 것임이 예상되는 대목이다. 실제로 미국의 대중제재가 본격화된 이후, 2018년 대비, 2021년의 중국의 해외 반도체 수입 시장에서 한국 반도체가 차지하는 비중은 5.5퍼센트포인트 감소를 기록했다.

삼성전자와 SK하이닉스뿐만 아니라, 국내 반도체 산업 생태계를 이루고 있는 수많은 중소기업들의 중국 매출 의존도는 중국의 적극적인 반도체 기술굴기 투자로 매년 올라가는 추세였다. 2019년 기준, 한국의 반도체 관련 수출품의 57퍼센트는 중국(39퍼센트)과 홍콩(18퍼센트)이 수입하고 있다. 하지만 이 거대한 시장은 당분간 사업의 리스크가 매우 커질 전망이다. 미국의 세컨더리 보이콧에 걸리지 않으려면, 한국의 많은 반도체 관련 중소기업들은 중장기적으로는 중국으로의 수출 중단이라는 현실을 받아들여야 할 수도 있고, 이는 곧바로 대중 수출 의존도가 높던 많은 기업들에게는 시장점유율의 하락을 의미하기 때문에, 이에 대한 대책이 마련되어 있지 않은 기업들은 누적된 적자로 결국 도산할 위험을 맞을 가능성이 매우 높다.

중국 현지에 진출한 기업들 역시 중국 내수용은 물론이고 해외 수출도 염두에 두고 있는데, 이들의 수출 전략에도 마찬가지로 미국의 제재 조치로 인해 먹구름이 끼게 될 것이다. 상대적으로 중저가 중국 산 반도체 소재, 부품의 수입으로 유지되어온 한국의 반도체 관련 산업의 원가 경쟁력 역시, 미중 간 반도체 전쟁으로 인해 악화될 가능성이 높다. 이미 반도체를 비롯, 첨단 하이테크 산업 소재와 부품에서 중국 의존도가 높은 상황에서, 한국은 미중 간 반도체 전쟁을 남의 일처럼 받아들일 수 없는 것이다. 물론 중국이 차지하고 있던 반도체 수출 시장의 일부를 한국 기업들이 대체하는 효과를 누리는 장점도 있을 수는 있다. 그렇지만, 중국이 세계 반도체 시장에서 존재감을 잃을 경우, 세계 반도체 시장 자체가 축소되어 많은 기업들의 설비와 기술개발 투자가 과대 비용으로 계상될 가능성이 있다.

그렇다면 한국은 날로 격심해질 미-중 반도체 전쟁의 국면에서 무엇을 해야 하는가? 이에 대답하기 위해서는 우선 다음과 같은 질문들을 던지고 그 답을 찾아야 한다.

-중국의 반도체 산업은 과연 그 리스크에서 해방될 수 있을까?
-중국은 반도체 산업을 지키기 위해 내수 시장만으로도 버틸 수 있을까?
-세계 수준 대비 중국의 반도체 기술격차는 결국 해소될 수 없을까?
-한국의 반도체 산업은 장기적으로 중국에 대한 의존도를 어떻게 줄일 수 있을까?
-한국의 반도체 산업은 중국이라는 리스크를 어떻게 회피할 수 있을까?

그리고 이러한 중요한 질문들에 답하려면, 중국이 왜 이렇게 심각한 반도체 기술 전쟁에 휘말리게 된 것이고, 그들이 외치는 반도체 기술굴기가 어떤 미래를 맞을 것인지에 대해 깊게 탐구해볼 필요가 있다. 이제부터 하나씩 그 속사정을 살펴보고, 위의 질문에 하나씩 답을 찾아보면서, 그로부터 우리는 어떤 교훈을 얻어야 하는지, 어떤 준비를 해야 하는지를 자세히 알아보도록 하자.

3

중국의 반도체 기술굴기는 중국몽을 이룰 수 있을까?

화웨이의 급부상과 그에 대한 견제

앞서 보았듯이 중국의 화웨이는 최근 미국이 주도하는 기술 제재 국면이 본격화되면서 창사 이래 초유의 위기 상황에 처해 있다. 미국 정부는 표면적으로는 화웨이의 통신기기들에 보안 우려가 있고 중국 기업들이 기술을 탈취하고 있다는 명분을 내세우고 있다. 하지만 보다 근본적으로는 미국 중심의 세계 질서를 거스르며 미국의 패권을 위협하는 중국이 지금보다 더 강력해지기 전에 가장 핵심적인 부분부터 그 싹을 자르려는 의도가 있을 것이다. 그 구체적인 사례가 바로 화웨이가 10나노 이하 초미세 스케일의 패터닝 기술 단계로 진입하지 못하게 하려는 미국의 시도라고 할 수 있다.

미국이 대중국 반도체 기술 및 무역 제재의 핵심 타깃으로 하고 있는 화웨이는 어떤 기업인가? 중국을 대표하는 IT 대기업 화웨이의 정확한 명칭은 '화위기술유한공사華爲技術有限公司'다. 1988년, 중국

인민군 통신부대 장교 출신 창업자 런정페이任正非가 설립한 이 회사는 겉으로는 사기업公司이지만, 사실상 국영기업公社 아니냐는 의심을 끊임없이 받아왔다. 애초에 화웨이의 회사이름부터 '중화(華)민족을 위(爲)하여'다.

설립 초기부터 적어도 2000년대 중후반까지 20여 년은 중국 경제의 급성장에 발맞춰 주로 내수 위주로 빠르게 성장했다. 특히 중국 공산당 정부는 중국 인민해방군과 각 성의 통신 기반 시설 등 굵직한 관급 사업을 독점 수주할 수 있도록 화웨이를 밀어주며 이 회사를 거의 전략적으로 키우다시피 했다. 지금도 화웨이의 경영은 실제로는 중국 공산당 위원회의 영향력 아래에 있다고 알려져 있다. 공사公司라는 이름이 무색하게, 사실상 공산당 산하 공사公社라고 봐도 크게 틀리지 않는다.

2000년대 들어서 이동통신이 급속히 보급되자 화웨이도 기존의 유선통신 장비 외에 이동통신 장비를 공급하며 빠르게 성장했다. 중국의 이동통신 시장은 CDMA 계열의 차이나텔레콤, GSM/WCDMA 계열의 차이나모바일 등이 전국적 네트워크를 구축하고 있었고, 화웨이는 이 네트워크에 필요한 장비의 상당 부분을 공급하며 통신장비 사업에 필수적인 네트워크 구축 경험을 축적했다. 참고로 차이나모바일의 경우 2000년대 중후반에 가입자 기준 세계 1위의 이동통신 서비스 업체가 되었으니, 화웨이는 그때 당시에 이미 세계 1위 통신사업자의 네트워크 공급 업체였던 셈이다.

거대한 자국 시장에서 경험을 쌓은 화웨이는 해외 시장에도 진출하기 시작했다. 화웨이는 해외 시장에서도 성공 행진을 계속했다. 처음에는 화웨이가 초저가 공세로 시장을 잠식할 수 있었다고 여겨졌으나, 화웨이의 제품을 사용한 고객사들은 그들의 기술 수준도 높게 평가했다. 가격 경쟁력과 높은 품질로 무장한 화웨이는 해외 시장을 계속 확대하며 2013년경에는 에릭슨을 제치고 통신장비 시장 1위 업체가 되었다.

화웨이가 빠른 시간에 최고 수준의 기술과 품질을 확보할 수 있었던 이유 중 하나로 통제받지 않았던 기술 IP 침해가 있다. 화웨이는 2000년대 초반부터 캐나다 업체인 노텔Nortel의 제품을 OEM으로 생산하고 있었다. 노텔은 1895년에 캐나다 몬트리올에서 창업된 기술 기업으로서, 한때 세계 최고 수준의 기술력을 가진 유서 깊은 회사였다. 1990년대 들어 본격적으로 광통신 시대가 열리면서 세계 통신장비 시장을 양분할 정도로 기술력을 인정받았으며, 이로 인해 한때 캐나다 주식시장 시가총액의 1/3까지 차지하고(시가총액 3000억 달러) 임직원이 10만 명에 달했던 적도 있었다. 2000년에는 279억 달러라는 역대 최고의 매출을 올리며 전성기를 구가하고 있었다.

그런데 노텔은 2004년에 이미 수년 전부터 중국의 해커를 통해 제품 설계도와 각종 내부 기술 기밀 사항이 유출되고 있었다는 사실을 발견하게 된다. 핵심 고위급 임원진 7명의 회사 내부 계정이 해킹을 당했고, 적어도 6개월간 1400여 건에 달하는 기술문서, 연구개발 보고서, 영업계획서, 특허출원문서 등이 유출되었다. 해킹을 시도한 접속 IP가 중국 상하이의 한 업체로 좁혀졌고, 이렇게 유출된 기술 정보는 결국 노텔의 라우터나 통신 어댑터 등을 생산하던 파트너인 화웨이에 일부라도 흘러들어갔을 것이라고 의심할 수 있다.

노텔의 조사 결과, 화웨이가 생산하던 라우터의 핵심 코드 일부가 자사의 소스코드와 동일했고, 특허가 걸려 있던 자연어처리 관련 알고리즘 역시 동일했기 때문이다. 물론 1400여 건의 기술 정보가 모두 화웨이로 유출되었다는 명확한 근거는 없다. 그러나 결국 글로벌 시장이 겹치게 된 노텔과 화웨이의 수주 경쟁에서 동일한 기술 스펙을 내세우면서도 원가를 항상 노텔보다 낮게 책정한 화웨이에 노텔이 거듭 패하고, 끝내는 파산하고 만 노텔의 운명이 결코 우연의 일치는 아닐 것이다.

2000년대 중후반 들어 이통통신 기술 변화 과정에서 뒤처지며 사세가 기울던 노텔은 글로벌 광통신 장비 시장에서의 매출 급감으로 인해 재무건전성이 급속도로 악화되었으며, 결국 2008년 세계 금융 위기를 거치면서 2011년 록스타컨소시엄에 특허 6000여 건을 매각했고, 2013년에는 남아 있는 특허까지 모두 매각하며 청산되기에 이르렀다.

미국의 통신장비 대기업 시스코cisco 역시 화웨이가 자신들의 기술을 불법적으로 훔쳐갔다고 주장했다. 원격으로 접속하는 방식으로 시스코 내부의 네트워크에 접근하는 중국의 해킹으로 인해 자사의 통신 장비 소프트웨어의 소스코드가 대량으로 유출되었다는 것이다. 시스코는 화웨이와 법적 분쟁을 벌였으며, 양사 합의로 소송은 종료되었다. 최근에도 유럽 각국의 통신 회사들은 화웨이의 통신 장비에 심긴 백도어(사용자 정보를 주기적으로 제조사의 중앙 서버로 전송하는 보안 불안 요소)로부터 사용자의 개인 정보 등이 지속적으로 유출되어 중국으로 송신되고 있지 않나 하는 우려를 지속적으로 내놓고 있다.

세계 시장에서 후발주자였던 화웨이가 1위 업체가 될 수 있었던 이유는 크게 세 가지다. 첫째는 이미 살펴본 것처럼 중국 정부의 전폭적인 지원이고, 둘째는 선진국 대비 낮은 임금 수준을 기반으로 한 가격 경쟁력이다. 여기에 셋째로 무차별적인 기술 탈취가 있었던 것이다. 화웨이는 노텔이나 시스코와 같은 경쟁 업체의 기술을 불법적으로 확보함으로써 부족한 기술을 단기간에 따라잡을 수 있었으며, 동시에 오랜 기간 투자해야 하는 거액의 연구개발비를 절감할 수 있었다.

문제는 화웨이가 각국의 통신 네트워크에 중요한 장비를 공급하는 데에 그치지 않고 하이테크 기업이나 군수 기업들의 통신 장비와 개인 정보 유출의 우려가 있는 스마프폰까지 공급하게 되면서 화웨이를 통한 정보 유출이 점점 더 커다란 위협으로 느껴지게 되었다는 것이다. 화웨이의 장비와 스마트폰을 통한 정보 유출은 이제 국가 안보와 분리해서 생각할 수 없는 문제가 되었다. 처음에는 단순히 한 사기업이 해킹을 시도한 정도로 취급되던 것이 알고 보니 그 기업의 배후에 중국 정부가 있는 것으로 의심되기 시작하자 이제는 전혀 다른 차원의 문제가 되었다.

미국은 이미 트럼프 정권이 출범하기 전부터 화웨이를 필두로 하는 중국 기업들의 미국 및 유럽의 통신, 반도체, IT 서비스 기업 등에 대한 다양한 해킹 시도를 주시하고 있었다. 그리고 정보기관들이 이를 꾸준히 모니터링하며 이들의 배후에 중국 정부가 있다고 의심하고 있었다. 미중 관계가 아직 최악으로 치닫기 전인 2010년대 초반만 해도 중국의 해킹 시도에 대한 단발적인 경고와 우려가 제기되는 정도였다.

이러한 기조는 트럼프 정권 출범 이후 달라진다. 특히 2019년 5월 트럼프 대통령은 정보통신 기술 및 서비스 공급망 확보에 관한 행정명령에 서명함으로써 화웨이의 미국 내 비즈니스 효력을 정말로 정지시키기에 이르렀다. 이 조치로 인해 화웨이와 미국 국적 기업 사이의 거래는 원천 차단되었다. 1년 후인 2020년 5월에는 더 강력한 조치가 발효되었다. 아예 화웨이를 비롯한 중국계 IT 기업들이 미국의 기술이 하나라도 들어간 반도체 소재·부품·장비를 구매할 수 없도록 하는 제재 조치를 발효한 것이다. 심지어 미국 국적 기업이 아니더라도, 미국 특허로 등록된 기술을 사용하는 제3국의 기업이 화웨이와 거래할 경우, 미국이 그 제3국의 기업을 제재할 수 있는 권리(secondary boycott)까지 갖게 하는 강력한 조치였다.[8]

2021년 들어 새로 출범한 미국의 바이든 행정부는 전임 트럼프 행정부에 이어 여전히 대중 반도체 봉쇄를 지속하고 있다. 특히 중국의 파운드리 업체들이 진입하려고 노력하고 있는 10나노 이하급 공정에 필수적인 EUV 노광기의 수출을 여전히 강하게 통제하고 있다. 2021년 7월에도 네덜란드의 EUV 업체인 ASML은 대중국 최신 EUV 노광 장비 수출을 보류했는데, 여기에도 미국 바이든 행정부의 국가 안보를 이유 삼은 압력이 있었던 것으로 알려져 있다.

화웨이와 TSMC의 관계

2020년 5월의 조치가 실제로 겨냥하는 목표는 TSMC로 볼 수 있다. 대만에 본사를 두고 있는 세계 1위의 반도체 파운드리 회사인 TSMC는 10나노 이하의 최신 극미세 패터닝 공정에서는 전 세계에서 가장 앞선 양산 기술을 가진 회사(2위는 삼성전자)로 인정받고 있다. 심지어 메모리반도체 분야에서는 세계 최고로 인정받는 한국의 삼성

---

8   이 조치는 2020년 9월 15일부터 실제로 발효되었다.

전자도 10나노 이하 패터닝 공정에 대해서라면 수율과 양산에 있어 TSMC에게 한 수 접으며 밀리는 형국이다.

화웨이의 자회사이자 CPU 설계 회사인 중국의 하이실리콘의 경우, 팹리스 회사다. 즉, CPU, AP, GPU 같은 비메모리반도체칩의 '설계'까지는 하지만, 직접 그 칩을 '생산'할 능력이 없다. 설계는 되는데 생산하거나 테스트할 능력이 없는 회사들을 위해 반도체칩을 제조해주는 회사들이 바로 TSMC 같은 파운드리 회사들이다. 크게 보면 같은 중화권으로 묶이는 화웨이(즉, 하이실리콘)와 TSMC의 공생 관계는 꽤 오래 지속되고 있었다.

2019년 기준, TSMC 전체 매출의 15퍼센트는 화웨이에서 나오고 있을 정도로 TSMC에게는 화웨이가 중요한 고객이었다. 2010년대 이후 화웨이가 통신 장비 사업을 넘어서 다방면의 IT 사업으로 공격적인 전개를 할 수 있었던 데에는 TSMC의 전폭적인 반도체칩 공급과 맞춤형 파운드리 공정이 있었음을 고려해야 한다. 특히 맞춤형 파운드리 공정은 대부분 화웨이의 비용 절감을 가능케 한 원동력이 되었음도 잊지 말아야 한다.

맞춤형 파운드리 공정은 TSMC가 글로벌 반도체 업계에서 절대 강자가 된 비결 중 하나다. 화웨이뿐만 아니라, 어떤 팹리스 업체든 자신들이 설계한 칩이 최적의 성능을 갖게 하려면 반드시 그 성능을 구현할 수 있는 공정이 갖춰진 시설에서 제조되어야 한다. 같은 10나노 이하급 공정이라고 해도, 어떤 회사는 훨씬 더 높은 집적도의 트랜지스터를 요구하면서 전력 소모량에는 신경을 덜 쓸 수도 있지만, 어떤 회사는 집적도를 희생하면서도 전력 효율에 더 초점을 맞출 수 있다. 어떤 회사는 2차원 집적이 아닌 3차원 적층이나 배선 공정에 더 신경을 쓸 수도 있고, 어떤 회사는 배선 폭을 최소화하기 위해 패터닝 공정을 보통보다 두 배 이상 많이 요구할 수도 있다.

이렇게 다양한 성능 조건에 맞춰 공정의 배치와 수율을 동시에 만족시키려면 파운드리 업체에서는 사실상 고객사(팹리스 업체)들의 설계 과정부터 관여할 필요가 있다. 공정에서 동원 가능한 소재와 장비, 그리고 그 안에서 설계 업체가 최적화하려는 성능에 맞춘 조합의 선택, 목표 생산량을 맞추기 위한 자원 배분과 후공정 비용 계산 등, 거의 전 주기적인 공정 계획이 필요하기 때문이다. TSMC는 오랜 기간 이에 필요한 경험과 노하우를 쌓아왔고, 특히 초정밀 패터닝 공정에서는 TSMC의 노하우가 독보적인 환경이 조성되고 있었다. TSMC의 공정비용 절감은 곧 반도체칩 설계 업체들의 원가 절감으로 이어질 수 있는데, TSMC는 특히 화웨이의 AP 생산 과정에서 이러한 성능-비용 최적화에 큰 도움을 주었다. 이는 중국의 SMIC가 할 수 없는 부분이기도 했기 때문에, 화웨이의 TSMC 의존도는 나날이 높아질 수밖에 없는 상황이었다.

그런데 트럼프 정부가 대중국 기술 제재 조치를 발표하자마자 TSMC는 화웨이에 대한 반도체칩 공급을 중단하겠다고 선언했다. 심지어 120억 달러 규모의 5나노 공정 설비를 아예 미국 애리조나주 피닉스에 건설하고, 미국의 파운드리 회사들과 전략적 기술 제휴를 하겠다고 발표했다.

TSMC 의존도가 높았던 화웨이로서는 다급해질 수밖에 없었다. 화웨이는 2위 그룹인 삼성전자, SK하이닉스, 그리고 미국의 글로벌 파운드리Global Foundry 같은 업체를 차선책으로 수소문했다. 물론 이 기업들도 미국의 세컨더리 보이콧 정책에서 벗어날 수 없으니 화웨이에 공급할 수는 없는 상황이다.

결국 화웨이는 미국의 제재 조치가 지속되는 한 외국 업체로부터 반도체를 공급받을 수 없게 되었다. 이제 어떻게 해서든 중국 내에서 반도체를 생산해야 하는 처지가 된 것이다. 그렇다면 화웨이, 더 넓게는 중국이 과연 자국 내 자원과 기술만으로 최신 기술 수준의 반도체칩을 만들 수 있는지가 실질적인 관건이 된다.

중국 최신 반도체 기술의 현황

중국의 반도체 기술은 어떤 수준인가? 칩 설계 능력, 공정 기술 등을 중심으로 살펴보자.

CPU를 생산하는 대표적인 중국 회사로는 자오신(兆芯, Zhaoxin)이 있다. 자오신은 VIA라는 대만의 CPU 회사가 2013년 중국 시장 진출을 위해 상하이시와 합작회사를 세울 때, 그 대가로 VIA의 기술 라이선스를 넘겨받았다. 최근 자오신은 이 기술의 연장선에 있는 카이샨KaiXian KX-6000이라는 CPU를 TSMC의 16나노 공정에 위탁 생산하여 출시하였다. 이 칩의 스펙은 최고 클럭 3.0기가헤르츠, 8코어로 그럴듯해 보이지만, 성능은 평범한 인텔의 내장 그래픽 칩만도 못하다.[9] 동일 세대 인텔의 x86 칩과 비교해봐도 자오신 칩은 대략 1/3 이하의 성능이다. 동일 클럭 수로 비교하면 AMD의 두세 세대 이전 CPU(브리스톨 릿지)와 유사한 성능이다.

그런데 단위 작업당 소모되는 전력은 훨씬 높아서 동일 세대의

---

9   인텔의 중저가 CPU가 Core i5-7400급에서 1920*1080 해상도로 90fps의 속도를 보일 때, 자오신 칩은 15~20fps 정도의 속도밖에는 내지 못한다.

CPU 대비 대략 3배의 전력을 필요로 한다. 결국 소모 전력까지 고려한 성능은 현 세대 CPU의 대략 1/9 수준밖에 안 되는 셈이다. 이것은 공정의 문제에 앞서 칩의 설계 기술이 선진 업체 대비 적어도 1~2세대 이상 뒤져 있다는 뜻이다.

그러나 중국의 발전 속도는 무섭다. CPU 같은 비메모리반도체뿐만 아니라, 한국의 삼성전자와 SK하이닉스, 그리고 미국의 마이크론이 과점하고 있는 전 세계 메모리반도체 시장에서 역시 무서운 기세로 따라오고 있다. 중국 정부는 NAND 플래시메모리 양산 업체인 국유기업 YMTC 등에 2025년까지 1조 위안(한화 약 170조 원)을 투자하며 삼성전자의 주력 아이템 중 하나인 DRAM 사업을 따라잡으려 하고 있다. 특히, 최신 DRAM 메모리의 용량 확보에 필수 불가결한 기술이 된 3D 적층구조 구현에서도, YMTC는 2019년 64단 3D NAND 플래시메모리 양산에 이어 2020년 90단, 2021년까지 128단의 기술을 확보하는 것을 목표로 하고 있었고, 실제로 2021년 9월 128단 3차원 QLC NAND 플래시메모리 생산을 시작했다. 2022년 5월에는 192단 3차원 NAND 플래시 샘플을 만든 후, 2022년 6월 YMTC는 삼성전자, 하이닉스, 마이크론과의 기술 격차를 줄이기 위해 2022년 상반기 최선단인 192단 NAND 플래시를 건너뛰고, 바로 232단 NAND 플래시를 생산한다는 계획을 발표했으며, 이를 위해 4세대 3차원 TLC NAND 플래시메모리를 생산한다는 전략을 발표하기도 했다.

실제로 화웨이를 필두로, 중국의 반도체 기업들의 성장 가능성은 충분한 것으로 보인다. CPU 설계 업체 하이실리콘은 화웨이의 스마트폰 시장에서의 급성장에 힘입어, 자사의 AP칩 '기린麒麟'을 통해 중국 내수 시장을 장악했다. 2020년 1분기만 해도, 하이실리콘은 중국 스마트폰용 AP 시장에서 44퍼센트에 달하는 점유율을 보였다. 하이실리콘이 또 한 가지 손을 뻗고 있는 사업은 서버용 반도체 분야이다. 서버는 애초에 대용량 데이터의 안정적 처리가 관건이므로, CPU가 많이 필요하다. 이 역시 하이실리콘의 서버용 CPU '쿤펑鯤鵬'이 담당하였다. 5G 무선통신 분야에서도 하이실리콘은 '바룽巴龍'이라는 통신 칩셋을 화웨이에 공급하고 있다. 화웨이가 AI, IoT, 드론, 자율주행차 같은 차세대 IT 영역까지 비즈니스를 넓혀간다고 해도, 어쨌든 각 기기에서 대용량의 정보를 처리할 반도체칩이 필요한데, 아마도 설계는 모두 하이실리콘에게 맡길 것이다.

2020년 7월, 중국에서는 아예 OS와 CPU 모두 자급자족한, 즉 첫 순수 중국산 PC인 '톈위에(天玥, Tianyue)'를 선보였다. 톈위에 PC의 CPU는 여러 중국회사들의 제품을 골고루 채용하고 있다. 중국의 파이티움(飛騰, Phytium), 룽손(龍芯, Loongson), 쿤펑(鯤鵬, Kunpeng), 하이라이트Highlight, 자오신(兆芯, Zhaoxin), 선웨이(神威, Sunway) 등 6개의 중국산 CPU가 바로 그것이다. 톈위에 PC의 OS는 중국 스탠다드소프트웨어가 개발한 '기린Kyrin'이다. PC의 핵심 기술 중, OS와 CPU를 자급했다는 상징성이 강한 톈위에 PC는 윈도우 OS, 인텔이나 AMD CPU를 장착한 PC에 비해서는 성능이 떨어진다. 그럼에도 불구하고 이러한 자립 노력은 중국 정부의 정책 드라이브의 결과다. 예를 들어 2014년에 처음 설립된 파이티움이 생산하는 CPU는 원래 PC 용도가 아니고 주로 슈퍼컴퓨터 전용 CPU(한국에는 '톈허天河'라는 리눅스 기반 슈퍼컴퓨터로 잘 알려져 있다)였으나, 중국의 IT 대기업 알리바바와 바이두의 대규모 투자를 받아 2016년부터는 PC용 저전력

CPU 설계에 주력해왔다. 파이티움 역시 설립 주체 중 하나가 톈진시 정부와 중국전자정보산업그룹CEC 같은 중국의 공기업이기 때문에, 역시 두세 세대 이상 차이 나는 아키텍처로 극한까지 성능을 끌어올리면서 ARM 계열 CPU를 설계하고 있다.

문제는 하이실리콘 CPU 설계 역량의 상당 부분은 알고 보면 다자체 능력은 아니라는 점이다. CPU 설계는 이미 많은 부분이 기존의 반도체 설계 및 생산 기업에 맞게 최적화되어 있고, 이중 일부는 전자 설계 자동화 소프트웨어인 EDA(Electronic Design Automation, 반도체전자설계자동화툴) 덕분에 가능한 것이었다. 애초에 팹리스 회사들이 EDA를 피해서 CPU를 설계한다는 것 자체가 거의 불가능할 정도로 업계의 생태계는 철저하게 분업화되어온 상황인 것이다. 그런데 EDA의 주요 회사들은 모두 미국에 본사가 있다. EDA는 시놉시스Synopsys와 케이던스Cadence Design Systems, 지멘스Siemens EDA가 전 세계 시장의 90퍼센트 이상을 차지하고 있다. 당연히 미국의 제재 조치는 이들 기업의 EDA가 중국 반도체 설계 회사에서 사용되는 것을 금하며, 따라서 중국 CPU 회사들은 최적화된 EDA 없이 반도체칩을 설계해야 한다.

미국의 기술 제재에 대한 중국 반도체 업계의 대응 전략

미국의 제재 조치가 본격화되면서 중국이 맞부닥친 가장 큰 문제는 반도체 생산이다. 이제 TSMC는 물론이고 해외의 다른 파운드리 회사들과의 거래가 불가능해졌기 때문에, 중국 내에서 생산 업체를 찾아야 하는 상황이다. 그나마 중국에는 SMIC라는 세계 5위 파운드리 업체(세계 시장점유율 5퍼센트)가 있지만, SMIC만으로는 요구되는 물량을 감당할 수 없다.

SMIC에 생산을 위탁한다고 할 때 가장 중요한 문제는 기술 수준이다. 2022년 6월 기준, SMIC와 TSMC의 기술 격차는 적게 잡아도 3년 정도 된다. TSMC는 EUV 기반 3나노 공정 샘플 생산을 시작했지만, SMIC는 7나노 공정 샘플 생산을 시작한 수준에 그치고 있다. 그나마 SMIC의 7나노 공정은 EUV가 아닌 DUV 기반 멀티패터닝 방식에 근거한 것이다. 2022년 상반기 양산 기준, SMIC의 최신 공정은 10나노인데, TSMC와 삼성은 현재 5나노 공정으로 양산하고 있으며 조만간 3나노를 도입할 계획임과 더불어 선행기술로는 2나노 공정을 개발하고 있는 상황이다. 10나노로는 TSMC의 경우 이미 2018년부터 양산을 시작한 바 있다.

중국 정부로서는 SMIC의 양산 능력을 확충하기 위해 차세대 패터닝 설비 확장과 미래 기술 선진화에 막대한 자금을 투자할 것이 확실하다. 중국 정부는 2025년까지 자국 생산 반도체의 비중을 70퍼센트로 올리겠다는 목표를 천명한 바 있는데, 2020년 기준으로는 그에 한참 못 미치는 15퍼센트에 불과한 실정이다. 현재 SMIC의 파운드리 생산 능력이 향후 3년간 매년 2배 이상씩 증가해야 겨우 달성할 수 있기 때문에, 자급률 70퍼센트라는 목표를 달성하기 위해 기존 계획보다도 더 공격적으로 투자를 집행할 가능성도 있다. SMIC의 설비 확충과 더불어 한국과 대만의 반도체 기술 인력들에 대한 스카우트 시도도 더욱 노골화될 것으로 보인다.

실제로 중국의 SMIC가 2022년 7월에 발표한 7나노 공정에 활용된 DUV 멀티패터닝 기술은 칩을 분해해본 결과, 2014년에 TSMC가 개발한 공정 기반의 SoC를 그대로 차용하고 있고, 실제 SoC 칩의 성능과 소비 전력, 데이터 전송 속도 등도 TSMC가 제조한 것과 동일하다는 사실이 확인되었다. 이미 TSMC는 미국의 대중 제재가 있기 한참 전인 2003년과 2009년에도 SMIC를 제소하고 승소한 바 있기도 하다. SMIC가 발표한 7나노 공정 기술 역시 동일한 스펙과 구조로 추정컨대 TSMC로부터 유출된 기술에 기반을 두고 있을 가능성이 높다.

SMIC는, 7나노 공정에서 활용한 DUV 멀티패터닝 전략에서도 볼 수 있듯, EUV 없이도 생산할 수 있는 공정의 수율 강화 및 TSMC나 삼성전자 같은 업계의 선두주자들이 상대적으로 신경을 덜 쓰고 있는 파운드리 분야(10나노 이상 공정 기반)에서의 점유율 확대를 통해 미국의 기술 제재 국면을 돌파하려 한다. 실제로 중국 정부는 중국 내 1위 파운드리 SMIC뿐만 아니라 2위 화홍華虹그룹, 3위 넥스칩 같은 파운드리 업체에 대한 투자를 장려하고 규모를 확대하고 있다. 중국은 2024년까지 파운드리 라인을 31개로 확대하려 하는데, 이는 동일 기간 기준, 대만의 19개와 미국의 12개 라인 증설 계획을 합친 규모에 해당한다. 기술 세대(질)에서 뒤처지는 것을 라인 규모 확대(양)로 극복하겠다는 전략으로 풀이할 수 있다. 이와 동시에 시간이 지남에 따라 미국의 기술 제재가 느슨해질 경우 중국의 반도체 제조 산업은 뒤처진 기술 로드맵을 줄이기 위해 신규 장비 도입에 대한 투자를 늘릴 것으로 예상된다. 특히 TSMC와의 관계가 회복되면 중국의 팹리스 업체들은 중국 내 파운드리뿐만 아니라 다시 TSMC의 3나노, 2나노 공정을 기반으로 하는 고부가가치 칩 생산을 시도할 가능성이 높다. 중국과 대만은 무엇보다 중화권이라는 배경을 공유하고 있고, 인맥으로 얽힌 TSMC와 SMIC의 역사가 간단치 않기 때문이다.

TSMC와 SMIC의 창업자들은 미국 반도체 회사인 TI에서 오랜 시간 같이 근무했고, SMIC의 창업자가 TSMC의 창업자 모리스 창(장중머우張忠謀) 밑에서 부하 직원 격으로 일하기도 했다. SMIC의 창업자 리처드 장(장루징張汝京)은 TI 퇴직 후 2000년에 SMIC를 설립했다. 리처드 장은 거액의 투자를 유치한 후 중고 파운드리 장비를 저렴하게 인수하여 본격적인 웨이퍼 생산에 돌입했고, 이후 SMIC는 공격적인 투자와 경영 전략으로 중국 1위의 파운드리 업체로 등극할 수 있었다.

2009년에는 TSMC가 SMIC를 상대로 기술 유출 및 엔지니어 불법 스카우트 건과 관련된 소송을 제기하였고, 승소한 TSMC는 SMIC의 지분을 인수하여 SMIC의 2대 주주로 올라섰다. 그러자 리처드 장 회장은 중국 정부에 로비를 하여 TSMC가 SMIC에 대해 경영 간섭을 하지 못하도록 정부 펀드(중국투자유한책임공사) 3억 5000만 달러 투자를 유치했는데, 이 중국투자유한책임공사는 2억 5000만 달러를 추가로 끌어들여 2대 주주가 되었고, 이로써 SMIC는 사실상 중국의 국유기업이 되었다.

하지만 두 회사는 이런 소송 과정을 거쳤음에도 전략적 공생 관계를 유지하고 있다. 업계 1위 TSMC는 계속 최신 기술 개발을 주도하며 생산 능력은 물론, 기술력에서도 1위의 지위를 지키고자 한다. 이 과정에서 세대가 교체된 이전 세대 공정 기술은 상대적으로 저부가가치 칩 생산의 주문으로, 최신 세대 공정 기술은 고부가가치 칩 생산의 주문으로 구분하게 된다. 이때 저부가가치 칩 생산에 대해서는 SMIC 같은 후발주자들이 상대적으로 더 많은 자본을 투자하여 생산력을 확장한 상황이라 TSMC 입장에서는 경쟁을 지속하기 어렵고, 따라서 SMIC가 이전 세대 파운드리에 대해서는 TSMC보다 점유율을 높여 갈 수 있다. TSMC 입장에서는 이른바 돈이 되는 고객을 계속 자사의 최신 공정에 붙잡으면서 돈을 모으고, 파운드리 생태계 자체는 SMIC 같은 후발주자들이 계속 이전 세대 공정을 뒷받침하게 만드는 것이 유리하다. 2022년 기준으로, 여전히 파운드리 산업에서는 수요가 공급을 앞지르고 있기 때문이다. 이 과정에서 TSMC는 자사로 들어온 이전 세대 공정 기반 주문량을 SMIC로 우회시킬 수 있는 옵션도 생긴다. 실제로 미국의 제재가 본격화되던 2019년 상반기에, 화웨이가 그 대처에 어느 정도 자신감을 보인 이유 중 하나는 바로 TSMC가 우선적으로 SMIC에 파운드리 물량을 확보해주었기 때문이다. 덕분에 화웨이는 적어도 1년 이상은 버틸 수 있는 물량을 확보하기도 했다.

지금으로서는 미국의 제재 때문에 TSMC가 눈치를 보며 SMIC와 거리를 두는 모양새지만, 미국의 제재가 느슨해지면 두 회사는 언제든 다시 원래의 전략적 동반자 관계로 돌아갈 수 있다. 그럴 경우 TSMC가 곧 중국 파운드리 산업의 일부로 역할하게 될 가능성도 있다. 그런 점에서 미국의 제재 와중에서도 TSMC와 SMIC의 관계가 어떤 식으로 이어지는지 면밀하게 관찰할 필요가 있다.

초극미세 패터닝 공정이라는 통곡의 벽

미국의 제재라는 조건 아래에서는 중국의 계획이 현실화되기 어려운 기술적인 장벽이 있다. 바로 10나노 이하의 패터닝 공정이다. 10나노 이하부터는 전혀 다른 게임이 되기 때문이다.

반도체 공정에서 말하는 패터닝은 말 그대로 반도체 표면 위에 2차원 혹은 3차원 구조로 아주 미세한 각종 패턴을 새겨넣는 공정을 의미한다. 패터닝의 기본 원리는 고등학교 교과서에도 실려 있을 정도로 많이 알려져 있다. 그런데 사람들이 교양 수준으로 알고 있는 패터닝 공정은 산업 현장에서는 거의 쓰이지 않는다. 실험용 혹은 뛰어난 성능을 필요로 하지 않는 범용 반도체 소자 제작용 정도로나 쓰일 뿐이다.

그렇다면 요즘 각광받고 있는 10나노 이하급, 즉 7나노, 5나노, 심지어 3나노급 반도체 로직 패턴들은 어떤 방법으로 만들어지고 있을까? 현시점에서 웨이퍼 단위로 양산 가능한 최신 패터닝 기술의 핵심은 EUV 패터닝이다.

반도체 패터닝은 기본적으로 품질이 매우 우수하고 신뢰도가 높은 광원을 필요로 한다. 미술 시간에 석판화(리소그래피lithography)를 실습해본 사람이라면 기억하겠지만, 석판화는 아라비아고무 용액 같은 특수한 용액을 특정한 기판(주로 알루미늄판)에 뿌리고, 그 위에 직사각형 형태의 체를 놓고 원하는 밑그림을 그린 후, 햇빛에 노출시켜 원하는 그림이 그대로 아라비아고무 용액에 전사되게끔 하는 과정을 거친다. 그래서 아라비아고무 용액 중 선택적으로 굳은 부분만 남기고 씻어내면(이를 에칭이라고 한다) 판화가 완성되는 식이다. 원리만 따진다면 반도체 공정의 패터닝도 이와 크게 다르지 않다. 아라비아고무 용액 역할을 하는 감광액(포토레지스트)과 햇빛 역할을 하는 특정 파장을 갖는 고품질의 광원이 필요하다. 이때 햇빛처럼 넓은 스펙트럼 전체를 광원으로 사용할 경우 파장에 따라 물질이 전자기파를 흡수하는 정도가 달라지므로, 반도체 공정에서는 아주 좁은 범위의 파장, 특히 가급적 단파장을 사용한다. 레이저나 플라스마 발광 같은 특수한 광원이 필요한 이유는 그 때문이다.

20세기 후반부터 21세기 초반까지는 20~50나노급의 패터닝 기술만으로도 충분했다. 이에 해당하는 패터닝 기술은 포토리소그래피photolithography를 위시하여 전자빔 리소그래피E-beam lithography와 심층 자외선 리소그래피(Deep UV lithography, DUV) 등이었다. 2010년대로 넘어오면서 칩 하나가 처리해야 하는 데이터의 용량이 기하급수적으로 증가하기 시작했다. 4G나 5G 통신 기술과 함께 고해상도 동영상과 가상현실VR 어플리케이션 등이 사용되며 데이터 용량이 폭증했고, 고속, 안정성, 저전력, 무결점, 고수율의 GPU, CPU, AP 등에 대한 폭발적 수요가 뒤따랐다. 과거 반도체 업계의 금과옥조처럼 여겨졌던 '무어의 법칙'이 더 이상 예전처럼 절대적으로 받아들여지지는 않는 상황에서 대용량 정보의 고속 처리에 대한 수요가 급속도로 늘고 있는 것이다. 이는 자연스럽게 더 강력한 반도체 칩에 대한 기술적 요구가 앞으로도 계속될 것임을 말해준다.

보통 CPU 등 칩의 패터닝을 할 때 제일 간단하지만 제일 중요한 패턴이 있다. 그것은 line-and-space pattern(혹은 나노회절격자nano grating pattern)라는 것이다. 이 패턴의 겉모습은 젓가락 수백, 수천 개를 한 방향으로 완벽하게 나란히 정렬한 밭고랑 같은 모양새인데, 이 밭고랑 패턴을 웨이퍼 위에 새겨서 만든다. 이 젓가락 하나의 폭이 최근에는 20나노미터 수준까지 가늘어졌다. 젓가락의 폭 혹은 '선폭'이라고도 불리는 특정 패터닝 크기를 결정하는 가장 중요한 요소는 광원이다. 참빗으로 머리를 빗으면 머리를 더욱 세밀하게 빗질할 수 있는 것처럼, 광원 역시 더 짧은 파장을 활용하면 더 촘촘하고 세밀한 패터닝이 가능하다. 선폭이 좁아지면 그에 비례하여 동일한 면적에 새겨넣을 수 있는 선들의 개수가 더 많아지고, 따라서 더 많은 트랜지스터를 집적할 수 있다. 더 많은 정보를 처리할 수 있게 되는 것이다. 그러므로 원리적으로는 선폭을 좁히고 싶다면 더 짧은 파장을 활용하면 된다.

앞서 잠깐 언급했던 DUV 리소그래피의 경우, 패터닝에 활용한 광원은 KrF(불화크립톤) 혹은 ArF(불화아르곤) 엑시머 레이저[10]다. KrF 레이저는 약 100밀리와트의 세기로 248나노미터, ArF 레이저는 약 60밀리와트의 세기로 193나노미터의 파장을 갖는다.

하지만 이들 광원에 의존한 DUV 리소그래피 기반 패터닝으로는 급증하는 대용량 고속 정보처리 수요를 감당할 수 없었고, 따라서 더 짧은 파장의 광원이 필요하게 되었다. 그래서 나온 것이 바로 EUV(Extreme UV)라는 광원이다. 이 광원의 파장은 이제 100나노미터보다 한참 밑인 13.5나노미터까지 내려온다. 단순하게 생각하면 과거의 DUV 리소그래피에 사용하던 ArF DUV의 193나노미터 파장 대비, 선폭을 1/14까지도 줄일 수 있고 동일한 웨이퍼 위에 196(14의 제곱)배나 많은 트랜지스터를 제작할 수 있으니, 성능이 200배 가까이 향상될 것으로 생각할 수 있다.

문제는 이 정도로 파장이 짧은 초단파 전자기파는 대부분의 물질에 잘 흡수된다는 점이다. 애써 EUV 광원을 만들어냈다고 해도, 이

---

10 Excimer Laser: 바닥 상태와 들뜬 상태의 분자의 에너지 준위 및 결합 상태 차이를 이용하여 단파장 전자기파가 방출되는 현상을 활용한 레이저. 주로 자외선 대역의 전자기파를 발산한다.

들이 진행하면서 주위 물질, 가스, 기판, 기기 내벽 등에 대부분 흡수되어버릴 가능성이 큰 것이다. 그래서 EUV 리소그래피부터는 DUV까지 채택해오던 노광 공정 아키텍처를 버리고 완전히 새로운 방식의 아키텍처를 선택한다.

새로운 아키텍처가 작동하는 방식은 굉장히 복잡하지만, 간단하게 이야기하면 다음과 같다. 일단 광원 역할을 하는 소재를 외부에서 미세한 크기의 방울 형태로 떨어뜨린다(초당 수만 번, 그림 2.1 참조).

이때 사용하는 재료는 주석Sn이다. 이 미세한(주로 마이크로미터 수준) 주석 방울에 이산화탄소 레이저에서 나온 초강력 펄스pulse 형태의 전자기파가 부딪히면 순간적으로 주석은 여기된excited 플라스마를 만들어내고, 이 플라스마는 불안정하기 때문에 다시 특정 파장의 전자기파를 방출하면서 흩어진다. 플라스마의 발생 효율을 높이고, 결함을 제거하며, EUV 광원 수율을 높이기 위해, 노광 장비 내부는 높은 진공도를 유지하되, 플라스마 발생 부분만 플라스마 흩어짐을 제어하기 위해 미세하게 조정한 압력의 순수 수소 가스를 채워넣는다. 마이크로미터 수준의 주석 방울을 사용했을 경우, 플라스마 발생으로부터 얻을 수 있는 그 특정 전자기파의 파장이 바로 13.5나노미터 정도 되는 EUV 파장이고, 당연히 DUV에서 사용하던 엑시머 레이저와는 달리 다소 파장 변동 범위가 있다(대략 5~7퍼센트 정도로 알려져 있다).

EUV용 광학계라는 또 다른 기술의 장벽

위에서 살펴보았듯이 EUV용 광원을 만들어내는 과정만 해도 엄청난 고난도인데, 사실 거대한 기술의 장벽은 또 있다. 애써 만들어낸

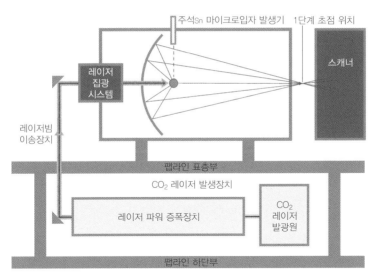

주석Sn 마이크로입자 발생기　1단계 초점 위치

레이저
집광
시스템

스캐너

레이저빔
이송장치

팹라인 표층부

CO₂ 레이저 발생장치

레이저 파워 증폭장치

CO₂
레이저
발광원

팹라인 하단부

그림 2.1 **극자외선EUV 기반 반도체 패터닝용 노광기의 구조 및 빛 발생 원리**

EUV 광원에서 나온 초단파장 전자기파를 무사히 한 곳으로 집광시켜 반도체 기판으로 보내야 하는데, 앞서 설명했던 것처럼 EUV는 대부분의 물질에 잘 흡수되므로, 반도체 기판으로 가기도 전에 많이 손실된다. 대부분의 광원이 손실된다면 그야말로 에너지와 비용의 큰 낭비가 될 것이다. 따라서 EUV가 발생하는 기기 내부는 가급적 마치 놀이공원에 있는 거울의 방처럼, EUV를 잘 반사할 수 있는 형태로 설계할 수밖에 없다. 문제는 아무리 정밀하게 가공된 거울이라고 해도 EUV를 너무나 잘 흡수한다는 점이다.

그래서 이에 대응하기 위해 우리가 흔히 알고 있는 거울이 아닌, 인공적인 거울을 쓴다. 바로 분산브래그반사판(Distributed Bragg Reflector, DBR)이라고 부르는 광학 소재가 대표적이다. DBR은 마치 이탈리아의 전통 요리 라자냐처럼 생겼다. 즉, 밀가루 도우와 토마토 소스가 한 층씩 번갈아가면서 켜켜이 쌓인 것 같은 구조인데, DBR 거울은 밀가루 도우와 토마토 소스 대신 높은 굴절률과 낮은 굴절률을 갖는 두 종류의 광학 박막을 번갈아가면서 쌓는다는 점이 다르다. EUV의 경우, 최대한 반사율을 높이기 위해 최적으로 선택된 재료의 조합은 몰리브덴Mo과 실리콘Si이다. 이들 각각을 수~수십 나노미터 두께로 한 층씩 아주 정밀하게, 총 40~50층 정도로 쌓는다. 이때 몇 층을 몇 나노 두께로, 그리고 각 층은 어떤 굴절률을 갖게끔 쌓아야 할지를 고려하여 DBR에 대한 최적화 설계를 할 수 있다(사실 이 과정에서 DBR의 품질이 갈린다고 볼 수 있다).

불행하게도 문제는 이렇게 복잡한 구조의 인공 거울을 활용해도 여전히 EUV 전자기파가 너무나 물질과 상호작용을 잘한다는 것이다. Mo/Si 소재의 나노 구조 DBR을 활용한다고 해도 EUV는 이 거울에서 한 번 반사될 때마다 무려 30~40퍼센트씩 흡수되거나 산란된다. 한 번 DBR 표면에 반사될 때마다 EUV가 대략 35퍼센트 정도 흡수된다고 가정해보자. 보통의 EUV는 아무리 최적 설계를 한다 해도 원하는 방향으로 집광시키기 위해서는 최소한 6개의 거울에서 반사가 순차적으로 이루어져야 한다. 따라서 6개의 거울을 거친 후 남은 EUV의 세기는 원래 광원 세기의 약 7.5퍼센트에 불과한 수준이 된다($0.65^6 \approx 0.075$). DBR 거울을 7개나 8개 쓰는 경우에는 1퍼센트 수준까지도 약해질 수 있다. 이전 세대 리소그래피 광원인 DUV가 반사율을 거의 90퍼센트 이상으로 유지할 수 있다는 것을 생각하면, EUV 광원의 손실률은 더 크게 다가온다. 그러나 지금으로서는 DBR을 활용하여 최대한 손실 없이 EUV를 모으는 수밖에는 달리 뾰족한 방법이 없다.

심지어 DBR을 아무리 정밀하게 잘 만든다고 해도, 이론적인 반사율 65퍼센트를 달성하기는 쉽지 않다. 라자냐를 완벽하게 만들기가 어렵듯, 몰리브덴과 실리콘을 번갈아 쌓는 과정에서 두께의 편차가 누적될 수 있다. 계면이 옹스트롬(Angstrom, 0.1나노미터) 수준에서 울퉁불퉁할 정도로 초정밀이라고 해도, 40층 이상 쌓으면 편차가 계속 누적되어 나노미터 수준까지 표면이 울퉁불퉁해질 수 있다. 문제는 이 울퉁불퉁한 표면이나 계면에서 단파장의 전자기파가 깔끔하게 반사되는 것이 아니라, 흡수되거나 비탄성 산란inelastic scattering될 수 있다는 것이다.[11]

결국 이전 세대 광원에 비해 광원 생성 효율이 급격히 떨어지는 것을 감수할 수밖에 없는 것이 EUV 기술의 현실이다. 이는 소모되는 에너지 단위로 환산하면 더욱 극명하게 드러난다. 반도체 패터닝에 활용될 수 있는 최소한의 에너지 밀도를 유지하기 위해 1대의 EUV 광원 생성 과정에 얼마나 많은 전기가 필요할까? 200와트급 EUV를 기준으로, 대략 500~600킬로와트나 소모된다. 공장 전체가 소모하는 전력이 아니다. 단 1대의 EUV 노광 장비의 광원 생성에 이 정도

11   비탄성 산란은 전자기파가 물질을 만났을 때 열 등으로 소실되는 주요 메커니즘 중 하나이고, 따라서 패터닝 공정 엔지니어링 입장에서는 에러의 요인이 될 뿐만 아니라, 광원 에너지의 낭비요소이기도 하기 때문에, 최대한 피하고 싶은 결함이다. 그렇지만, 나노미터 수준으로 표면을 평탄화하는 것도 어려운 마당에, 간신히 옹스트롬 수준에서 표면/계면의 질을 정밀하게 제어한다고 해도, 40층의 DBR를 완벽하게 매끈한 표면과 계면을 갖게끔 만들기는 거의 불가능하다. 허블 우주망원경에 들어갔던 주 반사경보다 훨씬 정밀한 수준의 초정밀 가공 능력이 필요한 것이다. 그래서 실상 DBR 반사율 50퍼센트를 유지하는 것도 결코 쉬운 일이 아니다. 이 경우 6개 DBR에 의해 EUV가 순차적으로 반사될 경우 1.5퍼센트(0.5^6), 8개의 DBR를 사용하는 경우라면 0.39퍼센트(0.5^8) 수준까지 광원 세기가 급감한다.

의 전기가 소모되는 것이다. DUV의 경우, 필요 전력은 불과 50킬로와트 이하였다는 것을 생각하면, 광원 생성에만 이전 세대에 비해 무려 열 배 이상의 에너지가 요구되는 것이다. 물론 이마저도 최대한 낮게 잡은 수준이고, 공정의 최적화와 고품질, 그리고 안정적인 생산 속도의 유지를 위해서는 소모 전력이 1메가와트까지도 잡힐 수 있다. 보통 반도체 패터닝 라인 하나에 이런 EUV 노광 장비가 적어도 10대가 들어가야 하니, 공장 하나가 홀로 10메가와트 이상의 전기를 소모할 수도 있는 셈이다. 이는 소형 화력 발전기 한 개의 발전용량과 맞먹는 규모다. 이렇게 엄청난 전력을 투입했음에도 불구하고 실제로 생성된 광원의 세기는 200와트 수준에 불과하니, 에너지 효율은 0.04퍼센트밖에 안 된다. 효율 관점에서만 보면 EUV는 실로 처참하다고 할 정도의 기술이다. 만약 누군가 EUV와 성능은 비슷한데 소모 에너지를 1/10 수준으로 줄여서 에너지 효율을 1퍼센트에 가깝게만 만들어도, 시장을 지배할 수 있을 것이다.

이렇게 만들어진 EUV 광원은 이미 DBR 위에 밑그림이 코팅되어 있는 상태(광 밀도 분포가 사전에 패터닝된 상태)이므로, 패터닝하고자 하는 반도체 기판에 입사되면 자동적으로 패터닝이 시작된다. 물론 그 '밑그림'을 그릴 수 있게 해주는 특수한 화학 물질인 포토레지스트가 필요하며, 이 역시 기술적으로 초고순도 제어라는 매우 큰 장벽을 가지고 있다. 대표적인 포토레지스트 업체는 일본의 스미토모화학이며, 이제 살펴볼 ASML의 EUV용 포토레지스트 파트너사이기도 하다.

슈퍼을 ASML과 중국의 '난니완' 프로젝트

13.5나노미터 파장의 EUV를 양산 단가를 맞추면서까지 극한으로 밀어붙일 수 있는 회사는 전 세계에 채 다섯 개도 안 된다. 사실, 개수를 따지는 자체가 무의미하다고 할 수 있다. 이 EUV 패터닝 기술을 이용하여 안정적으로, 웨이퍼 단위로 생산을 할 수 있게끔 반도체 업체의 라인에 연간 수백 기씩 공급할 수 있는 회사는 네덜란드의 ASML이 거의 유일하기 때문이다.

2019년 기준, 전 세계 EUV 시장에서 ASML이 차지하는 점유율은 85~90퍼센트 수준이다. 나머지 10퍼센트 정도를 일본의 캐논Canon과 니콘Nikon이 간신히 나눠 가지고 있다. 니콘은 가격 경쟁력이 없어서 오히려 패터닝 기술 개발 인력을 최근에 대량으로 구조조정하기도 했다. 캐논의 사정도 니콘과 별반 다르지 않다. 기술적으로 가능한 수준까지 만드는 것과, 그것을 글로벌 수준의 파운드리 업체나 반도체 회사에 신뢰도를 유지하면서 납품할 수 있는 것은 전혀 다른 이야기다. 이 두 가지가 동시에 되는 초격차를 가진 회사는 현재로서는 네덜란드의 ASML밖에 없는 것이다.

이 때문에 업계에서는 ASML을 '슈퍼을'로 부르기도 한다. 사실상 ASML의 제품은 부르는 것이 값이며, 그마저도 주문이 밀려 있어 물건을 인도받기까지는 한참을 기다려야 한다. 삼성전자의 경우 수백 개의 협력사 중에 ASML만 상대하는 박사급 전담팀이 따로 있다는 이야기가 있을 정도다. 현재 ASML의 주력 EUV 장비(NXE:3400B)는 0.33NA[12]를 기반으로 한 장비로, 한 대 가격이 원화로 대략 1800억

---

12   Numerical Aperture: 개구수. 시스템이 빛을 받아들이거나 내보내는 입사각에 대

원 정도 한다. 이 가격이 실감 나지 않을 수도 있다. 한국이 한창 실전 배치하고 있는 대표적인 5세대 스텔스Stealth 전투기인 미국 록히드마틴사의 F-35A의 대당 가격이 대략 1000억 원이고, 여기에 각종 옵션을 붙이면 대략 1500억 원 정도 한다. 대략적으로 따졌을 때 ASML의 EUV 노광 장비 한 대의 가격이 F-35A 한 기의 가격과 맞먹거나 더 비싼 셈이다. ASML이 2023년 이후 인텔에 납품할 예정인 차세대 EUV, 0.55NA EUV(EXE:5200)의 가격은 대당 4억 달러(약 5200억 원)로 알려져 있는데, 이는 현재의 0.33NA급 EUV의 3배에 가깝다.

그런데 반도체 라인에는 노광 장비가 한 대만 배치되는 게 아니다. 장치 산업의 특성상, 라인 하나에 최대한 집약적으로 장비들을 배치하여 한 배치batch에서 나오는 웨이퍼의 수율을 최상위 수준에서 관리해야 하기 때문이다. 보통 라인 하나에는 10개 이상의 노광 장비가 들어간다. 만약 라인 하나에 10대 정도의 노광 장비가 들어간다고 생각하면, 리소그래피 장비에만 물경 5조 2000억 원이 필요한 것이다. 이마저도 돈은 달라는 대로 주겠다고 외치는 중국 기업들이 있기 때문에, 가격은 앞으로 더 천정부지로 치솟을 수 있다. 가격이 얼마든, 대용량의 데이터를 고속으로 안정적으로 정확하게 처리하려면 EUV에 의존하는 극초미세, 즉 5나노미터 이하급 패터닝은 이제 필수적인 기술이 되었다. 따라서 전 세계 반도체 회사는 앞으로 적어

응하는 무차원 수. NA값은 렌즈와 기판 사이의 매질의 굴절률 n, 렌즈 가장자리와 기판 사이의 거리 d, 그리고 렌즈의 반지름 R의 함수로 정해진다. NA=n*R/d로 표현될 수 있다. NA값을 높이려면 매질의 굴절률 n을 더 높이거나, 렌즈의 크기(즉, 반지름 R)를 크게 하거나, 렌즈를 기판에 더 근접시켜야 한다.

도 10~20년 이상은 ASML이 어떤 기술을 만들어나가는지를 초조한 마음으로 지켜보는 방법밖에 없다.

ASML은 한번 파트너십을 맺으면 꽤 오래 그것을 유지하기로 정평이 나 있는데(대표적인 파트너십이 독일의 렌즈 회사 칼자이스Carl Zeiss와의 파트너십이다), EUV만 해도 자이스사와 ASML은 초기 개발단계부터 30년 이상 파트너십을 유지해오고 있다. 삼성전자의 경우도, ASML을 '슈퍼을'로서 인정도 하지만, ASML에 삼성전자의 초미세 패터닝 공정에 특화된 옵션을 공격적으로 요구할 수 있는 몇 안 되는 '슈퍼갑'이기도 하다. 이는 양사가 그만큼 오랜 기간 끈끈한 파트너십을 맺어왔다는 얘기다.

삼성전자는 2012년 말, ASML의 주식 3퍼센트를 사들였고, 이후 2016년 그 절반 정도인 1.5퍼센트를 매각한 상태다(2022년 1월 기준 지분율 1.5퍼센트, 약 630만 주를 가지고 있다). 삼성이 ASML 주식을 사들일 당시, 인텔과 TSMC도 경쟁적으로 ASML 주식을 사들였는데(인텔은 15퍼센트, TSMC는 5퍼센트), 이는 당시 ASML의 EUV 개발 비용이 천정부지로 치솟고 있던 상황이라 집중적인 자본 유치가 필요했기 때문이기도 하다. 그렇지만 EUV의 상용화에 대해 그리 높은 전망을 가지고 있지 않던 인텔은 지분율을 3퍼센트로 줄였고, TSMC는 전량을 매각했다.

삼성, 인텔, 그리고 TSMC가 ASML 지분을 가졌던 이유는 자본의 크기보다는 특수한 기술적 거래 관계에 있었다. 고가의 ASML 노광기를 사들일 수 있는 파운드리 회사는 전 세계적으로도 몇 개 되지 않으며 그중에서도 최고가의 EUV 노광기를 활용할 수 있는 회사는 한정되어 있다. 노광기는 그 특성상 완제품으로 납품되는 것이 아니라 고객사의 공정에 녹아들 수 있게끔 공정 라인에 배치되는 순간부터 납품이 시작된다. 고객사가 보유한 라이브러리에 맞는 목표 공정, 가용 가능한 전력, 집적도와 오차 허용 범위 등을 감안하여 미세 조정이 필요하며, 이는 오랜 기간 기술적 최적화에 협력할 수 있는 관계를 필요로 한다. 즉, ASML과의 협력은 집중된 자본과 기술적 진보, 그리고 오랜 기간 유지되는 상호 신뢰가 요구되므로 클럽 회원수가 적을 수밖에 없었던 것이다.

그 폐쇄된 클럽에 화웨이가 거의 발을 들여놓을 수 있었다. 아니 사실상 들여놓은 상태였다. 화웨이는 2010년대 중반부터 꾸준히 스마트폰용 AP칩을 설계하고 그것의 제조를 SMIC를 통해 확장해왔다. SMIC가 TSMC, 삼성전자와의 초미세 공정 기술격차를 꾸준히 줄여나가면서 화웨이는 본격적으로 유럽의 IMEC이 주도하는 선행기술 정보 공유 클럽에 존재감을 드러내기 시작했고, SMIC가 14나노 공정 양산에 성공하면서 화웨이는 자본을 더 집중하며 ASML과의 협력을 더 본격적인 단계로 올려놓고자 했다.

문제는 2019년 11월부터 시작된 트럼프 정부의 대중국 견제 정책의 일환으로 화웨이에 대한 제재가 본격적으로 실행되었다는 점이다. 2020년 6월에는 미국 연방통신위원회FCC가 화웨이를 미국 국가 안보에 대한 위협으로 '공식 지정'했다. 이로 인해, 미국의 반도체 소재, 공정, 장비 기업들이 화웨이를 포함한 중국의 주요 반도체 업체에 수출하는 것이 미국 연방법에 의거하여 원천 금지되었다. ASML은 네덜란드 기업이기 때문에 이 정책을 피해갈 수 있을 것처럼 보이지만, 실은 그렇지 않다. 900~1000여 개에 달하는 EUV 장비의 부품 중 대략 20~30퍼센트 정도가 미국 코네티컷주와 캘리포니아주에 위치한 공장에서 만들어지고 있기 때문에, 사실상 ASML도 중국에 자신들의 노광 장비를 수출할 수는 없다. 화웨이 입장에서는 제재 전에 들여온 노광 장비가 사실상 마지막인 셈이다. 이것으로 앞으로 최대 1~2년은 버틸 수 있을지도 모르지만, 급변하는 세계 반도체 기술 시장에서 2년 이상의 격차는 거의 따라잡을 수 없는 초격차가 되어 그대로 이어질 가능성이 크다.

　중국은 EUV보다 이전 세대인 DUV 기반 193나노 공정용 노광 장비까지는 국산화에 성공했다고 주장한다. 하지만 노광 장비만 가지고 패터닝 공정이 완성되는 것은 아니다. 노광 장비와 더불어 DUV에 선택적으로 반응할 수 있는 포토레지스트와 광학 부품의 국산화도 필요하다. 또한 그 주장의 진위 여부와 상관없이 193나노 공정은 이제 고부가가치 반도체칩을 만드는 공정과는 거리가 멀다. 결국 고부가가치 제품은 EUV 공정으로 가야 하는데, 돈다발을 아무리 싸들고 사정을 해도 현재와 같은 미국의 제재 아래에서는 ASML의 장비를 구할 방법이 없는 상황이다.

　이제 중국 반도체 기업 입장에서는 반도체 공정에서 가장 중요한 패터닝 기술을 중국 내에서 확보해야 하는 처지가 되었다. 실제 중국 정부는 2020년 8월, 점점 조여오는 미국의 대중국 제재 국면에 맞서 첨단 기술 자립을 공식적으로 천명하였고, 그 프로젝트를 '난니완南泥灣' 프로젝트라고 명명하였다. 1930~40년대 항일전쟁 당시, 중국 동부 산시陝西성 난니완 협곡 지역에서 중국 공산당 팔로군은 일본군을 상대로 험한 산지를 개간하면서 장기간 게릴라전으로 버텼다. 아마도 이 항전의 역사를 기려 난니완이라는 지명을 프로젝트명으로 차용한 것으로 보인다. 그만큼 중국은 미국의 대중국 첨단 기술 제재에 대해 자국 주도의 기술개발 의지를 임전무퇴, 결사항전의 각오로 천명한 것이라고도 볼 수 있다. 문제는 이 10나노 이하급, 향후 5나노 이하급 극초미세 패터닝 기술이 그렇게 정부 차원의 결사항전 의지와 수십조 규모의 돈만 있다고 달성할 수 있는 수준의 것이 아니라는 점이다.

앞서 잠깐 설명했지만 단순히 광원을 만드는 과정부터가 굉장한 기술적 난제이며, 광원을 유도하는 반사경 역시 극도로 어려운 과정을 거쳐야 한다. ASML은 이 부분에서 이미 유럽 내 수십 개의 파트너사들과 수십 년의 역사를 자랑하는 굳건한 기술적 생태계를 구축하고 있고, 각 파트너사는 해당 분야의 업력이 수십 년에서 길게는 수백 년까지도 거슬러올라가는 경우가 태반이다. 안정적인 기초 연구개발, 선행 연구에서 비롯되는 기술의 축적, 그리고 기술에 대한 상호 신뢰 관계가 없으면 절대 형성될 수 없는 뿌리 깊은 기술 기반이 필요한 것이다.

문제는 중국 정부의 안일함이다. 중국 정부는 이 극초미세 패터닝 기술 역시, 몇 년 전 LCD 케이스(중국의 LCD 업체인 CSOT나 HKC 같은 회사에서 한국의 디스플레이 업체인 H사의 엔지니어를 스카우트하여 대면적 LCD 기술을 침해한 사건)처럼 외국의 기술을 사오거나(혹은 외국 기업의 특허를 무시하고 심지어는 합작사의 IP를 침해까지 하고) 입도선매식으로 스카우트해온 외국 경쟁 업체의 엔지니어들로부터 기술의 핵심을 뽑아내는 방식으로 해결할 수 있다고 믿는 것처럼 보인다. 중국 정부가 수십 년에 걸쳐서라도 ASML이 가진 기술적 생태계를 만들어낼 수 있을지는 회의적이다. 또한 그렇게 기술적 생태계를 구축해낸다고 하더라도 그동안 다른 나라의 반도체 기업들, 소재/장비 기업들이 가만히 있을리 없다는 것도 두말할 필요가 없다.

중국의 초극미세 패터닝 기술 자립은 가능할 것인가?

중국 정부 입장에서는 이유 막론하고, 앞으로의 국가 경쟁력을 위해서라도 자국의 반도체 산업, 그리고 그 이후의 지식경제 산업을 지속적으로 국가 기간산업으로 반드시 육성해야 한다. 특히 지금과 같이 미국의 제재가 이루어지고 있는 상황에서는 수단과 방법을 가리지 않고서라도 자국에서 독자적으로 만든 기술이 필요한 상황이다.

문제는, 앞에서 살펴본 것처럼 중국이 독자 기술을 확보하더라도 패터닝에 있어서는 그 수준이 현재의 EUV는커녕 DUV를 넘기도 쉽지 않을 것이라는 데에 있다. 이 경우 중국산 반도체의 가격 경쟁력은 물론, 기술적 경쟁력도 선진 수준에 비해 한참 뒤떨어지게 된다. EUV가 없으면 10나노 이하로 패터닝 정밀도가 높아질 수 없는데, 현재 14나노 공정이 최선인 중국의 파운드리 업체 SMIC가 아무리 인력과 기술을 쥐어짜더라도, 세상에 없던 EUV를 갑자기 뚝딱 만들어낼 수는 없다. 광원과 광학계, 공정 최적화 기술과 펠리클, 마스크 제작 기술 등은 하루아침에 기술 생태계가 뚝딱 만들어져서 수율을 맞출 수 있는 성질의 것이 아니다. 결국 SMIC는 투자는 쌓이지만 그 돈으로 반드시 사와야만 하는 ASML의 EUV를 아무리 해도 살 수 없으니, 그 대체재를 찾을 수밖에 없게 될 것이다.

문제는 EUV의 대체재라고 할 만한 기술이 딱히 없다는 것이다. 10나노 선에서 멈춰선, 그나마 수율 보장도 안 되는 SMIC 칩으로 화웨이가 몇 년을 더 버틸 것인지는 불확실하다. 게다가 미국 중심의 반도체 기술 로드맵은 계속 3나노, 2나노, 심지어는 원자 단위를 논해야 하는 1나노 수준으로까지 계속 내려가고 있을 때, 화웨이와 SMIC는 여전히 두 자릿수 나노미터에서 멈춰 있을 가능성이 높다. 이 상태로는 아무리 (정부의 지원으로 투자 여력이 많은) 거대 공룡 화웨이라고 해도, 그리고 TSMC의 핵심 기술 인재를 영입한 SMIC라고 해도, 5년 이상 버티기 어려울 것이다. 사실 5년이면 반도체 장비 특성상 이미 노후화가 될 대로 된 상황일 것이므로, 장비 성능 저하로 인한 반도체칩 수율 관리는 더 안 좋게 흐를 것이다.

중국 내수만으로도 웬만한 기업들은 수익을 유지할 수 있고, 어차피 만들어봐야 미국의 제재 때문에 주요 국가로는 수출도 안 되니, 아예 독자적 로드맵과 규격을 채택할 가능성도 충분히 있다. 이 경우, 결국 중국은 거대한 갈라파고스로 변할 가능성이 있다. 일본의 유명했던 전자 및 반도체 회사들이 한창 잘나가다가, 몇 번의 표준화 실책과 이전 세대 기술에 대한 과도한 집착 끝에 결국 갈라파고스화되어 많은 회사들이 망하거나 인수 합병되고, 결국 시장에서 사실상 전부 밀려나버린 사례가 중국의 반도체 업계에서도 그대로 재현될 수 있는 것이다.

다만 같은 갈라파고스라고 해도, 중국과 일본의 차이점이 있다. 일본은 그나마 변화에 늦었다고 판단했을 때 그것을 만회할 외부의 기술 수혈이 가능했지만, 중국은 그렇게 하기 힘들다는 것이다. 중국이 미국 주도의 기술 제재를 버티기 위해 자국산 기술과 표준으로 산업을 이어가게 될 경우, 갈라파고스화 경향은 더 심해질 것이고, 이 때문에 기술 제재 국면이 풀리는 시점에서도 외부의 기술을 도입하여 그 격차를 다시 메꾸기는 어려울 것이다. 그간 쏟아부은 매몰비용이 너무 커질 것이기 때문이다.

세계 경제가 본격적으로 글로벌화된 이후, 지금까지 기술이나 시장이 갈라파고스가 된 경우는 대부분 망하는 방향으로 결론났다. 예를 들어 프랑스를 한때 PC 통신 초창기 시대의 최첨단국으로 올려줄 것으로 기대되었던 PC 통신인 미니텔은 1980년대 도입 이후 한때 2500만 명에 달하는 가입자수를 자랑했지만, 통신 속도의 용량 제한과 프랑스어 기반의 시스템이라는 한계로 인해 더 확장되지 못하고 1990년대로 넘어오면서 점차 도태되어, 결국 초고속 인터넷 시대의 도래 이후 종료되었다.

일본의 이동통신 시스템 역시 스마트폰이 본격적으로 보급되기 이전에는 이른바 피처폰에서도 이메일을 주고받을 수 있을 정도의 기술적 완성도를 자랑했으나, 그 과정에서 아예 문자메시지시스템SMS까지도 이메일에 통합되는 바람에 통신사가 서로 다른 유저들끼리는 문자메시지를 주고받을 수가 없었다. 피처폰 중심의 통신 기술과 표준이 워낙 발달하다 보니, 오히려 스마트폰이 도입된 이후에도 좀처럼 사용자가 늘지 않았고, 이는 일본이 IT 기술 변화 과정에 적응하는 것을 늦춰버린 원인 중 하나가 되었다.

중국의 반도체 산업이 과연 갈라파고스의 궤도를 따라갈지 여부는 아무도 확신할 수 없다. 그렇지만 미국의 대중국 첨단기술품목 수출 제재를 비단 트럼프 정권뿐만 아니라 바이든 징권이 초당적인 기조로 계속 유지할 것임을 고려컨대, 아마도 이 제재는 앞으로도 상당 기간 유지될 것이고, 이로 인해 중국이 결국 독자 기술 규격과 로드맵을 대외적으로 천명하여 독자 노선을 걷게 될 가능성을 무시할 수는 없다. 아마 이 과정에서 중국 시진핑習近平 정부가 오랫동안 공들였던 일대일로의 유효성도 확인하게 될 것이다. 단순히 산업 기반 시설만 투자하는 것이 아니라, 중국 표준 규격, 로드맵에 편입될 것인지를 일대일로에 참여한 나라들에게 선택하도록 강요할 가능성이 높다. 차관 혜택을 유리하게 해주는 대신, 반도체 기술 규격을 중국의 것으로 채택하게끔 강요할 가능성이 표면 위로 나올 것으로 예상된다.

중국의 반도체 산업이 갈라파고스가 될 경우의 시나리오

이 반도체 기술 전쟁의 국면이 어떻게 흘러가든, 중국이 제재에 맞서 버틸 경우, 다음 세대의 반도체 로드맵은 두 평행 세계가 공존하는 방식이 될 가능성이 있다. 만약 정말로 반도체 기술의 규격이 갈라지기 시작하면, 처음에는 비슷한 것처럼 보였던 기술들도 결국 점점 그 메커니즘이 분화되어 달라지기 시작할 것이다. 마치 섬에 고립된 새가 세대가 지나면서 그 섬에만 있는 토착종이 되어 고유한 부리를 갖는 종으로 진화하는 것처럼, 중국(그리고 중국 경제권에 예속된 국가들) 대 나머지 세계의 구도로 반도체 기술도 각자의 길로 진화를 거듭할 가능성도 엿보인다.

세대가 지날수록 이 차이는 마치 종간 번식이 거의 불가능한 새들처럼, 기술적으로 완전히 달라진, 즉 호환이 불가능한 시스템이 될 가능성이 높으며, 이는 거칠게 말하자면 철기시대와 석기시대가 공존하는 것과 비슷한 양태가 될 것이다. 왜냐하면 반도체의 차이는 비단 반도체 분야에서 그치는 것이 아니라, 반도체가 산업의 쌀로써 활용되는 거의 모든 산업 분야로 확대될 수밖에 없는 산업적 연결 고리를 가지기 때문이다.

갈라파고스가 되는 대상이 소규모일 경우, 종의 다양성이 제한되어 결국 종의 지속성에 한계가 생긴다. 그렇지만 그 대상이 대규모라면 이야기는 달라진다. 중국 시장의 경우 이미 세계에서 가장 큰 반도체 시장이자, 생산기지다. 중국이 독자 표준을 설정하여 자국 기술 위주로 반도체 산업을 꾸려갈 경우, 지속 가능한 반도체 생태계를 독자적으로 구축할 가능성이 있다. 그리고 그렇게 독자 발전한 기술은 거대한 시장을 뒤에 업고 양의 피드백 고리에 들어갈 수 있다.

예를 들어 중국 파운드리의 병목이 되고 있는 10나노 이하 공정은 오히려 10나노에서 100나노 사이의 레거시 공정에서의 중국 파운드리 점유율을 올리는 기폭제로 작용할 수 있는데, 이로부터 확보한 기술적 노하우는 2차원에서의 패터닝 한계를 3차원 구조체(예를 들어 3차원 적층형) 비메모리반도체 기술로 우회하는 방향으로의 기술 진화를 촉발할 수 있다. 시간이 지난 후, 10나노 이하 패터닝 기술의 병목이 해소되면 3차원 구조체를 통해 쌓은 중국의 파운드리 기술이 훨씬 빠른 속도로 진화할 가능성도 있다.

NAND 플래시는 기술적 제한보다는 수율과 수익성 문제로 중국이 난항을 겪고 있지만, 이 역시 투자가 지속될 경우 전혀 다른 양상의 아키텍처로 방향이 바뀔 수 있다. 예를 들어 NAND형이 아닌 NOR형으로 회귀하여 기술적 돌파구를 찾을 수 있다. 글로벌 메모리 산업 관점에서는 NOR형 플래시가 점점 비주류가 되고 있지만, 중국이 독자 노선을 추구한다면 대안이 될 수도 있는 선택지다.

설계 기술이나 소재 기술 역시 중국이 자급자족하기로 마음먹으면 세계 표준에 신경 쓰지 않으면서 자국 위주의 생태계로 만들 수 있다. 소재의 경우 다른 나라보다 환경 영향 평가를 다소 기업 친화적으로 하기 때문에 다양한 전이금속 기반의 미세 합금/유전체 복합 소재 개발을 추구할 수도 있고 설계의 경우 미국의 설계 소프트웨어를 쓰지 않는 방향으로 선회한다면 오히려 딥러닝에 기반한 AI 최적화 방법을 통해 평면 배치 기법floor planning(FPGA[13]에서 회로를 배치할 때 최적의 집적 방법을 설계하는 기술)을 택할 수 있다. 일당독재라는 시스템은 이러한 전략에서는 오히려 단기적으로는 장점이 될 수 있다. 동원할 수 있는 지식과 기술을 국가 주도로 집약하여 다 테스트해볼 수 있기 때문이다.

이렇게 될 경우, 문제는 중국 시장에 크게 의존하고 있는 글로벌 ICT 회사들일 수 있다. 하나의 제품을 각 시장에 맞게 다소 커스터마이징하는 정도로 해결될 문제가 아닐 것이기 때문이다. 글로벌 관점에서 미터 단위로 길이를 통일하여 설계든 제조든 시행하고 있다가, 갑자기 중국으로 와서 모든 단위를 척이나 자로 바꿔서 재설계해야 하는 상황과 비슷하다. 이미 최적화된 공정이나 기술을 중국에서 그대로 적용하기 어려우며, 중국에서 생산된 부품을 글로벌 공급망에 편입시키기도 어렵다. 이는 글로벌 ICT 기업들에게 중국 시장 진출 과정에서의 비용 급상승을 강요하는 요인이 된다. 결국 중국에 합자법인을 보유한 회사들은 그 법인을 중국 기업에게 매각하는 방

---

13   Field Programmable Gate Array: 프로그래밍이 가능한 집적회로 반도체를 의미한다. 특히 하드웨어 수준에서 모든 전기적 신호를 직접적으로 처리할 수 있으므로 CPU보다 정보처리 속도가 훨씬 빠르다는 특징을 갖는다. 시장에 처음 FPGA를 출시한 업체는 알테라로서, 최초의 FPGA 반도체는 EPROM 구조의 반도체였다. 전통적인 집적회로인 ASIC(Application Specific Integrated Circuit, 주문형 반도체)은 FPGA에 비해 여전히 성능과 전력 소모, 양산 가격 등에서 유리하나, 애초에 프로그래밍이 불가능하다는 한계가 있기 때문에, 점차 FPGA 기반의 CPU에 대한 수요가 높아지고 있다. 최근에는 로봇 제어, 인공지능, 암호화폐 채굴기, 빅데이터 관리 서버 전용 가속기, 방위산업용 극한 환경 반도체, 대용량 통신 데이터 처리 반도체 등으로의 확장 응용이 이루어지고 있다.

식으로 디커플링하게 될 가능성이 높다. 중국 시장 비율이 너무 높은 기업이라면 오히려 생산기지를 중국으로 완전 이전함으로써 중국 주도의 생태계 편입을 노리는 경우도 생길 것이다.

그러나 필자의 개인적인 생각으로는, 그렇게까지 극단적으로(즉, 전혀 호환이 안 될 정도로) 기술적 분기가 심화되는 상황이 수십 년간 지속될 것으로는 생각하지는 않는다. 미국이 주도하는 모양새를 가지고 있기는 하나, 이미 전 세계의 반도체 산업은 철저하게 분업화되어 있고, 이 분업 사슬에 지장이 생기면 글로벌 반도체 수급 체계에는 바로 신호가 온다. 대만에서 강진이 발생하여 TSMC의 생산라인 일부가 일주일간 정지되면 그 타격은 제때 칩을 공급받아야 하는 퀄컴이나 애플, 구글이나 AMD의 계획에 바로 반영되며, 이는 글로벌 반도체 공급 부족과 가격 상승으로 이어진다.

중국이 현재 10나노 이하의 초미세 공정으로 전진하지 못하고 있는 가장 큰 이유는 몇 번 언급했듯 EUV 노광 장비 때문이다. 이 EUV 노광 장비는 네덜란드의 ASML이 독점하다시피 공급하지만, 그 장비에 들어가는 주요 기술이나 부품은 네덜란드의 비중만 놓고 보면 1/3이 채 안 된다. EUV 역시 글로벌 반도체 공급망의 예외는 아니고, 미국이 27퍼센트, 네덜란드가 32퍼센트, 그 외 유럽 국가(주로 영국과 독일)들이 14퍼센트, 그리고 일본이 27퍼센트 정도의 부품이나 장비, 소재를 나누어 공급하고 있다.

이렇듯 아무리 첨단 기술, 첨단 장비라고 해도, 어느 한 나라, 혹은 한 회사가 독점하여 홀로 기술을 개발하거나 표준을 주도하는 것은 이제는 어려운 일이다. 그래서 규모가 큰 산업일수록 효율적인 발전과 지속적인 성장을 위해 촘촘한 글로벌 공급망이 형성되고 세심하게 조율되는 시스템이 필수적이다. 이러한 글로벌 반도체 공급망에서 중국이 차지하는 비중은 매우 높다.

2019년 기준, 전 세계 반도체 시장의 규모는 대략 1.7~1.8조 달러(약 2000조 원) 정도 된다. 이를 무역 관계로 세분화하여 살펴보자. BCG-SIA(보스턴컨설팅그룹-미국반도체협회)의 공동분석자료[14]에 따르면, 반도체 교역 규모 기준, 미-중 관계는 170억 달러, 미-EU 관계는 60억 달러, 미-한 관계는 60억 달러, 미-일 관계는 40억 달러, 미-대만 관계는 80억 달러, 미-아세안 관계는 300억 달러, 미-인도 관계는 2억 달러 정도다.

미국 입장에서 보면 의외로 중국과의 반도체 무역 규모가 제일 크지는 않다. 대략 한국, 대만, 일본과의 무역 규모를 합친 정도와 맞먹는 수준이다. 오히려 아세안과의 반도체 무역 규모가 크며, 이는 아세안 국가들에 대한 반도체 기술 IP, 소재, 상품 수출이 대부분을 차지하고 있기 때문이기도 하다. 그렇지만 미국이 자국의 반도체 산업을 위해 정말 신경 써야 하는 것은 아세안이 아니라 사실 중국이다. 왜냐하면 미국의 주요 반도체 교역국들이 대중국 반도체 교역 규모가 과중할 정도로 큰 상황이기 때문이다.

실제로 중국의 반도체 교역 주요 상대국은 바로 한국, 대만, 일본, 그리고 아세안이다. 중국은 한국과 810억 달러, 일본과 240억 달러, 대만과는 무려 1200억 달러, 아세안과는 900억 달러에 달하는 반도

---

14   https://www.semiconductors.org/wp-content/uploads/2021/05/
      BCG-x-SIA-Strengthening-the-Global-Semiconductor-Value-Chain-
      April-2021_1.pdf

체 교역 규모를 가지고 있다. 이중 한국, 일본, 대만에 대해서는 지난 20~30년간, 중국은 계속 반도체 무역 적자를 기록하고 있고, 아세안에 대해서만 무역 흑자다. 즉, 한국, 일본, 대만 입장에서 볼 때, 중국은 그야말로 반도체 교역을 통해 커다란 캐시를 매년 꾸준히 가져다주는 큰 시장이고 교역 상대인 셈이다. 중국은 EU와도 190억 달러, 인도와는 60억 달러 수준의 반도체 교역 규모를 기록하고 있는데, 유럽 입장에서도 중국은 꾸준히 유럽산 반도체 장비와 소재, 제품을 소비하는 큰 시장이기 때문에 놓치기 아쉬운 시장인 것은 확실하다.

이렇게 주요 반도체 플레이어들의 대중국 반도체 교역 의존도가 매우 높아진 상황에서 미국이 중국에 대한 반도체 무역과 기술 제재를 계속 이어갈 경우, 결국 미국이 주도하는 글로벌 공급망 질서에 따라야만 하는 상황에 놓인 한국, 일본, 그리고 대만 등의 주요 플레이어들은 대중국 반도체 교역 규모가 줄어드는 것을 감내할 수밖에 없다.

우선 각국의 반도체 회사들은 중국 현지에 추가 확장하려는 생산 기지 건설, 팹리스 합자회사 설립, 기술 교역 등이 어려워진다. 나아가, 고부가가치 생산/검사/패키징/공정 장비, 화합물반도체 등의 소재, 완제품을 수출하는 것 역시 어려워진다. 이를 우회하기 위해 제3국을 거쳐 교역하는 방법이 있겠으나, 그렇게 거치는 과정이 누적될수록 가격 경쟁력은 떨어지고, 애써 최적화된 공급망의 이점을 누릴 가능성도 그만큼 적어진다.

미국이 이 주요 국가들에 대해 중국과의 반도체 교역 전체를 세컨더리 보이콧 형태로서 제재할 가능성은 그리 높지 않다. 그렇지만 고부가가치 제품과 기술 거래에 대한 목줄을 쥐기 시작하면 각 나라들의 대중국 반도체 교역 규모는 작게는 10퍼센트, 많게는 30퍼센트까지도 감소할 가능성이 있다. 편의를 위해 대략 평균 20퍼센트 정도 감소한다고 가정해보자. 그 경우, 글로벌 반도체 교역 규모는 1.7조 달러에서 1.4조 달러 정도로 격감하게 된다.

교역 규모의 감소는 단순히 시장 축소만 야기하는 것이 아니다. 시장이 축소됨으로 인해, 생산 업체 입장에서는 전체 교역 규모에 최적화되었던 설비 투자가 과잉 투자가 되고, 수요 대비 제품의 공급이 과도해지면 시장 전체의 수익성 약화를 통해 시장 전체가 쇠퇴할 수 있다. 또한 단순히 교역 규모만 축소되는 것이 아니라, 글로벌 체인에서의 노드 몇 개가 이가 빠지듯 빠지는 셈이 되는데, 그 경우, 생산 비용의 증가는 피할 수 없는 일이 되며, 이는 장기적으로 시장의 성장 가능성을 더 크게 갉아먹는 요인이 된다.

고도로 분업화된 현재의 글로벌 반도체 공급망이 붕괴되었을 경우, 비용은 대략 얼마나 상승할까? BCG-SIA 보고서에 따르면 2019년을 기준으로 할 때, 그 비용은 도합 1조 달러 내외다. 특히 비용이 가장 급상승하는 영역은 반도체 생산이다. 파운드리든 패키징이든, 실물로 생산하는 데에 가장 큰 고정 자본이 투입되는데, 그 영향이 고스란히 나타나는 것이다.

그다음으로 비용이 급상승하는 영역은 장비 분야다. 대략 900억~2700억 달러 범위에서 비용이 상승할 것으로 전망된다. 그 밖에, 팹리스 분야나 EDA(설계 소프트웨어) 같은 핵심 IP, 반도체 소재 등에서도 골고루 비용의 상승이 예상된다. 즉, 글로벌 공급망이 견고하다면 전 세계 반도체 소비 주체들은 1조 달러 정도의 비용을 절감할 수 있을 텐데, 그렇지 못해 그 비용을 고스란히 떠안아야 하는 셈이 되는 것이다. 그런데 반도체 산업 자체는 글로벌 산업 성장을 위해 반드시 동반되어야 하는 산업이기 때문에, 산업의 성장을 위해서는 비용이 매년 더 상승할 수밖에 없는 구조가 된다. 글로벌 공급망이 붕괴되었을 경우, 매년 450억 달러에서 1200억 달러 범위의 비용 상승이 예상되며, 생산, 소재는 물론, 특히 장비 분야에서의 비용 급상승이 예상된다. 그 규모는 대략 200억~600억 달러 정도로 추정되는데, 다른 분야에 비해 장비 분야의 비용 급상승이 예상되는 이유는, 장비를 대체하기 위해 독립된 IP로 장비를 만드는 데에 시간과 비용, 그리고 경험적 지식이 많이 요구되는 특징 때문이다. 반도체 소재 역시, 고품질의 소재를 생산하는 경험적 지식과 보호받는 IP는 대체하기 매우 어려우며, 이는 비용의 급상승을 불러오는 주요 요인 중 하나다.

팹리스 부분에서의 비용 상승도 눈에 띄는데, 대략 100억~350억 달러의 추가 비용이 매년 발생할 것으로 전망된다. 이 역시 애초에 왜 글로벌 반도체 산업이 분화되었는지 생각해보면 당연한 일이다. 설계 비용과 생산 비용의 규모가 다르다지만, 두 영역은 비용 산정 논리가 다르고, 선행 특허에 영향을 받는 범위가 상이한 분야다. 팹리스의 경우, 애초에 파운드리 파트너를 상정하여 맞춤형 생산이 가능할 것을 기대하며 특정 목적에 아주 최적화된 형태의 설계를 추구한다. 그러한 상황에서 파운드리와 팹리스의 연결 고리가 끊어지면 양쪽 모두 비용이 급상승하겠지만, 팹리스 업체는 맞춤형 파운드리가 아닌 범용 파운드리, 전세대 파운드리를 상정하여 재설계해야 하고, 그 과정에서 성능의 최적화를 포기해야 하기 때문에 비용의 상승은 피할 수 없다.

사실 글로벌 반도체 공급망이 붕괴될 경우, 아이러니컬하게도 가장 큰 손해를 보는 나라는 미국이다. 이미 미국은 글로벌 반도체 시장에서 제일 큰 손인 데다가, 가장 큰 무역 규모를 가진 국가이기도 하기 때문이다.

미국이 가장 많은 비용을 감내해야 하는 분야는 다름 아닌 생산 분야(특히 파운드리)다. 현재 미국에서 제대로 돌아가고 있는 파운드리는 글로벌 파운드리GF와 인텔의 일부 로직 반도체 생산라인 정도다. 그나마도 미국 내 파운드리 산업의 경쟁력은 대만이나 한국 업체들에 밀리게 된지 오래이며, 그 격차는 점차 벌어지고 있는 상황이다. 무엇보다도 인텔은 자사가 설계한 제품의 생산만 담당하므로, 실제로 파운드리라고 부를 수 있는 업체는 글로벌 파운드리밖에 없는데, GF는 생산 규모에서나 기술의 세대에서나 TSMC 혹은 삼성전자에 비견할 수준이 되지 못한다.

TSMC나 삼성은 초미세 패터닝 같은 기술적인 선진화에서도 가장 앞서 있지만, 이미 자사 중심의 생태계가 구축되고 있고, 다양한 세대에 걸친 파운드리를 동시에 대규모로 수행할 수 있는 기반을 갖추고 있다는 점에서도, 미국 입장에서는 만약 이들을 자국에서 독립적으로 대체할 경우에 생기는 생산 비용의 증가를 감내할 수밖에 없는 플레이어들이다. TSMC나 삼성이 없는 상황에서 미국이 리쇼어링(사업운영거점, 제조공장 등의 본국회귀)하여 다시 파운드리의 국내 기반 다지기에 돌입한다고 해도 적어도 5~10년 정도의 시간이 필요하여, 그동안의 비용 증가분은 최소 500억 달러, 최대 1500억 달러까지도 치솟을 수 있다. 아무리 미국이라고 해도 이러한 비용의 급상승을 감당하기는 쉽지 않을 것이다.

물론 중국의 손해 역시 만만찮다. 중국은 글로벌 반도체 공급망이 붕괴될 경우, 1700억~2500억 달러의 비용을 감내할 수밖에 없을 것으로 보인다. 이는 중국이 지난 10년간 집중 투자한 반도체 산업 투자 규모의 두 배에 육박하는 수치다. 그리고 매년 100억~300억 달러 수준으로 비용의 상승이 예상된다. 중국이 전 세계 반도체 생산의 주요 기지이긴 하지만, 반도체 자급률은 15퍼센트도 안 되는 상황이라, 역시 가장 큰 비용 상승 영역은 반도체 생산이며, 이는 그간 중국의 주요 팹리스 업체들이 TSMC에 파운드리를 의존해왔던 데에서도 알 수 있는 부분이다.

유럽 역시 2400억~3300억 달러 수준의 비용을 감내할 수밖에 없을 것으로 보이며, 생산은 물론 설계나 후공정 영역에서의 비용 급상승을 피할 수 없을 것으로 보인다. 한국이나 대만 역시 비용의 상승은 피할 수 없을 것이며, 한국, 대만, 일본 3국은 250억~800억 달러 수준의 비용을 당장 감당해야 할뿐더러, 매년 50억~200억 달러 수준의 비용 상승분을 감내해야 할 것으로 예상된다.

그만큼, 글로벌 반도체 공급망의 성립은 이러한 거대한 비용의 절약, 그리고 매년 성장할 수 있는 반도체 산업의 비용 절감이라는 것을 근거로 삼고 있던 것인데, 그 근거가 없어지면 공급망의 복구는 더더욱 어려워질 수 있다. 단적인 예를 들어보자. 지난 2019년, 일본이 대한국 반도체 무역 및 기술 제재에 돌입하면서 주요 부품, 장비, 소재의 한-일 공급망 일부가 일시에 마비된 바 있다. 이 과정에서 많은 한국 반도체 업체들은 수개월간 주요 공급처의 재설정, 신규 도입된 소재나 장비의 테스트 및 숙련 기반 구축 과정에서 비용의 급상승을 감당해야 했다. 시간이 흘러 많은 부분이 다른 공급처로 대체되거나 국산화된 이 시점에도 공급망의 재조정으로 인한 비용의 상승분이 그리 많이 감소되지는 않았다. 겉으로는 국산화 성공이나 공급망의 다변화라는 이점도 누릴 수 있었지만, 사실 그만큼의 비용 상승은 한국 반도체 업계 전체로는 경쟁력의 약화를 의미했으며, 2019년의 일본이 이것을 획책한 것이라면 일부는 소기의 목적을 달성했다고도 볼 수 있을 것이다.

그렇지만 이러한 공급망의 부분 붕괴는 사실 일본에게 더 큰 손해를 안겨주었다. 한국의 큰손들이 일본 업체의 제품을 수입하지 못하게(혹은 않게) 되면서, 일본 업체들의 설비 투자는 고스란히 비용이 되었고, 자금이 제때 회수되지 않으면서 일본의 반도체 장비, 소재, 부품은 재고율이 높아졌다. 이는 많은 일본의 중소 반도체 업체들의 비용 급상승을 야기하기도 했으며, 버티다 못한 일부 일본 반도체 업체들은 아예 한국의 반도체 산업 생태계로의 편입을 위해 생산기지나 R&D 센터를 발빠르게 한국으로 이전하기도 하였다.

그나마도 대중국 수출 활로가 더 확대되었다면 일본 업체들의 비용 상승은 최소화될 수 있었을지도 모르지만, 2019년부터 시작된 미국의 대중국 반도체 산업 견제 기조 속에서는, 그러한 모멘텀을 누릴 기회도 제한적이었다. 무엇보다 이렇게 부분 붕괴된 한일 간 반도체 공급망은 일본의 정권이 두 번 교체되는 과정 속에서도 거의 회복되지 않았는데, 이는 비용의 절감이라는 확실한 동인이 있었음에도 불구하고 신뢰관계의 회복은 그렇게 쉽지 않다는 이유에서 비롯된 것이기도 했다.

사실 어떤 산업이든 마찬가지겠지만, 시시각각 변하는 시장의 상황과 경제 주체들의 불확실성 속에서 각 파트너들 간의 예측 가능성은 그 자체가 큰 자산이다. 그리고 그 예측 가능성은 상호 간의 신뢰를 바탕으로 하며, 그 신뢰는 거래한 기간이 오래되었을수록, 거래한 규모가 커질수록, 거래한 결과가 서로 윈윈이었을수록 강고해진다. 그렇지만 어떤 외생적 원인에 의해 강제적으로 이러한 관계에 마비가 오거나 관계가 끊어질 경우에는 이야기가 달라진다. 관계를 훼손했던 제반 여건이 다시 복구되거나 회복된다고 하더라도, 상호 간의 신뢰 자산은 금방 회복되지 않는다. 오히려 회복되기 매우 어려운 것이 사실이다. 당연히 마비/단절된 기간이 오래될수록 신뢰 자산의 회복에는 더 오랜 시간이 걸리고, 회복될 가능성도 그만큼 낮아진다. 급변하는 비즈니스 환경에서 단절된 공급망이 복구되기를 마냥 손놓고 기다리는 플레이어는 거의 없을 것이므로, 곧 빈 자리를 대체하는 새로운 플레이어를 찾게 되고, 그 플레이어와의 신뢰 자산이 구축되면 굳이 '구관이 명관oldies but goodies'을 외칠 필요는 없을 것이기 때문이다.

아무튼 이러한 연유로, 현재 미국이 주도하는 글로벌 반도체 공급망이 미중 간의 갈등 첨예화로 붕괴하는 데까지 가지는 않으리라는 것이 필자의 생각이다. 물론 미국이 앞서 언급한 거대한 규모의 비용을 감내하면서까지 중국의 주요 산업 중 하나를 확실히 죽이거나, 적어도 통제할 수 있는 수준까지 그 지배력을 축소시키는 것을 나라 전체의 중장기 목표로 설정한다면, 글로벌 반도체 공급망이 반쪽짜리가될 가능성이 없는 것은 아니다. 그렇지만 결국 전 세계 산업의 성장에있어 반도체는 이제 필수재가 된 상황이고, 모든 산업의 성장 뒤에는예상 가능한 범위 내의 꾸준한 반도체 공급 확대라는 가정이 놓여 있기 때문에, 반도체 산업 하나만 놓고 글로벌 공급망의 재편을 쉽게 재단하지는 않을 것이라 생각한다. 다만 미국이 주로 노리는 것은 중국 반도체 시장의 고사보다는 중국의 차세대 반도체 기술 및 고부가가치 시장에서의 일인자 등극을 막거나, 적어도 그 시점을 한참 뒤로 미루는 것임은 확실하므로, 그 영향이 없지는 않을 것이다.

그렇다면 그 영향은 어디서 나타나게 될까? 이를 알기 위해 우선 반도체 생산기지로서 중국의 특징을 생각해보자. 중국이 반도체 생산에서 가장 강점을 보이고 있는 부분은 10나노~100나노 사이의 다소 성숙한 생산 공정이다. 잘 알려져 있다시피, 10나노 이하의 초미세 공정에서는 여전히 대만의 TSMC와 한국의 삼성이 유이한 업체로서 시장을 과점하고 있다시피 하지만, 10나노 이상의 영역은 이제 많은 업체들이 진입한 영역이기도 하다. SMIC를 비롯한 중국의 파운드리 업체들 입장에서는 이미 집중적인 자본이 오랜 기간 투입되기도 했으려니와, 자국 반도체 수요에 대비하기 위해서라도 생산 능력를 계속 늘려나가려 할 것이다.

중국이 특히 성장세나 강세를 보이는 분야는 메모리반도체(점유율 14퍼센트), 28~45나노 공정(19퍼센트), 45나노 이상 공정(23퍼센트), 아날로그반도체(17퍼센트) 영역인데, 이들 영역은 사실 아주 고부가가치는 아니더라도 산업의 수요로 인해 꾸준하게 캐시카우가 되는 영역이다. 특히 중국 내부의 다양한 산업적 수요(중국은 세계 최대의 IT 제품 생산기지이기도 하다)에 탄력적으로 대응할 수 있는 공정이라고 볼 수 있다. 미국은 이미 중국이 충분히 성숙한 단계에 접어든 이러한 영역에 대한 제제는 굳이 하지 않을 것이며(별로 효과가 없을 것이므로), 중국이 당장 고전하고 있는 10~22나노 공정(점유율 3퍼센트), 그리고 10나노 이하 영역(0퍼센트)에 대한 집중적인 견제를 지속할 것이다. 당연히 이로 인해 14나노 공정이나 10나노 이하 공정에서의 중국발 비용 절감 효과는 당분간 기대하기 어려울 것이고, 이 첨단 공정에 의존하고 있는 많은 반도체(특히 인공지능용 반도체, GPU, CPU, AP 등)의 공급은 생산 능력의 제한으로 인해 앞으로도 공급이 수요를 따라가지 못하는 상황이 지속될 것으로 전망된다.

미국이 10나노 이하 공정 다음으로 택할 견제 수순은 중국이 급성장세를 보이고 있는 양자 컴퓨터 기술 개발 및 상용화 부문인데, 사실 미국이 그동안 취해온 전통적인 반도체 산업 경쟁력 보존/강화 전략이 '고가의 IP 개발 후 후발업체들에 대한 이전'이었음을 생각해볼 때, 당연히 양자 컴퓨터나 양자통신에 대해서도 같은 전략을 취할 것으로 전망된다. 이미 미국은 자국과 충분한 신뢰관계를 가진 파트너들로만 구성된 닫힌 그룹을 만들어 양자 컴퓨터나 양자통신 관련 기술표준 사업을 진행하고 있다.

당연히 중국은 여기에 포함되지 않는다. 수십 년 안에 이러한 닫힌 그룹은 현재의 글로벌 반도체 공급망같이 결국 또 하나의 글로벌 양자 ICT 공급망이 될 것이고, 그 파급효과는 반도체 그 이상이 될 가능성이 높다. 한국 입장에서는 당장의 글로벌 반도체 공급망의 현안을 해결하는 것은 물론, 장기적으로는 제2의 글로벌 반도체 공급망의 키 플레이어가 될 수 있는 자리 선점을 때에 맞게 해두는 것이 중요한데, 그 지름길은 미국이 취하는 것과 같이 주요 IP에 대한 선점이 되어야 한다. 미국이 주도하는 기술표준 그룹에 들어가는 것은 물론, 미국이 할 수 없는 부분에 대한 기술적 프로토타입의 제시 역시 중요하고, 그것이 표준의 기준이 될 수 있게끔 하는 정책적 뒷받침 역시 매우 중요하다.

중국 역시도 홀로 독자적 반도체 생태계를 구축하여 영원히 글로벌 반도체 시장에서 제외되는 선택을 그리 쉽게 하지는 않을 것이다. 중국 입장에서도 글로벌 가치사슬에서 분리되면 비용 상승으로 인한 손해 요인이 막심하기 때문에 국산화와 표준 독립으로 얻을 이익과 손해를 냉정하게 비교할 것이다. 다만, 중국이 끝까지 대국굴기의 기조를 포기하지 않고 반도체 굴기를 모멘텀으로 삼는다면 독자 노선을 유지할 것이고, 그 정도의 정치적 안정성과 체력이 있다면 장기적으로는 오히려 표준과 로드맵을 자국으로 끌어올 가능성도 없지는 않다. 그 기준을 정확히 언제로 보아야 하는지는 예측하기 어렵지만, 적어도 한 세대(30년) 이내에는 그 윤곽이 드러나지 않을까 생각된다.

그런데 만약 안정성과 체력이 뒷받침될 수 없다는 판단이 들면, 흐름은 파국으로 치달을 수도 있다. 이대로 중국이 자국의 기술력으로 10년 정도 버티면 어떻게 될까? 반도체 기술의 세대 차이는 벌어질 대로 벌어지게 되고, 반도체 기술의 특성상 이제는 돈을 아무리 쏟아부어도 그것을 따라잡기 거의 불가능해진다. 여기서 중국 정부가 만에 하나 미친 짓을 한다면, 그것은 대만에 대한 강제 무력 합병과 이후 TSMC에 대한 국유기업화가 될 것이다. 물론 그것을 미국이 그냥 좌시하고 있지는 않을 것이다. 중국의 무력 행동은 돌이킬 수 없는 미래를 불러오는 원인이 될 수도 있다. 결말이 어떻게 나오든, 미국은 이제 가상의 적이 아닌, 실질적인 주적이자 2인자로서의 중국을 진지하게 누르려 하고 있고(적어도 확실히 싹을 자를 생각으로 제재의 끈을 놓지 않을 생각인 것 같고), 그중에서도 앞으로의 지식과 정보 기술 혁명에 필수적인 반도체 산업의 싹을 미연에 자르려 하고 있다.

결국 중국 정부가 꿈꾸는 반도체 기술굴기는 2020년대의 10년이 고비라고 볼 수 있다. 국가 입장에서는 일단 10나노의 벽을 자국의 기술로 2020년대 중반까지 뚫을 수 있느냐가 1차적인 관건이 될 것이고, 만약 그럴 수 없다면 플랜 B로서 아예 다른 개념의 반도체 로직 아키텍처를 기술 갈라파고스화가 되는 위험을 각오하고서라도 시행할 준비가 되었는지가 2차적 관건이 될 것이다.

이 고비를 어쨌든 자국 시장 위주로 기술 생태계를 보전하면서 버틴다면, 중국에게 승산이 아예 없는 것은 아니다. 만약 버티기 게임에서 백기를 든다면, 기술적으로나 경제적으로나 중국은 마치 미국과의 무한 군비 경쟁에서 밀려 나라가 흔들리게 된 소련처럼 불안정을 겪게 될 것이다. 미국의 제재가 반도체뿐만 아니라 중국산 고부가가치 IT 제품이나 드론, IoT, 자율주행차 등으로 점차 확대 적용되기 시작하면, 중국은 그야말로 자국 내에서 제로섬 게임을 하며 스스로의 경제성장률을 깎아먹는 방법밖에는 산업을 이어나갈 도리가 없게된다. 산업의 규모를 아무리 키우고 싶어도, 그를 뒷받침할 첨단 반도체가 없다면 산업의 경쟁력은 답보 상태가 되며, 벌어지는 기술 경쟁력은 곧 산업 경쟁력, 가격 경쟁력과 연결되어, 막상 미국의 제재가 풀리는 시점이 도래한다고 해도 중국 입장에서는 이제는 정상적인 방법으로는 재기하기가 어려운 지경에 놓일 가능성이 있다.

중국이 추진하는 자력 기술개발 혹은 신개념 아키텍처 설계와 제조 둘 다 안 통하게 된다면, 중국은 앞으로 50년은 미국에 숙이고 갈 생각으로 백기를 들고 나와야 할지도 모른다.

4

중국 반도체 기술굴기의
불투명한 미래

정부 주도 투자의 지속 가능성

앞서 살펴보았듯이 기술 주기가 매우 빠른 장치 산업인 반도체 산업
은 현금의 회전율이 높아야만 유지될 수 있다. 예를 들어 메모리반도
체 산업의 경우, 기술의 한 세대는 3~5년 정도이고, 그 세대의 기술
을 감당하기 위해 투입되었던 각종 장비가 다음 세대로 승계되어 재
활용되는 경우는 거의 없다. 즉, 그대로 매몰비용이 되는 셈인데, 그
규모가 조 단위를 넘는 경우가 태반이다. 비즈니스를 지속하기 위해
서는 한 기술 세대 동안 그 매몰비용보다 적어도 두 배는 벌어서 그
다음 세대의 투자금과 그 다다음 세대의 R&D 비용을 확보해야 한
다. 매몰비용의 규모가 크다 보니 이런 순환 구조를 만들어내지 못하
는 업체들은 일찌감치 경쟁 구도에서 패배할 수밖에 없다.

　중국은 2000년 이후 본격적으로 반도체 산업에 투자를 집중하기
시작한 이래, 아직까지 반도체 산업에서 한 기술 세대에 투자된 자금

을 회수하여 순조로운 순환 구조를 만들어낸 경험이 없다. 그럼에도 불구하고 10년 넘게 엄청난 규모의 투자가 계속해서 이루어지고 있는 상황이다.

이는 물론 중국 정부의 지원이 있기에 가능한 일이다. 중국 정부로서는 이미 거대한 내수시장(2020년 기준, 2600억 달러 이상)이 더욱 성장할 것이라는 장밋빛 전망과 함께 자국 반도체 산업의 자급률(2020년 기준, 15.6퍼센트) 제고라는 목표도 있었기에 지원을 하지 않을 수 없었을 것이다. 정부의 지원은 국가반도체펀드나 중국의 거대 은행들(국가개발은행, 중국공상은행 등 국책 은행)이 반도체 업체들에 대규모 투자를 하는 방식으로 이루어졌다. 반도체 기업들은 그 밖에 주식시장을 통해서도 자금을 조달하였다. 이런 방식으로 지난 10년간(2020년 2월 기준) 중국 반도체 기업이 조달한 자금은 누적 규모로 6025억 위안(약 102조 2000억 원)에 달한다. SMIC 같은 중국의 대표적인 파운드리 업체는 국유 펀드의 투자와 지방정부의 펀드 투자 및 증시 상장(2021년 상반기 상하이증시 2차 상장 등)을 통해 10조원이 넘는 거액의 자본을 조달했다.

이러한 정부 주도의 대규모 투자는 개혁개방 이후 중국이 두 자릿수 경제성장률을 기록하던 시절에는 크게 문제되지 않았다. 하지만 2010년대 들어서면서 성장률이 한 자릿수로 떨어지자 조금씩 불안감이 커지기 시작했다. 물론 두 자릿수 경제성장률이 수십 년 유지되리라 예상한 전문가들은 아무도 없었지만, 생각보다 불이 빨리 식었다는 인상은 많은 이들에게 불안감을 야기했다. 성장률이 한 자릿수(IMF 기준, 2022년 5퍼센트 이하로 전망)로 떨어진 상황에서 지금까지와 같이 반도체에 올인하다시피 하는 투자를 지속하는 것은 중국으로서도 큰 모험이고 위험이다.

중국의 반도체 산업이 지난 10년 동안 급성장할 수 있었던 이유는 물론 중국 내부에서의 자체적인 기술개발 노력도 있었겠지만, 급성장하는 중국의 B2B, B2C 전자공업 시장, 그리고 중국 공산당 중앙/지방 정부가 주도하는 자본조달에 의한 것이기도 하다. 특히 반도체 제조 업종은 초기 자본 투입 규모가 굉장히 중요한데, CAPEX(자본적 지출) 비중이 60퍼센트를 넘어가기 때문이다. 공장이 준공되고 제품을 생산한다고 해도 가진 자본이 충분치 않으면 그 공장을 운영할 돈이 없는데, 그 돈을 정부 혹은 정부가 주도하는 펀드에서 조달해주거나 각종 SOC 지원, 세금 혜택 등의 방법을 통해 직간접적으로 지원한 셈이다.

사실 이러한 정책은 과거 한국이 일본의 반도체 업계를 따라잡기 위해 활용했던 정책이기도 하고, 더 거슬러올라가면 일본이 미국의 반도체 업계를 따라잡기 위해 일본 정부가 관민 협의체 형태로 주도한 정책이기도 하다. 다만 한국이나 일본은 어느 궤도에 오른 후에는 미국의 무역 제재 위협에 못 이겨 정부의 관여가 대폭 줄어들었고, 특히 한국은 IMF 이후 정부 주도의 펀드 조성은 거의 불가능해졌다. 특히 한때 기술개발의 마중물이기도 했던 정부 주도의 대형 반도체 국책과제의 R&D 예산 규모도 점점 줄어들게 되었다. 실제로 한국의 메모리반도체 관련 정부 R&D 예산은 2010년으로 넘어오면서 대폭 감소했는데, 이미 그 분야는 민간이 훨씬 잘하는 것이기도 했지만, 자유무역 시스템에서 정부가 관여할 수 있는 자유도가 대폭 줄어들었기 때문이기도 하다.

2020년대의 중국은 10년이 넘는 집중적인 반도체 산업 육성을 통해 많은 분야에서 세계 수준에 필적할 만한 기술과 시장점유율에 도달하였다. 일반적인 경우라면 한국이나 일본의 사례처럼 정부의 관여가 조금씩 줄어들어야 하는 시점이 된 것이라 볼 수 있다. 이미 그 시점이 지났다고 봐도 과언이 아니다. 그렇지만 중국의 반도체 산업 뒤에는 여전히 중국 정부의 직간접적인 지원이 확고하다. 아마도 이러한 정부 주도의 드라이브와 지원은 당분간 강화되면 강화되지 약화되지는 않을 것이다.

염려스럽게도 중국의 바램과는 달리 폭탄은 커지고 있다. 반도체 산업의 특성상, 거대한 자본 투입은 조속한 이익 회수로 연결되어야 하는데, 이 이익 회수가 중국 밖에서 이루어지는 비율이 점차 줄어들고 있기 때문이다. 쉽게 말해 점점 제 살 깎아먹기 방식으로 회귀하는 중이다. 중국의 반도체 업체들은 이미 자본 잠식 상태이고, 수년 이내로 만기가 돌아오는 회사채 연장이 어려워진, 즉 한계에 내몰린 기업이 알려진 것만 따져도 수십 군데다. 그중에는 YMTC 같은 중국의 메모리 대기업도 포함된다. 팹리스를 제외하면 반도체 산업, 특히 메모리나 파운드리 같은 산업은 초기 CAPEX 비중이 높기 때문에, 적기에 자본을 회수하지 못하면 중국 공산당이 원하는 수준의 기술 로드맵을 유지하기 어렵다. 이는 다시 각 사의 시장점유율 하락으로 이어지고, 하락한 점유율은 이익률 급감으로 이어지는 악순환의 고리를 완성한다.

중국이 그나마 미국의 제재 이후 지금까지 버틸 수 있었던 것은 급성장해온 내수 시장과 TSMC 같은 회사들로부터의 인력 영입 및 기술 IP 침해, 정부의 직간접적인 지원 정책 때문인데, 특히 정부의 지원책은 결국 미봉책일 뿐이다. 지나친 국가 보조금은 장기적으로는 개별 기업의 가격경쟁력 약화로 이어지며, 나아가 재정적 부실을 낳게 하는 주원인이 된다. 느슨한 규제는 수출 상품으로서의 경쟁력 확보를 어렵게 만들 수 있으며, 수출 단가가 상승하여 글로벌 시장에서의 경쟁력 약화로 이어지게 된다.

다만 중국은 일당 중심의 독재 체제가 확고해서 국가 재정의 부실을 여러 방법으로 감출 수 있고, 특히 그 부실을 각 지방으로 분산하여 처리할 방법이 여러 개 있다. 중국이라는 영역 안에서만 본다면 이는 실질적으로는 폭탄 키우기일 뿐이지만, 자립화 실적이 개선될 동안만 버티자는 식, 혹은 미국의 정권이 교체되어 미중 간 분위기가 개선될 때까지 버티자는 식으로 나온다면, 중국 입장에서는 미국에 굴복하지 않고 그 기간 동안 시간을 벌어 덩치를 키운 셈이 된다. 어쨌든 빚도 자산으로 잡히니 겉으로 보기에는 글로벌 시장에서 경쟁할 수 있는 중국 기업을 중국 정부의 공로로 마침내 키워준 것처럼 포장될 수 있다.

문제는 지방 정부의 부채가 생각보다 훨씬 크다는 것이다. 이는 중국이 걱정하는 가장 큰 폭탄 중 하나다. 베이징, 상하이, 선전, 다롄大連, 충칭重慶 같은 대도시 권역을 제외하면 각 지방 정부의 재정 자립도는 별로 좋은 상황이 아니다. 이러한 지방 정부들이 중앙당에 대한 충성을 보일 수 있는 방법은 국가 시책에 적극 동참하는 것이다. 반도체 산업이라면 충성 경쟁을 위해 앞다퉈 무리하면서 반도체 회사나 클러스터 등을 유치하려는 움직임으로 나타나게 된다. 문제는 지방 정부의 경제 사정 이상으로 무리하게 된다는 것이고 그 과정에서 빚이 누적된다는 것이다. 그나마 각 지역에 유치된 반도체 산업이 무사히 잘 성장했다면 이익을 창출하게 되니 괜찮았겠지만, 많은 업체들이 검증 안 된 신생 업체들이었고, 수조 원 단위의 투자금만 받고 튄 사기성 업체들까지 있을 정도였다. 물론 이는 고스란히 투자자들의 손실로 이어진다. 그리고 그 투자자들 중 최대의 큰손 또한 지방 정부와 중앙 정부다. 설사 기술력이 있는 업체라고 해도, 반도체 업계에서는 신생 업체, 특히 팹리스가 아닌 업체들이 시장에 진출할 경우 그 기술력으로 시장의 벽을 뚫기는 어렵다. 이들 기업은 검증되지 않은 생산 공정 기술에 입각한 제품을 생산하게 되고, 그 제품 역시 수출용으로 활용되기 어렵다. 수출된다고 해도 이른바 최상위권 제품이 되기 어려운 것이다. 이는 중국의 입김이 미치는 제3세계 국가들에 대한 저부가가치 상품의 수출을 강력하게 밀어붙이는 원인이 되기도 한다. 그래서 대부분의 신생 업체들의 주요 고객은 중국 내 기업들이 된다. 하지만 중국 업체들로부터의 이익 창출은 중국 내부에서의 부채 돌리기일 뿐이다.

중국 기업의 부채 규모는 날로 커져가고 있다. 중국의 부채 규모는 아무도 정확히 모른다는 이야기가 나올 정도로 미스터리한 부분인데, 아마 중국의 정권이 바뀌지 않는 한 그 규모를 알 방법은 없을 것이다. 그래도 대략 알려진 정보만 취합해보면 2020년 기준, 전 세계 기업 부채 중 중국 기업 부채가 차지하는 비율은 대략 30퍼센트 정도다. 이러한 기업 부채의 상당수는 중국 지방 정부의 부채와 오버랩된다. 2020년 기준 중국 지방 정부의 부채 규모는 대략 4600조 원이다. 중국 국가 전체 부채는 정확한 규모는 추정하기 어려우나 대략 45조 달러(약 6경 원) 된다고 하며, 그중 공공부문 부채는 대략 1경 6000조 원 정도 된다. 지방 정부 부채가 4600조 원이니, 중국 정부 부채의 30퍼센트 정도가 지방 정부의 부채인 셈이다. 중국 31개 성중 8개 성의 지역 GDP 대비 부채 비율은 100퍼센트를 넘어가고 있으며, 계속 높아지는 추세다. 다른 23개 성의 사정도 크게 다르지 않아서, 2029년쯤 되면 절반 이상의 지방 정부가 100퍼센트를 돌파할 것으로 추정된다. 지방 정부가 지고 있는 채무는 부동산 관련 부채를 제외하면 상당 부분 산업 클러스터 형성 등 SOC 투자와 기업 유치에 관련된 부채다. 문제는 부채 비율이 높은 지방 정부의 채권 만기가 대부분 단기에 몰려 있어서(3년 이내만 따져도 대략 3800조~4000조 원) 이자 비용은 차치하고서라도, 이것들의 상환이 불투명하다는 것이다. 지방 정부의 지급 불능을 중앙 정부가 좌시할 수는 없으니, 중앙 정부가 부담해야 할 이자 비용은 날로 늘어만 가는 추세가 된다. 이는 중국 경제에 거품이 제거되기는커녕 계속 커져갈 수밖에 없음을 의미하는 것이기도 하다.

중국이 이러한 거대한 부채 문제, 특히 기업과 지방 정부의 부채 문제를 안고서 앞으로도 얼마나 더 오래 버틸 수 있을지는 확실하지 않다. 그나마 수출을 통해 외화를 더 많이 벌어들이고 경제가 예전처럼 10퍼센트에 가까운 수준으로 고성장을 할 수 있다면 모를까, 이제 중국은 완연히 중진국의 함정에 빠져가는 상황이고, 2022년 들어 GDP 성장률은 5퍼센트 이내로 점차 감소되어가는 추세다. 예전처럼 해외 기업들의 적극적인 대중 투자는 기대하기 어려우며, 중국이 지난 20여 년간 기대어왔던 상대적으로 저렴한 인건비 역시 이제는 매우 높아진 상황이라, 매력이 되기 어렵다. 부채 규모를 줄이기 위해 정부 차원의 투자를 줄이면 중국의 경제 성장은 더욱 더뎌질 수 있으니, 지금보다 정부 차원의 투자를 줄이기도 어렵다. 지방으로 유치한 반도체 산업 클러스터는 여전히 공터인 상황이 대부분인데, 겉보기 규모만 늘리자고 계속 텅 빈 건물 올리고 중고 장비 들여놓으면서 그럴듯해 보이기만 하는 클러스터를 억지로 또 만들 수도 없는 상황이다. 지방에 유치한 반도체 산업 클러스터의 부도 뉴스가 어느 순간부터 하루가 멀다 하고 들려오거나, 그 산업 클러스터를 보증한 지방 정부의 채권 모라토리엄 소식이 들려온다면, 아마 그때가 중국이 더 이상은 버틸 수 없는 순간이 될 것이다.

중국의 대미 반도체 경쟁과 구소련의 대미 군비 경쟁

중국의 반도체 굴기 올인 전략은 20세기 중후반 냉전 시기에 구소련이 미국과 벌이던 무한 군비 경쟁과 오버랩된다. 당시 소련은 광대한 국토와 자원 및 우수한 인적 자원을 보유하였고 사회주의 진영의 맹주로서 바르샤바조약기구로 결속된 동유럽 국가들, 쿠바, 몽골, 북한 등에 대한 정치적 영향력을 행사할 수 있는 강국이었다. 이를 기반으로 소련은 미국에 맞서 끝이 없어 보이는 군비 경쟁에 나섰다. 하지만 몇 발 앞선 제조업 생산력과 지식 창출 능력을 갖춘 미국을 앞설 수는 없었다. 오히려 무리한 군비 경쟁을 벌이는 과정에서 소련의 다른 산업 분야, 특히 의약, 경공업, 화학, 소비재 관련 산업들의 기반이 점점 무너져갔다. 물론 군비 경쟁이 아니었더라도 소련의 사회주의 시스템은 계속 지속되기는 어려웠을 것이다. 다만 미국과의 무리한 군비 경쟁이 소련의 몰락을 앞당겼음은 분명하다.

소련의 몰락 원인은 다양하나, 가장 중요한 원인은 미국과의 경제력 경쟁에서 패했기 때문이다. 소련은 미국과 군비 경쟁을 하며 GDP의 무려 12퍼센트를 국방비로 썼는데, 당시 미국의 국방비 비중은 5퍼센트를 넘지 않았다. 사회의 번영을 위해서는 국가의 자원이 요소요소에 고르게 배분되어야 한다. 그러나 소련은 미국과의 체제 경쟁에 매몰된 나머지 국방비에 과도한 투자를 했고, 이는 장기적으로 산업 전반의 경쟁력 약화와 함께 군비 경쟁에서도 패하는 결과를 가져왔던 것이다.

중국의 반도체 투자 규모는 2020년 1400억 위안(약 23조 8000억 원)으로, GDP 101조 6000억 위안의 0.1퍼센트에 불과하다. 단순히 GDP 대비 비중으로만 보면 구소련 시절의 국방 투자에 비교될 수준은 아니다. 하지만 소련은 계획경제였고, 중국은 정부의 역할이 크다고 해도 시장경제 체제다. 이 차이를 감안하면, 중국의 반도체 투자 규모는 결코 무시할 수 없는 수준이다. 게다가 그 비중은 매년 증가하고 있으며, 중국 정부의 반도체 자급률 제고 정책에 따라 앞으로도 상당 기간 그 추세가 이어질 것이다.

문제는 중국이 미국과의 무역 분쟁에 돌입하며 경제 논리로 반도체 투자를 판단하고 집행할 수 없는 상황이라는 점이다. 10년 넘게 반도체에 집중적인 투자를 했음에도 여전히 수익을 올릴 전망이 불투명한 상황에서, 정상적인 시장경제 사회에서라면 이제는 자금이 더 높은 수익을 올릴 수 있는 다른 투자처로 흘러들어가야 한다. 그렇지만 미국과의 패권 경쟁을 위해 반도체 자급률을 어떻게든 높여야 하는 중국 입장에서는 이제 와서 반도체 굴기를 포기할 수 없을 것이다.

이런 이유에서 중국은 소련의 길을 답습할 가능성이 커 보인다. 이미 중국은 미국과 물러설 수 없는 경쟁 국면에 돌입했다. 이 경쟁은 데이터의 생산과 처리, 그리고 그것을 고급 정보로 누가 더 잘, 더 빨리, 그리고 더 저렴하게 만드느냐의 싸움이다. 여기서 핵심적인 위치를 차지하는 기술이 바로 반도체와 IT 서비스 기술이기 때문에 중국으로서는 반도체를 포기할 수 없는 것이다.

기술굴기에 집착한 중국의 실책

중국을 본격적으로 대국의 기틀 위에 올린 지도자 덩샤오핑鄧小平은 일찍이 중국의 굴기에 앞서 중국이 명심해야 할 교훈을 '훈요 5조'(냉정관찰冷靜觀察, 온주각보穩住刻步, 침착응부沈着應付, 도광양회韜光養晦, 유소작위有所作爲)로 남겨두었다. 그중에서도 '도광양회'는 현시점에서 중국 기술굴기를 비춰볼 좋은 거울이 된다. 덩샤오핑은 수세대 안으로 중국의 국력이 급성장할 것, 그리고 그 결과 미국과 결국 치열한 패권 다툼을 하게 되리라는 것을 내다보았을 것이다. 덩샤오핑이 후세를 두고 도광양회하라고 했던 것은, 그 '광光'이 중국의 정상적인 기초 체력 배양, 그 '회晦'가 정상적인 실력 배양을 하라는 의도였을 것이라 생각한다. 그러나 2012년 후진타오胡錦濤에 이어 집권한 시진핑은 '제조 2025' 등을 내세우며 중국이 패권 국가로 나가겠다는 의도를 공개적으로 천명했다. 중국의 경제성장률은 중국인들 스스로도 제어가 안 될 정도로 너무 높아졌고, 산이 있으면 골이 있는 것처럼, 두 자릿수 경제성장률이 한 자릿수로 떨어지는 시점부터 이에 대한 부작용이 나타나기 시작한 것이다. 덩샤오핑이 이야기한 '광光'을 제대로 '도韜'하지 못했고, '회晦'를 제대로 '양養'하지 못한 셈이라 볼 수 있다. 뻔히 보이는 길이 있는데, 그것을 마다하고 돌아가는 길을 택할 사람이 없는 것처럼, 중국 정부도 뻔히 보이는 기술격차 해소의 지름길을 택하고 정상적인 기술 경쟁이라는 정도正道를 택하지 않은 것이 결국 현시점에서의 고난의 행군을 알리는 신호탄이 된 것이다.

중국 정부는 산업 기술의 첨단화, 그리고 그것의 국산화를 통해 대국의 길에 최대한 빨리 들어서는 것을 목표로 했을 것이다. 이러한 전략은 정석대로의 산업 기술 발전을 허용하지 않는다. 즉, 산업의 저변을 확보하고 원천기술 개발에 투자하며 산업 생태계의 고른 발전을 균형 있게 취하는 방식이 허용되지 않는 것이다. 반대로 중국은 국가가 전략으로 삼은 일부 산업에 국가의 역량을 집중시켜, 필요한 기술은 돈으로 확보하든지, 그것이 안 되면 지적재산권 등을 무시한 채 도용하는 방식으로 에둘러 확보하며, 필요하다면 외국 회사들의 기술도 탈취하는 편법을 택했다. 이러한 방식으로 중국이 전략 산업의 교두보를 확보하고 그와 동시에 생산기지이자 소비시장으로서 성장하는 것 자체는 글로벌 경제 성장 관점에서도 대체로 용납되었다. 그 이유는 선진국들이 중국 시장을 대상으로 부가가치를 창출할 수 있었기 때문이었다. 특히 미국은 중국을 충분히 자국이 주도하는 글로벌 가치사슬에 편입시켜 키플레이어로 만들 수 있겠다는 생각을 했다. 그 생각 이면에는 중국의 경제성장은 결국 중국의 일당독재 체제를 무너뜨리는 촉매가 될 수 있을 거라는 복안도 있었을 것이다. 그렇지만 중국의 경제 성장 속도는 예상을 뛰어넘는 수준을 지속적으로 기록했을뿐더러, 단순히 생산기지가 아닌, 첨단 산업과 기술 개발을 주도하는 위치로 자리매김하게 만드는 기폭제가 되었다.

　미국이 중국을 견제해야겠다고 결심하게 된 데에는 다양한 이유가 있지만, 그 시기를 앞당긴 데에는 바로 이러한 경제의 급팽창을 노린 중국 정부의 무리수가 큰 역할을 했다. 중국은 경제 성장을 국가 우선 순위로 설정하면서 전략 산업에 대한 집중적인 투자와 산업 기술 개발 속도전을 독려했다. 이런 분위기 속에서 중국 기업들은 오랜 시간과 자금을 들여 원천기술을 개발하고 인력을 키우는 정석적인 길을 택하지 않았다. 대신 빨리 선진 기업들을 따라잡겠다는 의도로, 중국에 진출한 합자회사들의 지적 재산권을 도용하고 외국 기업에 대한 해킹이나 기술 탈취를 무분별하게 벌였다. 이는 커가는 중국의 국력에 위기의식을 느끼던 미국 정부가 개입할 수 있는 좋은 명분이 되었다.

물론 중국이 이대로 미국의 기술 제재 조치에 굴복하고 쉽게 백기를 들 가능성이 크다고 보기 어렵다. 21세기 중국 정부의 자신감은 '주동작위主動作爲'라는 기치에서 확인할 수 있다. 대국으로서 할 일을 대국의 자격으로 하겠다는 입장을 여실히 드러낸 것이다. 실제로 여전히 중국 정부는 자국 경제의 기본 체력에 자신감을 보이고 있고, 여차하면 자국만으로도 어쨌든 자력갱생이 가능하다고 믿고 있는 것으로 보인다. 오죽하면 스스로 '대국'이라는 표현을, 외교적 관례를 무시하면서까지, 공식석상에서 쓰기를 마다하지 않겠는가.

다만 지난 20년간 급성장해온 중국의 경제 기조 속에서 누적된 중국 인민들의 불만 역시 위험 요소가 될 수 있다. 10년, 20년 지속되는 반도체 산업에 대한 무리한 투자가 실패의 국면으로 접어드는 모양새가 연출될 경우, 그간 눌려 있던 인민들의 각종 불만들이 쏟아져 나올 것이고, 특히 지속적인 경제성장률 저하 추세로 인해 그간 거품이 잔뜩 끼어 있던 생활수준의 저하가 야기되는 일이라도 생긴다면 젊은 세대의 불만이 폭증할 가능성이 있다. 이는 중국 공산당 정부가 가장 싫어하고 가장 두려워하는, 1989년 천안문 사태 같은 정치적 소요, 나아가 그렇지 않아도 소수민족에 대한 탄압으로 인해 불만이 누적되고 있는 신장 위구르, 티베트 등의 자치구의 소요로 이어질 수 있으니, 공산당 정부는 이에 대해 예의 주시하고 있을 것이고, 그래서 더더욱 반도체 산업발 경제 불안이 나오지 않게 갖은 수를 쓸 것으로 예상된다. 그것은 회계 부정일 수도 있고, 통계 조작일 수도 있고, 기술 스펙 속이기일 수도 있고, 자국 IT 산업에 대한 눈속임 포장일 수도 있고, 정부가 주도하는 무리한 관치형 대기업 구조조정일 수도 있겠다. 방식은 다양하지만, 어쨌든 중국 정부 입장에서는 천문학적인 돈이 투입되고 있는 반도체 경제 굴기는 죽어도 실패하면 안 되는 절체절명의 아이템이나 마찬가지다.

만약 중국이 미국과의 끝없는 군비경쟁, 특히 핵무기 경쟁으로 인해 나라가 피폐해져갔던 소련의 경로로 비가역적인 진입을 하게 된다면, 그 이유 중 하나는 결국 기술격차 줄이기에 실패하고 어마어마한 매몰비용이 되어버린 자국의 반도체 산업 때문일 것이라 조심스럽게 예견한다.

중국 반도체 기술굴기에 돌파구는 있는가?

중국이 혁신적인 기술을 개발하면서 반도체 기술굴기 목표를 달성할 가능성은 없을까? 앞으로의 일은 아무도 장담할 수 없는 법이고, 미국 주도의 기술표준에서 완전히 벗어난 새로운 차세대 반도체 기술을 중국이 개발할 가능성이 전혀 없다고 할 수는 없다.

가령 중국은 자신들이 양자 컴퓨터나 양자통신 기술에서 앞서 있다고 선전하고 있는데, 이 분야에서 구체적인 진전을 이룰 경우 반도체만이 아니라 정보통신 산업 전반의 판을 새로 짤 정도의 큰 영향을 미칠 수 있다. 예를 들어 양자 컴퓨터 분야에서의 의미 있는 기술적 진전은 정보처리 속도의 획기적 발전을 가져올 수 있다. 기존의 반도체 소자 기반 컴퓨터는 전자의 스위칭으로 이진법 기반 방식으로 정보처리를 했으나, 양자 컴퓨터는 큐비트qubit 단위로 정보처리가 이루어지기 때문에 일부 계산은 고전 컴퓨터(기존의 컴퓨터)에 비해 비약적으로 속도가 빨라진다. 자주 언급되는 사례로서 소인수분해 알고리듬을 생각할 수 있는데, 양자 컴퓨터 전용의 쇼어 알고리듬을 이용하면 고전 컴퓨터에 비해 소인수분해 속도가 지수함수적으로 향상될 수 있다. 이는 전통적인 암호 시스템이 생각보다 훨씬 빨리 무너질 수 있다는 의미이기도 하다. 양자통신의 경우 반대로 고전 컴퓨터에서는 원천적으로 감청하거나 해킹할 수 없는 방식의 신호 교환을 가능하게 할 수 있는데, 이는 정보보안 기술은 물론 통신 산업 전체의 판도를 바꿔놓는 기술이 될 수 있다. 이론적으로는 현재의 모든 통신 기기의 메시지 암호화가 가능하고, 기존의 암호 방법은 해킹이 가능하기 때문이다.

나아가 아예 다른 방식, 예를 들어 채널의 집적도를 획기적으로 높일 수 있는 나노시트nanosheet나 나노와이어nanowire, 나노튜브nanotube 같은 나노 재료 기반의 전계효과 트랜지스터(field-effect transitor, FET), 그리고 나노와이어를 채널로 이용하는 GAA(gate all-around)FET, 양자 컴퓨터용 논리소자를 구축할 수 있는 구성요소인 양자세포 오토마타(quantum cellular automata, QCA) 같은 신개념 로직 아키텍처나 메모리 기술, 인간의 뇌를 흉내낸 반도체 소자로 이루어진 뉴로모픽neuromorphic 컴퓨터 기술, 전자의 스핀이라는 새로운 성질을 정보 제어 혹은 정보 저장 단위로 활용할 수 있는 스핀트로닉스spintronics 차세대 반도체 기술 등에서 기술적인 돌파구가 갑자기 등장하지 말라는 법은 없다.

문제는 중국이 지금과 같은 경직된 분위기에서는 이런 획기적인 기술을 만들어내기가 쉽지 않을 것이란 점이다. 획기적인 수준의 기술적 돌파구는 창의적인 문화와 분위기에서만 나올 수 있다고 생각한다. 대표적인 나노 소재인 그래핀graphene의 예를 들어보자.

2004년 안드레 가임과 콘스탄틴 노보셀로프는 흑연에서 스카치 테이프를 이용하여 탄소를 한 겹 벗겨냄으로써 처음으로 그래핀을 발견하였다. 이들은 이 발견을 인정받아 2010년 노벨 물리학상을 수상하였으며, 그래핀은 2차원 나노 소재 기반의 신개념 반도체 연구의 중요한 축으로 자리잡았다. 사실 많은 연구자들이 그래핀을 먼저 발견하기 위해 경쟁하고 있었는데, 그들은 진공 장비를 이용하여 그래핀을 만들고자 노력했고 그 방법이 정석으로 받아들여지고 있었다. 하지만 가임과 노보셀로프는 이런 정석을 무시하고 스카치테이프를 이용하는 기상천외한 발상으로 새로운 소재를 발견할 수 있었던 것이다. 최근에는 그래핀 두 장을 적절한 각도로 엇갈리게 겹쳐 놓으면 심지어 초전도체가 될 수 있는 현상이 발견되었는데, 이 역시 틀에 박힌 방법대로 결정성을 맞추는 방향으로만 연구가 이루어졌다면 절대 발견되지 않았을 현상이다.

어느 나라든 정부가 연구개발의 방향을 설정하고 주도할 경우, 설정된 방향에서 벗어난 결과가 나올 가능성은 극히 낮다. 정부 주도의 연구는 대부분 5년 이내의 연구 과제로 진행되는데, 중간에도 정부에 보고를 해야 하기 때문에 정부가 설정한 방향에서 벗어난 궤도로 연구가 진행되기 쉽지 않다. 하물며 중국의 경우는 기술의 표준을 당이 정하고 기술의 범위를 정부가 정하는 시스템이다. 민간 기업들도 국영기업과 다름없이 정부의 지휘 감독을 받는 체제는 목표를 설정하고 이를 단기간에 달성하는 데에는 효과적일 수 있으나, 근본적이고 창의적인 발상과 문제 해결에는 어울리지 않는다. 설사 획기적인 아이디어가 출현한다고 해도, 이런 체제에서는 그것이 실질적으로 문제를 해결하고 영향을 미칠 때까지 무사히 지속될 가능성이 크지 않다.

2020년대, 나아가 2030년대의 중국이 앞으로 과연 어떻게 미국과 기술 경쟁을 이어나갈 것인지, 많은 전문가들이 앞다퉈 전망을 내놓고 있지만, 그 전선 한가운데에 있는 반도체 기술 전쟁, 차세대 통신 기술 전쟁이 어떻게 흘러갈 것인지에 대해서는 통일된 의견이 없다. 산업의 성숙도를 분석하는 도구인 하이프사이클Hype cycle을 처음으로 제시한 미국의 컨설팅 회사 가트너Gartner에 따르면, 미-중 기술 전쟁은 어느 한쪽이 일방적으로 승리하거나 패배하는 시나리오로 귀결될 가능성이 별로 없다. 예를 들어 미국이 중국 반도체 산업에 가하고 있는 기술 및 무역 제재는 역으로 미국 반도체 산업의 성장 동력을 제한하는 부메랑효과를 낳을 수도 있다.

미국 브루킹스연구소Brookings Institution가 2021년 1월에 펴낸 보고서를 보면 이러한 효과에 내재된 위험이 얼마나 큰지 드러난다. 즉, 중국을 반도체 생산기지로 볼 경우에는 이러한 제재가 통할 수 있지만, 최대 반도체 시장이자 최대 반도체 수입국으로시의 중국의 포지션을 고려하지 않을 경우, 글로벌 반도체 시장의 균형이 깨질 수 있고, 이는 글로벌 산업 자체의 약화로 이어질 수 있다는 것이다. 그만큼 이 분야에는 불확실한 요소가 많고, 일부는 정치적인 요소에 속하는 것이라, 중장기 전망을 내놓기 어렵다.

중국 기초과학기술 연구의 잠재력

각국의 기술 경쟁은 표면적으로는 첨단 기술의 쟁패로 보이지만, 그 이면을 들여다보면 기초과학에 대한 연구 단계부터 이미 경쟁이 격심해지고 있다. 중국의 GDP 대비 R&D 비중은 2.5퍼센트가 넘으며, 이 비율은 매년 높아지고 있다. 미국의 경우 전체 R&D 투자비의 47퍼센트가 기초과학 연구로 흘러간다. 예를 들어 미국 국립보건원 NIH의 R&D 투자 중 50.3퍼센트, 미국연구재단NRF의 R&D 투자 중 87.9퍼센트가 기초연구비로 쓰이고 있다.

한국의 경우 GDP 대비 R&D 투자 비중은 세계 2위 수준이지만, 기초과학에 투자되는 비중은 매년 감소하고 있다.[15] 미국을 비롯한 선진 각국은 당장 활용할 수 있는 연구개발만이 아니라 투자가 결실을 맺기 위해서는 오랜 기간이 필요한 기초과학에 대한 투자를 게을리하지 않고 있다. 당장 내일이 아니라 수십 년 후를 대비하여 연구개발 투자를 집행하고 있는 것이다.

이런 관점에서 최근 우리에게 시사하는 바가 큰 조사 결과가 발표되었다. 최근 일본에서는 지난 3년간(2016~2018년) 과학기술 각 분야 학술 저널에 출판된 연구 논문의 국가별 점유율이 실린 보고서를 발간하였다(그림 2.2 참조). 우선 한국의 데이터를 보자. 잘 알려져 있다시피, 한국이 보유한 최강의 기초과학 분야는 역시 재료과학이다. 그다음으로 화학, 물리학, 공학이 평균 대비, 꽤 강세를 보인다. 상대적으로 지구환경, 임상의학, 기초생명과학 분야가 약세다. 재료과학은 전체 점유율과 비등할 정도로 상위 논문 점유율이 유지되는데, 이는

---

15   자유공모 기초연구비 기준.

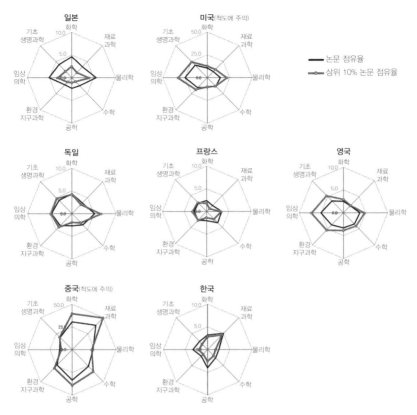

그림 2.2 **주요 국가별 기초과학기술 연구 분야 논문 점유율**(2016~2018년)
(출처 : 일본과학기술·학술정책연구소NISTEP)

한국에서 나온 재료과학 논문들이 양과 질 모두 세계 톱클래스임을 의미한다. 이는 최근 20년 넘게 지속된 나노과학 분야에 대한 정부의 집중적인 투자가 빛을 발하고 있는 것으로 해석될 수도 있다. 화학 역시 비슷한 수준이지만, 점유율 자체는 재료과학보다는 다소 낮다. 그래도 화학 역시 논문의 양과 질 모두 준수한 편이다.

생명과학 분야의 결과는 기대에 못 미친다. 이는 한국의 생명, 의료분야 관련 기초 연구가 아직도 세계 수준에는 이르지 못하고 있음을 단적으로 보여주는 지표다. 물론 이 역시 20년 전에 비하면 일취월장한 수준이기는 하다. 만약 투자가 지금처럼 지속되고 특히 생명과학 분야 벤처들의 성공 사례가 꾸준히 알려지면, 이 분야에 대한 투자 선순환이 이루어져서, 결국 생명과학과 임상의학 분야의 연구력도 제 궤도에 오를 수 있을 것이다.

이번에는 다른 나라의 데이터를 살펴보자. 전반적으로 고른 논문 점유율을 보이고 있는 나라는 독일이며, 영국은 출판된 논문 점유율 대비, 상위 논문의 점유율이 훨씬 강력하게 분포하고 있다. 특히 영국은 임상의학과 기초생명과학, 지구환경과학이 강세다. 오히려 재료과학이나 공학은 상대적으로 큰 영향력이 없다(물론 전 분야 다 세계 톱클래스다). 미국 역시 임상의학, 기초생명과학, 환경지구과학 분야가 강세이고, 물리학과, 재료과학, 화학도 강세를 보이는데, 공학은 특별한 부분이 보이지 않는(즉, 기본 논문 점유율과 상위 영향력 논문 점유율이 비슷한) 수준이다. 미국의 제조업 경쟁력이 약화되고 있는 추세와 일맥상통하는 부분으로도 볼 수 있다.

흥미로운 부분은 일본이다. 일본은 예상과는 다르게 학문 전 분야에서 그 영향력이 점점 줄고 있는 모양새다. 90년대 후반부터 거의 매년 과학 분야 노벨상을 배출해온 일본이지만, 지금까지의 영광을 앞으로도 재현할 가능성이 점점 떨어지고 있는 것이 여실히 보인다. 물론 여전히 화학과 물리학은 한국보다 상대적으로 강세지만, 논문의 점유율 대비, 그 영향력은 현저히 떨어지는 모양새다. 이러한 추세가 지속되면, 대략 20~30년 정도의 시차를 두고 과학 분야의 원천 연구 결과가 노벨상으로 연결되는 것을 감안했을 때, 일본은 2020~30년대까지는 간혹 노벨상을 배출하겠지만, 2040년대 이후부터는 그럴 가능성이 매우 떨어질 것으로 예상된다. 일본의 공학과 재료과학, 수학 같은 분야에서는 오히려 그 영향력이 한국에 약간 못 미친다. 물론 논문 점유율, 영향력 논문 점유율만 가지고 학문의 영향력 전체를 논하기는 무리지만, 이는 그 자체로도 정말 의외의 결과다. 또한 일본의 임상의학, 기초생명과학 연구력 역시 상위 논문 점유율과 논문 점유율의 괴리가 가장 큰 분야로 보인다.

기초과학의 강국이라고 당연히 생각했던 프랑스의 결과도 충격적이다. 대부분 분야의 논문 점유율이 2~3퍼센트 수준이며 그나마 물리학이 상대적으로 강세이고, 나머지 분야는 프랑스의 위명에 못 미치는 수준이다. 물론 기초과학기술 전 분야에 걸쳐 논문 점유율과 상위 논문 점유율이 크게 차이 나지 않고 있다는 부분은 프랑스가 고르게 알찬 연구를 하고 있는 것으로도 볼 수 있지만, 화학, 물리학, 수학의 상위 논문 점유율은 한국과 별로 차이 나 보이지 않는다. 임상의학, 기초생명과학 분야 역시 대동소이하다.

전통의 독일은 확실히 화학, 물리학 점유율이 높은 편인데, 수학은 의외로 약한 모습을 보인다. 그래도 노벨상을 다수 수상한 과학기술 분야 전통의 선진국이라고 부르는 나라들 중 제일 고른 축에 속하는 연구력을 보인다. 생각보다 생명과학, 임상의료의 연구 역량이 타 분야 대비 우수하며, 공학은 의외로 다소 약한 모습을 보이고 있다. 독일의 제조업 경쟁력이 향후 어떻게 변할지 궁금해지는 부분이기도 하다.

어떤 나라보다도 충격적인 결과는 중국에서 나타난다. 지난 20년간 중국 연구자들은 논문 편수뿐만 아니라 그 질까지 급성장했다고 알려져는 있었다. 하지만 이 보고서에 나타난 데이터는 예상을 훨씬 넘어선, 두려울 정도의 수준이다. 화학과 재료과학은 가히 세계 최강이라고 부를 만한 수준이고, 공학 전반과 수학 역시 어느새 세계적 수준이 되었다. 물리학과 지구환경 쪽도 톱클래스 등극이 눈앞에 온 것으로 보인다. 상대적으로 임상의학과 기초생명과학 분야가 약해보이지만, 이마저도 세계적 수준이 되는 것은 시간문제로 보인다. 특히 재료과학과 화학 논문의 영향력은 그 어떤 나라보다도 훨씬 크다는 점이 충격적이다. 더 경각심을 가져야 할 부분은, 이들의 영향력 상승 속도가 세계에서 제일 빠르다는 점이다.

앞서 중국의 반도체 굴기를 다루며, 현재 상태의 중국 반도체 기술 수준이 타 선진국에 비해 2~3세대 정도 뒤처졌다고 이야기했지만, 사실 중국이 미국의 제재에 아랑곳하지 않고 버티면서 계속 자력 갱생을 밀고 나갈 수 있다면, 그 이면에는 아마도 이러한 기초과학 분야의 성과들이 누적되고 있다는 자신감이 있을 것이다. 물론 기초과학, 특히 반도체와 관련 있을 법한 물리학, 재료과학, 공학, 화학 분야의 연구 성과들이 바로 시차 없이 반도체 기술 분야의 경쟁력으로 이어지는 것은 아니다. 그렇지만, 어느 정도 시차를 두고 이러한 기초 연구 성과 중 상당 부분이 전략적으로 실제 차세대 반도체 기술로 이어질 가능성은 상존한다. 중국이 미국에 비해 기초과학에서 자신감을 가질 수 있는 부분이 있다면, 그것은 창의성이 아닌 국가 주도의 전략적 선택과 집중에 의한 것이 될 것이다. 미국도 국가 주도의 거대 기초과학 프로젝트들이 운영되고 있지만, 중국은 산업과 연계될 수 있는 기초과학, 특히 차세대 반도체와 양자 컴퓨터 등으로 연계될 수 있는 기초과학기술에 대한 투자를 공격적으로 정부가 주도할 수 있다. 냉전 시대, 우주 경쟁에 집중했던 미국과 소련의 집중된 연구가 우주 개발에 필요한 공학적 기술 확보 외에도, 천체물리학, 극한 소재, 통신공학, 우주생물학, 인체공학, 최적화, 반도체, 연료전지, 태양전지 등 다양한 분야의 기초과학 발전으로 이어진 사례를 생각하면 된다. 국가가 적어도 20년 이상 장기적인 안목으로 집중하여 특정한 프로젝트에 매달릴 수 있다면 어떤 계기에서든 돌파구가 생겨날 가능성은 충분히 있다.

특히, 리소그래피 이후의 차세대 반도체 기술 성립은 신소재 개발이 핵심이다. TMDC(transition metal dichalcogenide) 같은 2D 화합물 반도체, 그래핀 같은 탄소 신소재, 반도체 나노와이어, 나노시트, 나노막대, 나노리본, 양자세포 오토마타, GAAFET, 3진수 로직 구조, 4진수 로직 구조, 스핀트로닉스, 광컴퓨터, 실리콘 포토닉스, 스커미온Skyrmion 자성 재료, 뉴로모픽neuromorphic 기술, 물리적으로 구현 가능한 인공신경망 소재 등, 아예 기존과 전혀 다른 개념의 소재나 소자의 아키텍처가 이제는 점점 필요해지는 시점이 도래하고 있다.

이 책이 기술 전문서는 아니므로 위에 언급한 개별 기술들이 어떻게 차세대 반도체 기술의 돌파구가 될 수 있을지를 자세하게 설명하기는 어렵다. 그렇지만 몇 가지 기술에 대한 해설을 통해 독자들이 이러한 기초 소재 기술의 혁신이 어떻게 차세대 반도체 개발로 연결될 수 있는지 이해하도록 돕고자 한다.

20여 년 전, 필자는 대학원과 한국과학기술연구원에서 연구원으로 근무하면서 다양한 화합물 반도체 기반 나노 구조체의 물리적 특성에 대한 연구를 하였는데, 그 당시만 해도 얇은 머리카락 같은 실리콘 반도체 나노와이어(두께 10나노미터 내외, 길이 수 마이크로미터 내외)나 종잇장 같은 반도체 나노시트(두께 50나노미터 내외, 너비 수십~수백 마이크로미터 내외), 얇은 리본 같은 반도체 나노리본(두께 50나노미터 내외, 너비 수 마이크로미터 내외)이 실제 전계효과 트랜지스터FET 같은 반도체 소자 공정에서 상용화될 것이라 예측하기는 어려웠다. 그렇지만 빠르면 2023년 상반기부터는 삼성전자에서 3나노 이하의 최첨단 선단공정에 나노와이어나 나노시트가 적용된 GAAFET(나노와이어의 경우) 혹은 MBCFET(나노시트의 경우)이 활용될 예정이다. 겨우 20년 만에 기초과학 수준의 연구가 상용화 수준의 개발 단계로 올라온 대표적인 사례라고 볼 수 있다.

그뿐만이 아니다. 예를 들어 2D 화합물 반도체나 그래핀을 생각해보자. 전통적인 반도체 소재는 주로 수 나노미터에서 수십 나노미터 정도의 얇은 두께를 갖는 박막thin film 형태를 갖는다. 이렇게 얇게 만들면 기본적으로 원가도 절감할 수 있을뿐더러, 신호 전달의 매개체가 되는 전자나 정공hole의 저항을 낮출 수 있다. 이는 더 낮은 전력으로 더 빠른 구동을 하는 데에 기본적으로 요구되는 요소다. 그런데 박막이라고 해도 어쨌든 두께를 가지고 있기 때문에 3차원(3D)이다. 이에 반해 2D 반도체는 말 그대로 두께가 없다시피 한(즉, 원자 한 개 정도의 두께를 갖는다) 소재다.

두께가 원자 단위가 될 경우, 전자나 정공은 물론, 포논phonon이나 폴라리톤polariton, 엑시톤exciton 같은 준입자quasi-particle[16]의 움직임은 3차원일 때와 완전히 달라진다. 특히 탄소 원자가 벌집 구조로 2차원 평면상에서 한 층의 두께만 이루며 넓게 연결된 그래핀 같은 소재의 경우 이론적인 전기 전도도는 금속 수준에서 부도체 수준까

---

16   입자는 아니나 입자 같은 물리적 특성을 가지고 있는 물리적 개체.

지 크게 달라질 수 있는데, 이는 벌집 구조 내부 혹은 표면에 어떤 구조적 결함을 유도하는지, 혹은 어떤 분자를 붙이는지 등으로 제어될 수 있다.

이렇게 만들어진 그래핀은 두께가 얇기 때문에 현재의 반도체 공정을 더 얇고 고밀도로 만드는 소재가 될 수도 있으며, 더 나아가 광 반도체로 사용할 경우, 기존의 실리콘 기반 반도체 소자와 포토닉스 소자를 연결시켜주는 가교 소재가 될 수도 있다. 기존의 실리콘 기반 반도체 아키텍처를 탈피할 수 있을 것으로 전망되는 신경망 컴퓨터(뉴로모픽 컴퓨터)나 양자 컴퓨터 역시, 지금의 기초연구 단계의 프로젝트들이 10~20년 후, 어떻게 새로운 방식의 차세대 반도체 핵심 요소가 될 수 있을지 모르는 일이다.

특히 신경망 컴퓨터는 앞으로 컴퓨터가 처리해야 하는 데이터의 용량과 종류가 확대되면서 병렬 컴퓨팅에 특화된 방식이 될 수 있는데, 이를 위해서는 그에 걸맞은 반도체 소자가 필요하다. 이는 기존의 고체 반도체 소재로는 달성하기 어렵고, 저전력으로 안정적으로 그리고 고속으로 구동될 수 있는 유연 소재가 필요하다.

양자 컴퓨터의 경우 이미 많은 연구가 이뤄지고 있으나 여전히 뚜렷한 흐름이 나타나고 있지는 않은 상황이므로, 각 요소 기술에 걸맞은 소재에 대한 선행 기초연구가 지속되어야 한다. 이에 대한 후보군으로서 결함이 내재된 나노 다이아몬드, 양자세포 오토마타를 구성할 수 있는 자성 반도체, 전자의 스핀을 제어할 수 있는 스커미온 소재 등에 대한 선행 연구가 필요할 것이다.

이런 차세대 기술 연구는 기업에서보다는 당장의 성과에 연연하지 않을 수 있는 국가연구소나 연구중심대학에서 이루어지는 경우가 많다. 특수 장비나 소재를 필요로 하는 경우가 많아 엄청난 비용이 소모되는 경우가 빈번하기 때문이다. 웬만한 정부로서도 기초 R&D 투자를 전방위적으로 확대 감행하기는 어렵다.

그런데 중국은 지난 20년간 중앙 정부와 공기업, 지방 정부 차원에서 꾸준히 각 학교와 기관의 이러한 기초연구들을 경쟁적으로 후원해왔고, 결국 성과가 나오기 시작하고 있다. 과거 몇 년 전만 해도 인해전술에 불과하다는 비웃음의 대상이었으나, 이제는 『네이처』나 『사이언스』급의 세계 최정상 과학 저널에서도 심심찮게 순수 중국 저자들의 연구를 찾아볼 수 있다. 10년만 더 지나면 아마 우리에게 알려진 각 분야의 저명 학술지 논문의 저자 절반이 중국인, 편집진의 대다수가 중국인, 심지어는 일부 저널 퍼블리셔의 절반도 중국 자본으로 넘어갈 수도 있다(이미 그러고 있는 중이다). 학문의 주도권이 넘어가는 것과 기술의 주도권이 넘어가는 것은 시차를 두고 순차적으로 반영된다는 것을 생각하면, 현재의 기술격차를 보며 마음 편하게 안심할 수 있는 상황이 결코 아니다.

반도체 기술굴기의 맥락에서는 다른 분야보다 특히 중국의 재료과학, 물리학, 화학 분야의 눈부신 약진이 한편으로는 부럽고 한편으로는 두려움으로 다가온다. 이들 분야의 연구, 특히 신소재 개발을 위한 실험과학 분야의 연구는 실제로 신물질 특허, 신공정 특허로 쉽게 연결될 수 있다. 이를 바탕으로 중국의 수백, 수천 개 반도체 소재/공정/소자 관련 기업들이 인력과 자본을 갈아넣으며 특허 100개 중에 한 개, 1000개 중에 한 개를 골라낸다는 각오로 신기술 개발에 매진할 수 있다. 우리나라가 100개의 후보 소재 가운데 간신히 한 개의 신소재를 찾고 있을 때, 중국 연구진은 같은 시간 동안 1만 개의 후보 소재 가운데 100개나 찾아낼 수도 있는 것이다. 그리고 그 100개의 물질을 모조리 특허 걸어버리고 원천기술을 독점할 수도 있다. 차세대 반도체 기술의 돌파구가 과연 어디에서 터질 것인지는 아무도 쉽게 예상할 수 없지만, 결국은 이 100개, 1만 개의 후보 기술 중에서 무조건 나와야 하는 사정을 생각한다면, 그리고 시간과 자원, 돈과 인력은 중국 편이므로, 중국은 차세대 반도체 기술 전쟁 국면에서 장기간 성 안에 틀어박혀 버티기 모드로 들어갈 자신감이 생길 법도 하다.

중국의 반도체 굴기는 앞으로 대외적인 요인에 의해 더욱 많은 압박에 놓이게 될 것이고, 자국의 기술력으로 해결이 안 되는 초격차 공정 기술과 설계 기술 측면에서는 점점 세계 수준과의 격차가 벌어질 것이다. 이를 해결하기 위해 중국은 더욱 공격적인 투자를 감행할 것이며, 더욱 노골적인 인재 유치와 기술 IP 해킹 시도를 할 것이다. 그와 동시에, 내부에서 버티기 모드로 들어가 장기전에 임할 수 있는 체력을 기를 것이고, 그것은 중국이 국가적으로 연구개발 투자를 아끼지 않고 있는 기초과학 분야, 특히 신소재 관련 분야에 대한 연구 성과로 집약되어 나타날 것이다. 중국은 반도체 기술굴기의 미래를 아직 포기할 마음이 없다.

5

중국 반도체 굴기에 대한
한국의 대응 전략

미-중 반도체 전쟁 속의 한국

2020년대, 미-중 반도체 전쟁으로 중국 산업계가 겪게 될 커다란 폭풍이 한국 입장에서도 결코 강 건너 불구경은 아닐 것이다. 중국이 반도체 시장에서 고립되면 단기적으로는 중국 수출 비중이 높은 한국의 삼성전자와 SK하이닉스를 비롯한 주요 반도체 업체들의 매출이 줄고 수익성이 악화될 것이고, 세계 시장 자체가 쪼그라들어 반도체 시장에 불황이 찾아올 수 있다. 한국과 중국에 있는 한국의 반도체 소재·부품 업체들의 수익성 역시 대부분 중국 의존도가 높기 때문에 미-중 반도체 전쟁이 장기화될 경우 수익성 악화로 인해 적자 신세를 면키 어렵다.

장기적인 영향은 다면적이어서 쉽게 판단하기는 어렵다. 당장은 중국 업체들이 차지하고 있던 다소간의 시장점유율을 한국이 가져옴으로써 시장을 넓힐 수 있을 것이다. 예를 들어 2020년 기준, 중국 업체들의 DRAM 점유율은 3퍼센트 내외로 평가되었으나, 푸젠진화 JHICC와 양쯔메모리(長江存儲, YMTC)의 경쟁력이 약화되고 창신메모리(長鑫存儲, CXMT)의 수율 경쟁력 또한 글로벌 기준에 미치지 못하고 있기 때문에 이 점유율은 정체기를 맞고 있다. NAND 플래시메모리의 경우, 양쯔메모리의 디폴트 사태 이후 점유율이 5퍼센트 벽을 넘지 못하고 있는데, 당초 중국 정부가 목표로 했던 10퍼센트 이상의 점유율 달성은 당분간 요원해 보인다.

중국의 메모리반도체 업체들의 고전 속에 DRAM의 경우 다시 삼성, SK하이닉스, 그리고 마이크론의 삼국지가 재형성되고 있으며, NAND 플래시의 경우 역시 삼성, SK하이닉스, 마이크론, 키오시아 등으로 과점의 구도가 굳어지고 있다. 한때 DRAM과 NAND 플래시 모두 중국의 공격적인 투자에 의해 다자간 경쟁 구도가 형성될 것이라는 예측도 있었으나, 메모리반도체 사업의 특성상, 거대한 자본의 집약과 함께 수율과 생산량의 동시 관리 노하우가 필요하다는 경험치가 충분히 쌓이지 못한 중국 업체들이 점유율 확장에 실패하면서 2020년대판 치킨게임의 재현이 되는 모양새다.

그렇지만 중국이라는 시장이 고립되는 상황이 한국에 득만 되리라고 생각하는 것은 근시안적인 시각이다. 2010년대 이후 중국이 반도체 시장의 가장 큰 소비 국가로 자리매김하며 중국 시장은 글로벌 반도체 업체들의 수익 창출을 위한 핵심 시장이 되었기 때문이다. 애초 목표로 한 자국의 반도체 국산화 목표 달성이 대내외적인 환경 변화로 인해 예상보다 훨씬 뒤로 미뤄지는 상황이지만, 중국 정부는 그 목표 자체를 포기하지는 않을 것이다. 따라서 자국 업체들에 대한 투자와 구조조정은 앞으로도 지속될 것이고, 그것은 한국을 포함한 외국 반도체 업체들에게는 기회이자 위기가 될 것이다. 중국이 주도하는 글로벌 반도체 시장의 확대는 기회가 되겠지만, 중국의 추격 전략으로 촉발되는 핵심 기술과 인재 유출, 그리고 원가 경쟁은 위기가 될 것이다. 시장의 상황에 따라 우리나라의 일부 기업이 기술적으로 중국에 종속될 가능성도 있다.

따라서 한국은 가급적 중국 IT 대기업의 장비와 소재/소자에 대한 의존도를 줄이는 방향으로 기술적, 산업적 의존도를 줄여나가야 하며, 공급처 다변화, 기술격차를 위한 R&D 투자 집중화가 이루어져야 한다. 그리고 전략적으로 기술개발의 집중 포인트를 선정하여 선택과 집중을 하되, 기초과학의 저변을 확대하여 그러한 기술 자생력을 갖추는 전략을 마련해야 한다.

한국의 대응 전략

한국은 중국의 반도체 굴기가 코너로 몰리는 과정에서 어떤 준비를 할 것인가? 한국의 입장에서는 미-중 반도체 기술 전쟁이 이후 하이테크 산업 전반의 기술 전쟁으로 번질 것에 대비해야 한다. 기본적으로 반도체는 거의 전 산업 분야의 필수재가 된 상황이고, 앞으로도 그 의존도는 더욱 공고해질 것이므로, 당연히 바이오 산업, 차세대 컴퓨터, 차세대 통신, 스마트 그리드, 인공지능, 차세대 에너지 소자 및 재료 같은 하이테크 산업은 반도체 기술 전쟁의 영향권에 놓일 수밖에 없다.

모쪼록 미중 간의 기술 패권 전쟁이 실제로 물리적 전쟁, 나아가 만에 하나라도 세계대전으로 비화되는 일이 없기만을 바랄 뿐이다. 최고의 우방인 미국과 최대 교역국인 중국 사이에서 한국은 조만간 선택을 강요당할 순간을 맞을 수도 있다.

중국은 대국굴기의 기치 아래, 한국에 대해 지속적으로 일대일로 참여를, 그리고 중국이 주도하는 아시아인프라투자은행AIIB 같은 경제시스템에 파트너로서 참여하기를 권고하고 있다. 지난 2020년 8월에는 중국의 외교안보 최고위 관리인 양제츠楊潔篪가 한국에 다녀가기도 했다. 중국의 패권주의는 점차 노골화되고 있으며 그 영향력을 해외로 투사하기 위한 중국 정부의 외교 방향은 점점 분명해지고 있다.

이를 정치안보적으로 견제하기 위해, 미국은 이제 대놓고 인도-태평양 지역에서 과거 소련에 대응하기 위해 서유럽과 결성했던 NATO 비슷한 기구를, 인도-호주-일본으로 이어지는 축을 중심으로 만들겠다는 인도-태평양 안보 전략 의지를 천명하고 있다. 한국은 이 전략에 대한 참여 역시 조금씩 미국으로부터 압박을 받게 될 것이다.

두 세력의 패권 다툼은 결국 지리적으로는 중국에 가깝고, 시스템적으로는 미국에 가까운, 그리고 양국에 대해 무역 의존도가 GDP의 절반을 차지하는 한국의 입장에서 아마도 매우 어려운 숙제가 될 것이고, 이 숙제를 제대로 해결하지 못하면 한국은 정말 난처한 상황에 놓이게 될 것이다. 미-중 반도체 기술 전쟁이 단순히 산업-경제적인 맥락만 생각해서는 안 되는 이유이기도 하다.

정부로서는 이런 골치 아픈 국제정세와 경제 상황에서 줄타기와 같은 선택을 해야겠지만, 기술 측면에서는 한국만의 고유한 기술과 차세대 기술이 될 수 있는 잠재적 아이템을 확보하는 데에 더욱 집중해야 한다. 특히 이차전지, 첨단 디스플레이, 수소연료전지 자동차 같은 일부 첨단 하이테크 분야에서는 한국이 주도하는 부분에서의 격차를 밑받침 삼아 초격차로 유지하는 것이 중요하다. 예를 들어 이차전지용 음극재, OLED나 양자점 같은 디스플레이 제조업에 있어서, 에너지 생산 및 소비 관리는 매우 중요한 요소 기술이며, 이를 위해 맞춤형 산업용 반도체 설계 및 제조가 중요한 경쟁력이 될 수 있다. 당연히 이를 위해 중장기적으로 집중적인 연구개발 투자가 지속되어야 한다.

살벌한 파워게임이 지배하는 국제무대에서 정치적으로 포지션을 이리저리 잡아보려 해도 그것을 뒷받침하는 기술력과 경제력이 없다면 다 허상일 뿐이다. 120여 년 전, 그리고 다시 70년 전, 불행했던 한반도의 역사가 21세기에 재현되는 일이 없도록, 우리는 하이테크 산업의 변화 상황을 예의주시해야 한다. 기술 경쟁력을 확보하기 위해 가능한 한 한 발 앞서 행동하고, 두 발 앞서 생각해야 하며, 세 발 앞서 인재를 양성해야 한다. 어떠한 상황에 처하더라도, 한국은 반드시 지렛대를 가져야 하며, 그것은 세계 기술 경쟁에서 반드시 없어서는 안 될 요소 기술을 갖는 것으로 확보되어야 할 것이다.

TSMC로부터 인력과 기술 공급, 장비와 재료 수급에 난항을 겪게 될 처지가 된 SMIC는, 당연히 그다음 옵션이자 차선책인 삼성전자, 그리고 SK하이닉스에 눈독을 들일 것이고, 특히 인력에 대한 부분에 더 공을 들이게 될 가능성이 높은데, 한국 정부와 두 회사는 이 부분에 대해 굉장히 조심스럽게 상황을 모니터링하며 통제할 필요가 있다. 개인의 이직은 어쩔 수 없는 부분이지만, 그 인재가 핵심 기술과 지식을 가지고 이직하는지 여부는 굉장히 중요한 문제이기 때문이다. 실제로 미국 AMD에서 엔지니어로 일하다, 1994~2011년

TSMC에서 파운드리 부문 R&D 책임자로 재직 후, 2009년 성균관대 반도체공학과 교수로 영입되었다가, 다시 2011년부터 2017년까지 삼성전자 시스템 LSI 사업 부문 부사장으로 재직 후, 2017년 SMIC의 공동CEO로 영입되었던 량멍쑹梁孟松 같은 인물은 SMIC가 오랜 기간 굉장히 공들여 영입한 인물로 알려져 있다. 량멍쑹은 AMD는 물론 TSMC와 삼성전자의 파운드리 기업 방식과 반도체 기술 정보를 상당 부분 가지고 있으니, 정말 SMIC 같은 후발주자 입장에서는 꼭 필요한 핵심 인재였을 것이다. 실제로 그의 합류 후, SMIC는 28나노에서 멈춰 있던 패터닝 공정이 14나노로 급진전되는 성과를 이룩하기도 했다.

앞으로는 이와 비슷한 핵심 기술 인재 영입은 미국의 제재 조치하에서 상당 부분 제동이 걸리겠지만, 거액의 연봉을 제시하는 SMIC 같은 중국 반도체 대기업의 공격적인 영입 정책은 TSMC, 삼성전자, 하이닉스, 그리고 여러 중소규모 반도체 설계/공정/소재/장비 업체로 더욱 확산될 것으로 보인다. 미국은 대중 첨단 기술 유출의 방지를 위해 특히 인적 자본의 유출 혹은 인적 자본에 대한 중국의 포섭을 경계하고 있다.

예를 들어, 미국 정부는 중국의 '천인千人계획(The Recruitment Program of Global Experts)'을 '미국으로부터의 정보 훔치기 사업'으로 규정할 정도인데, 특히 첨단 반도체 및 양자 컴퓨터 관련 기술을 연구하는 학자들을 대상으로는 중국 정부의 연구비 수주를 경계하고 있다. 화학 반도체 소재 분야 노벨상급 연구자로 유명한 하버드대학 화학과 찰스 리버Charles M. Lieber 교수 같은 미국 국적의 세계적인 석학에 대해서도 중국 정부로부터의 연구비 수주 및 세금 탈루 등을 이유로 FBI가 구속까지 감행했을 정도다.

미국 에너지부Department of Energy는 부처에서 주관하는 연구비를 수주한 미국 내 대학 및 기관에 재직한 연구자가 중국을 비롯한 해외 인재유치 계획에 참여하는 것을 금지하고 있으며, 연방정부는 해외로부터 일정액 이상의 연구비를 받은 연구자는 그 정보를 상세하게 공개하도록 하는 규제를 발효시켰다. 일본은 2021년 상반기부터 중국 국적의 유학생과 박사후 과정 연구원에 대한 유학/취업 비자 심사를 강화했는데, 이 역시 중국의 천인계획을 견제하기 위한 조치로 풀이된다.

중국의 반도체 관련 인재 영입은 특히 현직자를 타깃으로 한다. 국가정보원의 조사에 따르면, 2017년 1월부터 2022년 6월까지 적발된 디스플레이, 반도체 및 전기전자 분야 산업기술 유출 사건은 총 53건으로서, 전체 유출 건수 99건 중 54퍼센트를 차지한다. 이 가운데 중국으로 유출된 건수는 36건으로, 53건 중 66퍼센트에 달한다. 즉, 최근 한국의 반도체 혹은 반도체 유관 분야 첨단 기술 유출 사건의 배경에는 주로 중국이 있다고 생각할 수 있다. 실제로 유출된 건수는 적발된 건수의 최소 3배에서 최대 10배까지도 추정된다. 특히 특허나 논문으로 공개되지 않는 이른바 '암묵지knowhow'가 전현직 엔지니어들이 중국으로 재취업/이직하면서 같이 유출되는 건수가 계속 증가 추세다.

2022년 1월, SK하이닉스의 협력 업체 연구소장이 SK하이닉스 플래시메모리의 일부 소재 및 소자 핵심 기술을 중국에 유출하고, 삼성전자 혹은 그 자회사의 전직 직원들의 이직을 도우면서 장비 도면을 유출한 사건이 있었는데, 이로 인해 연구소장이 기소되기도 했다. 중국의 반도체 산업은 한국에 위치한 한국 회사뿐만 아니라 외국에 진출한 현지 한국 법인에 대해서도 전방위적으로 정보와 인력, 그리고 기술 유출을 시도한다. 상대적으로 감시가 소홀하기 때문에 미국 법인 등에서 일했던 엔지니어가 제3국의 업체를 통해 중국 회사와 공동 프로젝트를 추진하거나, 퇴직 후 프리랜서 혹은 창업을 한 후 투자를 받는 형식으로 자신의 암묵지를 유출하는 경우가 생기고 있다. 처음에는 공동 프로젝트 협의로 미팅이 시작되지만 차수가 거듭될수록 상세한 기술의 스펙 범위가 좁혀지는 과정에서 결국 중국 업체들이 원하는 답이 나오게 되는데, 그렇게 되면 미팅한 엔지니어는 본인의 의사와 관계없이 이미 기술과 노하우를 유출한 셈이 된다.

중국의 반도체 대기업들은 미국의 제재가 시작된 이후, 기존의 기술로는 솔루션을 만들 수 없는 부분을 파악하고 있다. 제재 전에는 외국의 반도체 장비 업체들이 공급한 장비들을 이른바 '턴키' 방식으로 그대로 사용하였으나, 이제는 그러한 장비 사용에 제약이 걸렸기 때문이다. 그러한 기술 제약을 넘는 방법은 사실상 엔지니어들의 머릿속에 들어 있는 노하우를 확보하는 방안밖에 없다. 중국 업체들은 이 과정에서 특히 대만이나 한국의 엔지니어를 고액의 연봉과 각종 복지혜택을 동원하여 채용하려 한다. 대만의 엔지니어들은 한국에 비해서도 상당히 낮은 연봉을 받는 상황이기 때문에 중국 현지 대만 법인에 진출한 대만 엔지니어들은 비교적 큰 고민 없이 이직을 하고 있다.

한국의 반도체 엔지니어들에 대해서는 중국 업체들의 접근 방식이 조금 다르다. 주로 승진에서 밀리거나 회사의 미래 비전과 맞지 않아 현재 한직으로 밀려난 40~50대 엔지니어들을 타깃으로 한다. 흔히 생각할 때는, 중국 업체 입장에서 가장 첨단 기술을 담당하는 현직 엔지니어를 필요로 할 것 같지만, 오히려 그러한 기술을 이끌어내기까지 노하우가 쌓인 10년차 이상의 시니어 엔지니어들을 더 필요로 한다. 시니어 엔지니어이기 때문에 비교적 높은 연봉을 받는 상황이고, 이들을 영입하기 위해서는 대만 엔지니어보다 더 높은 연봉을 제시해야 하지만, 중국 업체들은 2~3배 정도의 고연봉을 감수하고라도 이러한 시니어급 한국 반도체 엔지니어 영입에 관심을 보인다. 당장의 업계 관심의 초점에서는 다소 벗어나 있지만, 기술 난제를 해결해온 노하우는 그대로 보존되어 있기 때문이다. 중국 업체들이 확보하기 원하는 것은 바로 이러한 노하우들이다.

한 가지 예를 들자면, SMIC는 14나노 공정 자립 과정에서 노광 공정에서는 비교적 기술적 난제를 잘 극복했지만, 오히려 전통적인 에칭 공정에서의 진척이 느린 편이었다. 그런 SMIC가 14나노 공정에서의 에칭 난제를 해결한 방식은 과거 KrF 노광 공정 기반으로 패터닝 셋업을 했던 한국과 대만 엔지니어들의 노하우를 통해서였다.

노광 공정을 거친 PR 박막이나 절연체 박막에서 필요 없는 부분을 나노미터 단위로 정밀하게 깎아내는 드라이 에칭 공정은 논문이나 특허에 기술된 대로 재현하기 어려운 공정 중 하나다. 수많은 시행착오와 에칭 속도, 에칭액 농도, 에칭 분사노즐 구경, 에칭 장비 내 진공도, 장비 내부의 항에칭성 코팅 소재 등 다양한 공정 파라미터의 수만 가지에 달하는 조합 과정에서의 미세 조정이 요구되며, 따라서 특정 장비와 화학물질의 조합에 대한 의존도도 높다. 심지어 같은 회사 장비라고 해도 세대가 달라지거나 스펙이 달라지면 파라미터의 셋업이 다시 조정되어야 할 정도다.

이러한 공정 노하우는 라인의 초기 셋업 단계부터 그 공정만 10년 넘게 담당해온 엔지니어들, 특히 공채 출신으로서 사원급에서 책임/수석급까지 꾸준히 승진해온 인력들이 가장 강점을 갖는 부분이다. 즉, 중국 반도체 업체에서 영입을 시도하는 인력들은 회사에서 이른바 S급 혹은 에이스급이라고 불리는 연구개발 인력에만 국한되는 것이 아니라, 현장에서 잔뼈가 굵은 시니어 엔지니어들까지도 포함되는 것임을 인지할 필요가 있다. 이 엔지니어들이 스스로 현 회사의 비전에서 밀려나 있거나 이른바 전력 외 인력으로 분류된다고 느낄 시점에 중국 업체들의 공격적인 영입 제안이 들어온다면, 그 제안을 수락하지 않기는 쉽지 않을 것이다.

중국에서 영입 조건으로 내세우는 것은 주로 현 연봉의 1.5~2배 수준의 고연봉이다. 다만 실제로 이러한 제안을 받고 중국으로 넘어간 인력들은 고연봉 제안의 이면에 있는 함정을 경고한다. 한국과는 달리, 중국 업체들은 4대보험 같은 복지 체계가 포함되어 있지 않으며, 대도시에서의 생활비는 회사가 지정한 아파트 등에서만 살아야 하는 관계로 월세, 관리비, 가정부 고용비 같은 항목을 선택할 자유가 거의 없다. 자녀를 동반하는 경우, 대부분 국제학교에 보내야 하는데, 그 교육비 역시 높은 지출을 차지한다. 즉, 중국 회사에서는 높은 연봉을 주는 동시에 중국 내부에서 그 연봉을 다 쓰게끔 만드는 높은 비용을 요구하는 셈이다.

더구나 주로 3년 계약으로 영입한 해외 인력들의 노하우는 대부분 3년 이내에 확보될 수 있으므로, 다음 3년 주기의 재계약률은 높지 않으며, 이로 인해 중국으로 이직한 한국 엔지니어들의 근속연수는 5년을 넘기기 어렵다. 중국 특유의 배타성 때문에 외국 엔지니어들은 임원으로 승진하기 어려우며, 특히 외부에서 영입된 인력들은 직함에 어울리지 않는 팀을 붙여주거나 정보를 제한하기 때문에 자신의 노하우가 적용되는 분야를 제외하면 회사 내부의 신사업에 대해 기여할 여지가 극도로 제한된다. 고연봉에 따르는 고성과 KPI를 채우기는 더욱 어려우며, 이로 인해 재계약 성공률이 저하되는 것으로 풀이된다.

노하우를 들고 중국으로 이직하는 시니어 엔지니어들에게 초기에 맡겨지는 일은 중국 업체와 다른 선진 업체들 사이의 기술 격차 시간을 단축하라는 것이고, 이 과정에서 노하우가 어떻게 활용되느냐에 따라 KPI 성패 여부가 정해진다. 노하우를 통해서 기술 격차를 단축했다고 해도, 그 다음 세대의 기술 격차 해소에는 과거의 노하우가 그대로 적용되기 어려우므로 재계약이 어려우며, 재계약이 성공되는 경우는 자신의 네트워크를 동원하여 다른 전현직 엔지니어를 스카우트해오는 경우가 대부분이다.

실질적으로 중국의 반도체 업체가 대만은 물론, 한국의 반도체 공정 엔지니어나 핵심 설계인력을 스카우트하는 경로를 모두 파악하기는 불가능하다. 따라서 스카우트를 원천적으로 막을 수 있는 방법은 없다. 오히려 스카우트 가능성은 늘 있다는 것을 상정하여 한국의 반도체 업계와 정부가 보다 실효성 있는 대책을 마련할 필요가 있다.

우선적으로, 핵심 인재로 분류되는 반도체 엔지니어들과 R&D 공정 및 설계 인력에 대한 대우 수준이 반드시 SMIC 같은 중국 반도체 대기업 이상으로 격상되어야 한다. 특히 위에서 언급한 시니어 엔지니어들의 노하우를 제대로 평가하여 그것에 걸맞은 보상 체계를 더욱 강화할 필요가 있다. 기술 유출은 종이에 인쇄한 설계도 유출이나 서버 해킹만으로 이뤄지는 것이 아니고, 오히려 사람을 통한 노하우 확보에서 이뤄진다는 것을 명확히 인식할 필요가 있다.

기술 보안에 대해서도 지금보다 훨씬 더 민감하게 대응해야 할 것으로 보인다. 정부 차원에서도 중국의 공격적 인재 유치에 대해, 연구사 수준에서는 중국 정부의 연구비 수주 동향을 모니터링해야 하고, 회사 수준에서는 특히 중국 회사로의 기술 이전 과정에 대해 한층 더 엄밀한 감사가 필요하다. 중국 정부가 아니더라도 중국의 회사에서 발주하는 산학협력 과제에 대한 내부 검토 과정이 더 강화되어야 하며, 중국 회사에서 한국 대학원으로 파견하는 유학생들의 국가 과제 참여에 대해서도 과기부와 연구재단 등이 단계별 참여율 차등 방안 등을 설계할 필요가 있다.

퇴직한, 혹은 퇴직을 앞둔 엔지니어들의 해외 재취업을 원천적으로 막는 방식의 정책은 실효성이 별로 없다. 중국을 타깃으로 하여 해외 재취업을 막을 시, 중국뿐만 아니라 미국이나 일본으로의 재취업까지 법적으로 같이 막히게 되기 때문이다. 재취업을 직접적으로 막기보다는 이미 기술적 스펙이 모두 공개된 분야에 한해 재취업 경로를 열어주는 것이 더 효과적이다.

경쟁이 극심한 최선단 공정 기술에 대해서는, 2022년 8월 4일부로 시행된 국가첨단전략산업법 같은 특별조치법을 통해 핵심 기술의 유출을 여러 단계에서 통제할 수 있게 되었다. 과기부 주도로 입안된 국가전략기술 관련 특별조치법 역시 현 세대의 최선단 기술뿐만 아니라, 차세대 핵심 기술에 대한 보호와 국가적 육성 정책을 법으로 명문화할 예정인데, 이 법에 의해 글로벌 공급망, 외교안보 등의 관점에서 차세대 반도체 기술에 대한 보호 조치가 보다 폭넓게 시행될 것으로 예상된다. 이러한 정책 변화 흐름은 칩4동맹과 IPEF 같은 다자간 협력 구도에 맞춰 계속 개정될 것으로 예상되는데, 정부 차원에서는 이 변화의 흐름을 계속 모니터링하면서 유연한 정책 개정을 계속 시도해야 한다.

바야흐로 중국발 반도체 굴기는 핵심 장비는 물론 주변 국가들의 S급 핵심 인재 쟁탈전으로 번지고 있으며, 이에 대해서는 개별 회사 차원과 더불어 국가 차원에서도 충분히 문제를 인지하고 대응 전략을 수립해야 할 것이다.

미국과 중국의 패권 다툼은 결국 바이오, ICT, 그리고 양자 컴퓨터 같은 다양한 기술을 공통적으로 아우르는 대용량 데이터의 고속, 저전력, 초정밀 처리 기술의 혁신 싸움이다. 한국은 이 G2 거인들의 기술 혁신 싸움에서 어떤 표준과 어떤 로드맵이 드러날 것인지 매 순간 기술적 추이를 주의 깊게 모니터링해야 한다. 그리고 기회가 될 때마다 표준과 로드맵의 주요 지점에 참여해야 한다. 이미 한국 제조업, 특히 첨단 산업의 현 기술 체계와 로드맵은 미국에 거의 예속된 상황이나 마찬가지이지만, 그럼에도 불구하고 분기되어나갈 중국의 표준과 로드맵에 대한 모니터링을 게을리하면 안 된다. 이것은 굳이 손자병법을 들먹이지 않더라도 당연히 알 수 있는 부분이다.

그리고 어떤 상황에서든, 그 당시의 최고 수준의 첨단 기술을 반드시 여러 개 가지고 있어야 한다. 시간과 자원의 한계가 있으니 그러한 기술을 모두 갖출 수는 없으나, 반도체에 대해서라면, 특히 소재와 공정의 핵심 요소 기술을 선점할 필요가 있다. ASML처럼 아쉬운 사람이 먼저 찾아가 읍소할 수 있는, 그런 '슈퍼을'의 지위를 국가 차원에서도 반드시 전략적으로 확보할 필요가 있다.

소재의 경우 중장기적으로는 신경망 컴퓨터와 양자 컴퓨터에 적합한 신소재 연구를 통해 기술을 확보할 수 있는 전략이 필요하다. 신경망 컴퓨터는 말 그대로 인간의 신경망을 흉내내어 정보의 처리와 저장을 동시에 하면서 정보처리 성능을 비약적으로 높일 수 있는 방식이다. 이를 위해서는 기존의 전통적인 고체 실리콘 기반 반도체 소자뿐만 아니라, 아예 액체 기반 병렬 컴퓨팅이 가능한 소재가 필요하다. 그러려면 실제 뇌처럼 상온에서 액상의 화학 분자를 교환함으로써 정보를 처리하는 방식을 흉내낼 수 있는 소재에 대한 연구가 필요할 것이다.

양자 컴퓨터의 경우 이미 실리콘을 탈피한 다양한 소재가 후보군이 되고 있다. 예를 들어 나노스케일의 결함이 제어된 다이아몬드, 위상 절연체topological insulator, 자성 반도체 등이 그 후보가 될 수 있다. 한국은 반도체 소재 분야에서도 세계적인 경쟁력을 유지하고 있으므로, 차세대 반도체 원천기술의 핵심 역량을 보존하기 위해 이러한 몇 가지 후보 소재군에 대한 집중적인 연구 투자가 필요하다.

이를 위해서는 ASML이 하루아침에 EUV 노광 같은 기술적 경쟁력을 갖추게 된 것이 아닌 것처럼, 우리나라 역시 기술적 생태계의 심층을 이루는 기초과학 투자를 더 다양하게, 더 깊게, 더 장기적으로 해야 한다는 것을 잊어서는 안 된다. 즉, 재료공학 연구에만 집중하는 것이 아니라 신소재 개발을 위해 필수적으로 선행 발전돼야 하는 기초과학에 대한 집중적인 육성도 잊으면 안 된다.

소재 외에 한국의 반도체 산업이 앞으로도 대체 불가능한 독점 기술을 보유하려면 또 어떤 투자를 해야 할까? 예를 들어 다시 한번 양자 컴퓨터를 생각해보자. 당장이라도 더 집중해서 투자해야 하는 연구는 양자 컴퓨터의 프로세서 같은 눈에 보이는 연구가 아니다. 오히려 양자 컴퓨터로만 풀 수 있는 문제를 발굴하고, 그것을 풀 수 있는 알고리듬을 개발하는 기초 물리학, 수학, 그리고 정보 과학 연구에 더 큰 투자를 해야 한다.

양자 큐비트를 제어할 수 있는 특별한 소재에 대한 연구도 필요할 것이다. 이를 위해 전혀 상관없어 보이는 물질, 예를 들어 다이아몬드 내부에 미량으로 함유된 결함을 제어하는 소재 기술을 개발하는 것에 연구를 집중해야 한다. 이는 실리콘과 산화실리콘으로 이루어진 전계효과 트랜지스터가 반도체 회로의 핵심 소재가 된 것처럼, 양자중첩 상태를 제어할 수 있는 핵심 소재가 될 수 있기 때문이다.

양자 컴퓨터에 대한 투자 외에도, EUV 이후에 대한 준비도 생각해볼 수 있겠다. EUV보다 더 짧은 파장의 광원을 안정적으로 만들 수 있는 방법, 그 광원에 선택적으로 반응할 수 있는 무기물 합성, 광원을 유도할 수 있는 정밀 광학계, 높은 에너지 효율로 광원의 세기를 조절할 수 있는 광원 발생 시스템 등에 대한 연구가 이루어져야 하며, 기업이 이를 모두 감당할 수 없으므로 그 간극을 메꿔주는 정부의 노력이 중요하다.

이를 제때, 제대로 하지 못해서 불행하게도 '슈퍼을'이 아닌 '그냥 을'이 되는 순간, 주도권을 상실하고 기술적 종속 신세를 면치 못하게 될 것이고, 이는 나아가 나라 전체의 경쟁력, 국력과 국체의 지속 가능성에까지 영향을 미치게 될 것이다. 내외부적인 환경의 불확실성과 변동성이 점점 누적될 21세기 중후반부로 갈수록, 까딱하면 순식간에 을도 아닌, 병, 정의 신세로 나라의 위상이 추락할 수도 있다는 것을, G2 사이에 있는 한국은 더더욱 잊어서는 안 된다.

3부

한국의 도전,
그리고
초격차를 위한 재도약

미중 간 기술 경쟁, 글로벌 반도체 산업의 재편, 그리고 반도체 업계에서의 주도권 다툼과 합종연횡이 격심해지면서, 전 세계 반도체 산업 전반에서의 기술 경쟁은 더 치열해질 것이다. 두 나라와의 무역에 GDP 의존도가 높은 한국 입장에서 이러한 상황은 위기이자 기회이다. 이 시점에서 한국이 반도체 산업에서의 핵심 이익을 지키기 위해, 그리고 앞으로도 기술적 우위를 유지하기 위해 던져야 할 질문이 있다. 한국의 반도체 산업이 직면한 도전은 무엇이고, 그것에 대한 대응 전략은 무엇인가? 글로벌 반도체 공급망의 재편이 갖는 의미는 무엇이며 한국 반도체 산업의 경쟁력 확보 방안은 어디에 초점을 맞춰야 하는가? 그리고 차세대 반도체 기술 전쟁의 핵심은 무엇인가? 3부에서는 이에 대한 이야기를 풀어보고자 한다.

1

한국 반도체 산업
그 반세기의 역사

제조업 중심으로 지난 반세기 간 경제 성장을 추진해온 한국에 있어, 전자 공업과 반도체 산업은 빼놓을 수 없는 주요 기둥 중 하나이다. 특히 반도체 산업은 2019년 기준, 수출액 규모로는 939억 달러, 점유율로는 17.3퍼센트를 기록하며 전체 품목 중 1위를 차지할 정도로 한국의 수출품 중 가장 높은 비중을 차지하고 있다. 그보다 20년 전인 1989년 기준으로도 반도체는 한국의 주요 수출품 비중으로는 2위를 기록할 정도로 오랜 시간 한국의 효자 수출 품목으로 최상위에 자리잡고 있는 산업이다.

한국에 처음으로 반도체 산업이 들어온 것은 1960년대 중반으로 거슬러올라간다. 이는 미국은 물론, 일본, 중국, 대만에 비해서도 10~20년 정도 늦은 시점이었다. 1965년 12월, 미국의 전자 회사 코미Komy는 한국에 고미전자산업주식회사를 합작회사 형태로 설립한 후, 주로 라디오에 쓰이는 트랜지스터와 다이오드 조립 생산을 시작했다. 1966년 4월, 미국의 반도체 회사 페어차일드Fairchild는 더 큰 규모의 투자를 통해 페어차일드세미코Fairchild Semikor를 설립하여 실리콘 트랜지스터와 다이오드를 조립 생산할 수 있는 라인을 건설하였다. 이후 시그네틱스Signetics나 모토로라Motorola, IBM 같은 미국의 반도체 업체들을 중심으로 투자가 이어져 한국에서의 반도체 제품 조립 생산 기반이 갖춰지기 시작했다.

미국 반도체 업체들이 산업 기반이 열악했던 당시의 한국을 주요 조립 생산기지로 택하기 시작했던 이유는 한국의 저렴한 인건비로 인한 높은 노동집약 생산성과 상대적으로 높은 교육 수준, 그리고 당시 외국 자본에게 유리한 조세 환경이었던 '외자유치법'(1966년 8월 제정)의 배경이 있었기 때문이다. 그리고 1964년, 상공부(현 산업통상자원부)는 국가 주도의 중점 육성 수출 산업 중 하나로 전자 산업을 선정했는데, 이것이 이후 반도체 산업 성장의 한 배경을 이루었다. 1968년, 아남산업은 한국의 전자 회사로는 최초로 반도체 사업, 특히 반도체 패키징 사업을 시작했다. 1969년 아남은 미국 앰코일렉트로닉스Amkor Electronics(현 앰코테크놀로지)와의 협력을 통해 합자회사도 설립, 본격적으로 글로벌 반도체 패키징 시장에 뛰어들게 되었다.

정부 차원에서의 노력도 60년대에 시작되었다. 1966년 한국 최초의 정부출연연구소인 한국과학기술연구소KIST[1]가 설립된 후, 국가 주도의 반도체 기초연구도 같이 시작되었는데, 당시 KIST 전자장치연구실과 고체물리연구실을 중심으로 부품과 제조기술 개발 관

---

[1]   이후 1981년 한국과학원KAIS과 통합해 한국과학기술원KAIST이 되었다가, 1989년 한국과학기술연구원KIST로 분리, 재발족하여 현재에 이른다.

련 산업화 연구가 진행되었다. 초대 소장이었던 최형섭 박사는 미국 벨연구소에 재직 중이던 정원 박사를 필두로 재미 한인 연구진을 초빙하여 본격적인 실리콘 반도체 연구를 시작했다. 고체물리연구실은 1970년대 들어 반도체재료연구실로 확대 개편되었고, 실리콘 반도체 단결정 웨이퍼 제조, 화합물 반도체 박막 에피 성장 기술 개발 등의 성과를 일궈내었다.

1970년대로 넘어와 두 차례 오일쇼크를 겪으면서 외국 반도체 업체들의 직접적인 투자 규모는 줄어들고, 반도체 산업의 축이 점차 국내 기업으로 옮겨가기 시작했다. 1974년, 모토로라에서 일했던 강기동 박사 주도하에 한국반도체가 KEMCO와 미국 ICII(강기동 박사가 미국 현지에 설립한 회사)의 합작회사 형태로 부천에 설립되어, 이후 TV와 오디오용 트랜지스터 등을 자체 개발하기도 했다. 그러나 1973년 제4차 중동전쟁 이후 촉발된 제1차 오일쇼크로 인한 극심한 자금난, 그리고 그로 인한 경영상의 어려움을 못 이긴 한국반도체는 1974년과 1977년 사이에 삼성에게 점차 인수되어 1978년 3월, 마침내 삼성반도체로 사명이 변경되었다(강기동 박사는 이후 2년간 삼성반도체 사장 역임했다).[2] 1976년에는 KIST의 반도체개발센터가 독립하여 정부와 민간이 합동으로 출연한 기관인 한국전자기술연구소KIET로 재탄생함으로써 본격적인 반도체 및 컴퓨터 기술 개발 연구가 시작되었다.

1980년대 들어 한국의 반도체 산업은 본격적으로 그 기반을 닦아

---

2   한국반도체는 삼성에 인수된 이후 주로 비메모리반도체 생산으로 사업을 이어갔으나, 1990년대 IMF 위기를 거치면서 삼성이 해당 사업 부문을 페어차일드 코리아에 1억 4000만 달러에 매각하였다.

나가기 시작한다. 1980년대 초반만 해도 반도체 산업은 규모가 크지 않아서, 일례로 1982년 삼성반도체의 매출은 삼성전자 전체 매출의 3.1퍼센트에 불과했다. 그러나 1982년부터 현대, 금성(현 LG) 같은 후발 대기업들이 너도나도 반도체 산업에 진출하기 시작하였다.

또한, 정부의 전략적인 반도체 산업 지원 역시 중요한 역할을 했다. 1979년 3월, 2900만 달러의 세계은행(IBRD, 국제부흥개발은행) 차관이 도입되었고, 이를 기반으로 1981년 10월, KIET의 반도체 생산 시설이 준공되어 가동이 시작되었다. 경북 구미에 위치해 있던 KIET의 반도체연구센터는 한국이 본격적으로 메모리반도체 강국으로 올라설 수 있는 기초를 확실히 다지는 데에 큰 공헌을 했다. 1982년 5마이크로급 실리콘 게이트 NMOS 기반 ROM 개발, 1983년 4마이크로급 CMOS 공정 기술 개발, 8비트급 마이크로프로세서 설계, 그리고 반도체 설계에 필수적인 CAD 기술의 도입 등, 반도체 산업의 육성에 필수적인 요소 기술 확보 및 부품 개발에 지대한 공헌을 했다. 1981년, 상공부는 '반도체공업육성세부계획'을 수립하며 국내 반도체 업체들의 반도체 부품 국산화는 물론 장기적으로는 세계 반도체 시장 진출을 독려하는 노선을 분명히 했다.

이에 발맞춰 1982년 1월 삼성전자는 반도체연구소를 신규 설립하고, 1983년 경기도 기흥에 대규모 설비 투자와 함께 반도체 사업 진출을 공식적으로 선언했다. 특히 삼성은 메모리반도체에 주목했는데, 주력 제품으로 당시에 유망하던 ROM이 아닌 DRAM을 선정했다. 이 결정은 이후 메모리반도체의 주력이 DRAM으로 자리잡으면서 전략적으로 옳았던 판단으로 확인되었다. 삼성은 16Kb DRAM 개발도 불가능할 것이라는 세간의 의구심을 불식시키며, 반도체 기술 개발 선언 당해인 1983년 세계 3번째로 64Kb DRAM 개발에 성공했다. 당시 64Kb DRAM은 한국반도체를 설립한 강기동 박사가 처음 설계했던 CMOS 생산라인을 NMOS 공정으로 하향 조정하여 제작된 메모리칩이었는데, 처음에는 한국반도체 부천 공장을 인수한 삼성반도체 부천 공장에서 생산되었다. 당시 불과 반년 만에 현실화된 삼성의 64Kb DRAM 개발 성공 소식은 일본의 선두 메모리반도체 업체들에게는 경각심을 불러일으키는 사건이었다. 왜냐하면 당시 일본과 10년 이상 차이가 났던 것으로 평가되던 반도체 제조 분야 기술격차를 4년 이내로 줄여버린 일대 사건이었기 때문이다.

　삼성을 신호탄으로, 당시 한국의 재벌 그룹들은 경쟁적으로 반도체 산업에 뛰어들었다. 현대그룹 역시 1983년 2월, 현대중공업 산하에 전자사업팀을 설치하며 본격적으로 반도체 중심의 전자 산업 진출을 천명하였다. 처음에 현대전자는 이미 시장에 강자가 즐비한 DRAM을 피하는 전략을 세웠다. 대신 DRAM과는 다소 결이 다른 메모리칩인 SRAM을 주력으로 삼아 1984년 12월에는 16Kb SRAM 개발에 성공하기도 했다. 이후 1985년에는 미국 바이텔릭Vitelic사의 기술을 도입하여 16Kb, 64Kb, 256Kb, 그리고 1Mb급 DRAM 개발에 성공하였다.

　전자 산업에서 삼성의 경쟁 회사이기도 했던 당시 럭키금성 그룹(현 LG)은 1979년 대한반도체를 인수하여 금성반도체를 창립했고, 구미를 중심으로 반도체 생산 규모를 늘려가기 시작했다. 1984년, 금성반도체는 KIET의 반도체 생산 시설을 인수하여 같은 해 마이크로프로세서 생산에 성공하였고, 1985년 11월에는 1Mb급 ROM을 개발하여 IBM에 납품하였다. 1989년 9월에는 금성일렉트론을 설립하기도 했다.

한국의 반도체 업체들은 1980년대 후반으로 접어들면서 선택과 집중을 할 수밖에 없는 위치에 다다랐다. 기본적으로 반도체 산업이 점차 거대 자본이 필요한 장치산업으로 변모하는 과정이었고, 또한 종합 반도체 산업이 점차 팹리스와 파운드리, 후공정으로 분화되는 추세였기 때문이다. 자본력이 충분하지 않았을뿐더러 여전히 모든 부분에서 세계 수준 대비 기술격차가 있었던 한국 반도체 산업에 있어 선택과 집중은 필수적인 전략이었다. 당시 전체 반도체 시장 중 메모리반도체의 규모가 가장 컸고 수요도 꾸준히 증가하고 있었기 때문에, 일단 메모리반도체에 집중하는 것이 전략적으로 유리해 보였다. 또한, 메모리반도체의 경우, 기존의 선두주자들과의 기술격차를 기술도입과 대규모 투자를 통해 좁히는 것이 가능해 보였기 때문에, 한국의 후발주자들 입장에서는 메모리반도체를 선택하는 것이 유리한 판단이었을 것이다. 메모리반도체는 시스템반도체 혹은 로직 반도체에 비해 제품군이 비교적 단순하고 공정의 표준화가 상대적으로 용이하기 때문에, 제조업에서의 수율 및 공정 관리에 경험이 쌓인 한국의 제조업 중심 대기업들 입장에서는 매력이 더 클 수밖에 없었다.

삼성은 1983년 미국의 마이크론으로부터 기술 이전을 받아 64Kb DRAM의 상용화에 본격적으로 뛰어들었다. 삼성이 개발한 64Kb DRAM은 자체 개발이라기보다는 마이크론의 기술을 재조합하는 일종의 리버스 엔지니어링Reverse Engineering에 더 가까운 것이었는데, 그럼에도 불구하고, 마이크론의 예상보다 개발 기간을 1/3 이상 앞당겼다는 점은 의미가 큰 성과이기도 했다. 64Kb DRAM 개발과 동시에, 삼성은 곧바로 다음 세대 메모리인 256Kb DRAM 개발에 착수했고, 반년 후인 1984년 10월 개발에 성공했다. 이로써 한국은 적어도 256Kb DRAM 기준으로는 세계 선두 업체와 기술격차를 2년 이내로 줄일 수 있었다. 현대전자는 DRAM으로 사업 방향을 선회한 후, 1986년 상반기부터 일본 히타치에 이어 세계 두 번째로 CMOS 공정 기반 256Kb DRAM을 이천 공장에서 양산하기 시작했다.

그렇지만 메모리반도체의 시장 상황은 녹록치 않았다. 1980년대 중반에 이미 세계 메모리반도체 시장 상황은 레드오션에 가까웠기 때문이다. 삼성과 현대가 빠르게 신기술을 개발하며 양산 규모를 늘려가자 기존 업체들의 극심한 견제가 시작되었다. 특히 선두 자리를 위협받게 된 일본의 반도체 업체들은 담합하며 이른바 덤핑 전략을 취했다.[3]

이로 인해 DRAM 가격이 1/10 수준으로 급락하였는데, 이는 예상치 못한 결과를 가져왔다. 일본 기업들의 매출이 급락하며 자금 회수 압박을 받게 되자, 차기 제품인 256Kb급은 물론, 차세대인 512Kb급 DRAM 개발 및 생산 착수가 늦어지고 차세대인 512Kb급 양산 기술 확보도 같이 늦춰지게 된 것이다. 삼성 역시 이 과정에서 1400억 원이 넘는 적자가 발생하였지만, 오히려 더 공격적인 투자를 결정하였다. 당시 많은 이들이 반대하였지만 오너의 결정을 밀어붙였고, 그것은 1986년 1Mb급 DRAM 개발, 1988년 4Mb급 DRAM 개발로 이어졌다. 1990년에 이르러 16Mb급, 1992년 64Mb급 DRAM 개발 시점에서는 선두업체와의 기술격차가 오히려 역전되는 수준에 이르렀다.

---

3   이로 인해 일본의 메모리반도체 업체들은 미국의 반덤핑 제재를 받게 된다.

1980년대 중후반 이후 촉발된 한국 반도체 산업의 고도성장 이면에는 한국 정부의 산업 육성 정책이 있다. 한국 정부의 반도체 산업 육성 정책은 산업이 확장되면서 더욱 고도화되었다. 1986년 10월, 한국 정부는 '초고집적 반도체 기술 공동개발사업' 계획을 정식으로 출범시켰는데, 이는 산-학-연-관[4]이 연합된 대형 국가주도 프로젝트이기도 했다. KIET를 전신으로 삼는 한국전자통신연구원ETRI의 주관하에 시행된 이 계획의 골자는 핵심 기술의 개발 '속도전'을 위한 분업 체계였다. 특히 삼성전자, 금성반도체, 현대전자 같은 반도체 회사들은 정기적인 회의와 기술교류회를 통해 한편 협력하고 한편 경쟁해가며 기술개발 기간을 단축하고 비용을 절감할 수 있었다.

이 프로젝트의 1차 목표는 1989년 3월까지 0.8마이크로미터 크기의 선폭을 갖는 트랜지스터 기반의 메모리반도체를 개발하는 것이었는데, 이는 4Mb DRAM에 해당하는 것이었다. 해당 프로젝트에서 ETRI는 연구개발을 총괄관리, 서울대 반도체공동연구소는 연구인력 양성 및 기초 연구를 맡았다. 삼성전자는 디바이스 기술과 선공정 핵심 기술 개발 과제 9개 항목을, 금성반도체는 공정 검사 및 신뢰도 기술 같은 후공정 분야를, 현대전자는 조립 기술 등 6개 분야를 담당했고, 설계는 ETRI 주도로 공동 연구가 진행되었다.

1988년 10월, 공동 프로젝트의 기술적 지원을 받아 삼성전자는 4Mb DRAM 시제품(수율 7퍼센트)을 개발한 데에 이어, 1989년 2월, 양산(수율 20퍼센트)에 성공했다. 이 프로젝트는 1989년 이후에도 1990년 16Mb DRAM, 1992년 64Mb DRAM 개발 등의 성과로 이

4   2개 출연연, 19개 대학, 3개 반도체 기업이 참여하는 대형 프로젝트였다.

어졌다. 1986년 10월부터 1993년 3월까지 약 6년 반 정도 지속된 공동 프로젝트를 통해 한국 반도체 산업은 메모리반도체 분야에 있어서는 세계 선두권으로 진입할 수 있는 교두보를 마련할 수 있었다.

1980년 중후반부터 1990년대 초반까지 선두 업체와의 기술격차를 줄이면서 동시에 선행기술을 개발하는 전략을 취했던 삼성은 1990년대 초반 이후, 선행기술을 적어도 두 세대 이상 먼저 개발하는 방향으로 전략을 바꿨다. 이는 삼성이 메모리반도체 분야에서 선두 진입을 확고히 한 이후, 시장을 지배하는 전략으로 방향이 바뀌었음을 의미한다. 실제로 1993년 삼성은 256Mb DRAM 개발에 착수하는 것과 동시에 512Mb DRAM 선행기술 개발, 그리고 심지어 1Gb DRAM 기술에 대한 기초연구를 시작했다. 바뀐 전략을 통해 삼성은 겨우 3년 만인 1996년에 세계 최초로 1Gb DRAM 개발에 성공했다. 삼성전자의 전략을 따라 현대전자와 LG반도체 역시 메모리반도체 분야에서 선행기술에 대한 투자를 확대해나갔다.

하지만 성장하던 한국의 반도체 산업은 1990년대 후반에 이르러 커다란 장벽에 부딪히게 된다. 1997년 말, 한국은 아시아를 강타한 IMF 외환위기를 정면으로 맞았다. 한국의 반도체 업체들 역시 한국 전체에 불어닥친 거대한 경제적 파고로부터 자유롭지 않았다. 특히 마이크론을 중심으로 한 미국의 반도체 업체들은 외환위기를 맞은 한국에 대해 지원되는 긴급 금융자금이 한국 반도체 산업으로 직접적으로 흘러들어가서는 안 된다는 전방위적 로비를 펼쳤다.

실제로 1998년, 미국 연방준비위원회FED는 삼성전자에 대한 대출 등급을 '기준 이하sub-standard'로 분류할 정도로, 당시 한국 반도체 산업은 신용 경색에 시달리고 있었다. 대출 금리가 두 배 이상으로 올라가고, 기업채의 만기 연장 불허가 더 잦아졌다. 거대 자본이 지속적으로 투입되어야 하는 산업의 특성상, 이러한 혹독한 대출 규제 환경은 자본 조달 과정이 훨씬 더 불리해지고 자본의 회전율이 저하된다는 것을 의미한다.

미국의 한국 반도체 산업 견제 분위기 속에서, 1998년의 IMF 지원은 한국 반도체 산업에 대해 그간 쌓여온 불만들이 터져나오는 계기가 되었다. IMF의 한국 지원 과정에서 미국이 한국의 반도체 산업 정책에 요구한 것은 정부의 기술개발 보조금이나 세제 지원 축소, 대기업의 자금 조달 과정 투명화, 대출 자금 정보 공개 등이었다.

외환위기 이후 미국이 한국 반도체 산업을 대하는 기조가 적대적으로 바뀜으로 인해 한국의 글로벌 반도체 시장에서의 경쟁은 더 어려워졌다. 1980년대 중반~1990년대 중반 사이 미-일 반도체 협정에 의해 견제당했던 일본의 경로를 따라가는 것이 아닌가 하는 암울한 전망이 나올 정도였다. 이에 대응하기 위해 한국 정부는 자동차나 조선 등 다른 산업과 마찬가지로 반도체 산업에 대한 선제적 구조조정을 결정했다. 이에 따라 1998년 말, 당시 글로벌 메모리반도체 5위 업체였던 현대전자가 4위 LG반도체의 메모리 사업 부문 주식 지분 60퍼센트를 인수함으로써 양사의 합병이 이루어졌다. 합병 후 1999년, 현대반도체로 사명이 변경되었다.

그러나 현대반도체는 합병 후 커다란 위기에 봉착하게 되었다. 2000년대 초반, 전 세계 메모리 반도체 시장의 불황이 겹치면서 이미 15조 원에 달하는 부채를 안고 있던 회사는 메모리반도체 업계의 치킨게임을 감당하기 어려운 상태였다. 결국 충분한 자본금을 확보하지 못해 차세대 메모리 반도체 기술에 투자할 여력이 없었고,

2001년 말에는 채권단에 매각되며 워크아웃에 돌입했다. 매각 후 현대반도체는 하이닉스반도체로 사명이 다시 바뀌었다. 자구책의 일환으로 비메모리반도체 사업부를 매각하여 매그나칩반도체로 분사시켰고, 2002년 미국의 마이크론으로 헐값에 매각될 뻔한 위기를 넘기기도 했다. 2003~2004년에는 수주해 온 물량 생산 주기도 맞추지 못할 정도로 자금줄이 말라붙은 상태였고, 회사의 주식은 하한가를 거듭 기록하기도 했다. 그렇지만 2005년 들어 세계 반도체 사이클이 다시 호황기에 접어들면서 하이닉스는 간신히 흑자 기조로 진입한 후 정상 궤도로 돌아올 수 있었다. 그러나 2007년 이후 반도체 공급과잉과 더불어 2008~2009년에 다시 전 세계를 강타한 금융위기로 인해 반도체 수요 감소가 겹치면서 글로벌 반도체 사이클은 불황으로 돌아섰다.

일본 메모리 반도체의 마지막 희망 엘피다메모리의 생명이 꺼지기 시작한 것도 이 시점이다. 하이닉스 역시 메모리반도체 실적이 좀처럼 회복되지 않으면서 정상 궤도 안착에 어려움을 겪었다. 채권단은 모기업인 현대그룹과 LG그룹에 하이닉스 재인수를 타진하기도 했으나, 양 그룹은 메모리반도체 사업의 속성을 잘 이해하고 있었기 때문에 섣불리 사업에 재진출하는 것을 꺼렸다. 결국 최종적으로는 2011년 SK그룹(SK텔레콤)이 그간 이동통신 사업으로 축적한 거대 자본을 토대로 단독 입찰 후 하이닉스 인수에 성공하였으며, 하이닉스는 SK하이닉스라는 이름으로 SK그룹으로 들어가게 되었다.

글로벌 메모리반도체 시장이 여러 번의 부침을 겪으며 2010년대 초반 엘피다메모리가 사업을 접게 되면서, 세계 메모리반도체 시장은 삼성전자와 SK하이닉스, 그리고 미국의 마이크론 3강 체제로 재편되었다. 이후 SK하이닉스는 성장을 거듭하여 2020년 10월에는 10조가 넘는 자본을 동원하여 인텔의 NAND 플래시 사업 부문까지 인수하기에 이르렀고, 2021년 들어서는 미국의 파운드리 업체 키파운드리를 인수함으로써 파운드리 시장으로의 진출을 선언하며 사업 분야를 메모리반도체 일변도를 넘어 점차 다각화하고 있는 중이다.

2010년대 이후, 한국의 반도체 산업은 메모리반도체 산업을 필두로 세계 선두권을 꾸준히 유지하고 있다. 2021년 말 기준, 전 세계 반도체 시장에서 매출액 규모로 점유율 1위를 기록하고 있는 업체는 인텔이며, 2위를 삼성전자, 그리고 4위를 SK하이닉스가 차지하고 있다. 한때 반도체 왕국이라고 불리기도 했던 일본의 반도체 회사 중 10위권에 이름을 올린 회사는 도시바가 유일하지만, 그나마도 시장 점유율이 점차 줄어들고 있는 추세다.

두 반도체 대기업을 필두로, 한국의 반도체 산업은 메모리반도체 일변도의 산업 지형도가 팹리스, 파운드리, 시스템반도체 등으로 확장되고 있으며, 그에 따라 생태계도 다변화되고 있다. 소재와 부품, 공정과 장비, 차세대 설계 기술 및 팹리스 스타트업들이 증가하고 있으며, 인공지능과 빅데이터 시대를 맞아 다변화되는 수요에 대응하기 위해 생태계의 다양성도 성장 중이다. 삼성전자는 종합반도체 업체로서의 정체성을 탈피, 본격적으로 파운드리 사업에 심숭 투자하고 있으며, AI 산업의 성장세가 강해지면서 AI 전용 가속기 반도체 팹리스 스타트업들이 점차 산업의 주축으로 자리를 잡아가고 있다.

2

TSMC와 삼성의
파운드리 전쟁

지난 2020년 7월, 일본 경제 매체인 '닛케이아시안리뷰Nikkei Asian Review'는 대만의 반도체 업체 TSMC의 창업주이자 전 회장 모리스 창(장중머우)과의 인터뷰 기사를 실었다. 1931년생인 창 전 회장은 미국 MIT에서 학사, 석사 학위를, 스탠퍼드대학에서 전기공학 박사학위를 취득한 엔지니어 출신으로, TSMC를 창업하기 전, 1958년부터 1983년까지 25년간 미국 반도체 업체 TI의 반도체 기술 개발 부서에서 근무하며, 부사장까지 지낸 인물이다. 1987년 56세에 대만으로 귀국한 그는 TSMC를 설립, 2018년까지 회장으로 30년 넘게 재직하며 TSMC를 세계 최대, 최고의 파운드리 업체로 키워내면서 대만 반도체 업계의 신화적인 인물이 되었다.

그런 그가 '삼성전자가 TSMC의 파운드리 아성을 넘기는 어려울 것'이라는 발언을 한 것은 TSMC의 기술력과 업계 지배력에 대한 자부심이 얼마나 강한지를 단적으로 보여준다. TSMC의 사훈은 '고객과 경쟁하지 않는다'이다. 즉, 철저하게 파운드리 부문에만 집중하여 전 세계 주요 팹리스 고객사들이 믿고 제품을 맡길 수 있는, 이른바 '슈퍼을'의 포지션을 지향한다.

2019년 기준, TSMC는 41조 5000억 원의 매출을 달성했다(전년 대비 3.7퍼센트 증가). TSMC의 영업이익률은 34.8퍼센트로, 반도체 업계에서도 제일 높은 수준을 자랑하고 있다. 반도체 파운드리 세계 1위 업체 TSMC는 앞으로도 시장점유율 1위를 고수할 수 있을 것으로 보인다. 이는 TSMC가 30년 넘게 고수해온 비즈니스 전략 때문이기도 하다. TSMC는 종합반도체회사가 아니기 때문에 다양한 팹리스 업체들과의 협력이 가능하다. 특히 그 협력은 각 회사에 맞춤형 공정을 설계하고 제공함으로써 더 탄탄해지는데, TSMC의 공정에 맞춰 팹리스 회사들이 설계 초기부터 제품의 스펙을 조정할 정도다. 맞춤형 파운드리 공정을 위해 TSMC는 공정 선진화와 선행 공정 개발은 물론, 양산형 공정에 대해서도 연구개발 투자를 확대하고 있다. 원가 절감 노하우를 축적하는 것은 물론, 잠재적 고객들에 대한 기술력 실증 효과도 만든다.

이는 애플이 자사의 이른바 애플실리콘 제조를 TSMC에 위탁하는 것에서도 단적으로 드러난다. 실제로 TSMC의 가장 큰 고객은 미국의 애플이다. TSMC는 2018년 대만 남부 타이난臺南시 사이언스 파크에 약 400억 달러 규모의 신규 반도체 생산라인 건설에 착수, 2020년 기준, 애플의 신형 아이폰에 장착될 A13, A14 같은 AP칩을 위한 5나노급 반도체칩을 독점적으로 양산하고 있다. 그리고 TSMC는 타이난 공장의 양산을 통해, 2023년 3나노급 차세대 아이폰용 AP칩을 양산하여 초미세 패터닝 공정에서의 기술 경쟁력을 확보한다는 계획을 가지고 있다. TSMC는 업계 1위라는 명성에 걸맞게 R&D 투자의 비중도 높이면서 고객사에 대한 서비스 능력을 확대하고 있기 때문에, 창 회장의 말대로 당분간 삼성전자가 TSMC의 아성을 뛰어넘는 것은 쉽지 않아 보인다.

2021년 2분기 기준, 전 세계 파운드리 시장점유율은 TSMC가 52.9퍼센트, 한국의 삼성전자가 17.3퍼센트, 대만의 UMC가 7.2퍼센트, 미국의 글로벌파운드리가 6.1퍼센트를 차지하고 있다(그림 3.1 참조). TSMC와 삼성전자가 합산하여 70퍼센트 이상의 점유율을 차지하기 때문에, 전 세계 파운드리 시장은 양사가 과점하고 있다고 볼 수 있다. 매출액에서는 여전히 TSMC가 삼성전자의 3배를 초과하므로 과점이 아닌 TSMC 독점으로 보는 게 타당할지도 모른다. 그러나 기술적인 관점에서는 TSMC와 삼성전자가 세계 시장을 양분하고 있는 것에 가깝다. 특히 첨단 모바일 AP칩, 시스템 로직 반도체 등에 필요한 5나노 이하급 초미세 패터닝 공정이 필요한 반도체칩 양산이 가능한 회사는 두 회사밖에 없다.

TSMC가 삼성전자보다 잘하고 있는 것은 고객사와의 파트너십이다. 애플과의 오랜 파트너십은 물론, 세계 최대의 스마트폰 시장인 중국의 스마트폰 1위 업체 화웨이를 비롯, 샤오미나 오포, 비보 등의 중국 업체들이 주문하는 AP칩 생산 물량 대부분이 TSMC로 쏠리고 있었다.[5] 또한 초미세 패터닝 기술에서도 TSMC는 삼성전자를 조금씩 앞서 있다. 2021년 상반기 기준, 5나노급 반도체칩 양산이 최

---

5   2020년 이후에는 미국의 기술 제재로 인해 중국의 스마트폰 AP칩 위탁 생산이 2019년 대비 절반 이하로 줄었다.

순위	회사명	매출(단위: 100만 달러)			시장점유율(%)	
		2021년 2분기	2021년 1분기	증감률(%)	2021년 2분기	2021년 1분기
1	TSMC	13,300	12,902	3.1	52.9	54.5
2	삼성	4,334	4,108	5.5	17.3	17.4
3	UMC	1,819	1,677	8.5	7.2	7.1
4	글로벌파운드리	1,522	1,301	17.0	6.1	5.5
5	SMIC	1,344	1,104	21.8	5.3	4.7
6	화홍	658	600	9.7	2.6	2.5
7	PSMC	459	388	18.3	1.8	1.6
8	VIS	363	327	11.1	1.4	1.4
9	타워	362	347	4.3	1.4	1.5
10	DB하이텍	245	219	12.0	1.0	0.9
	합계	24,407	22,971	6.2	97	97

그림 3.1 **2021년 전 세계 파운드리 시장점유율 순위** (출처:TrendForce)

신 공정 기술이지만, 그 이후의 3나노급, 2나노급에 대해서도 TSMC 는 2~3년 안으로 양산에 돌입한다는 계획을 세우고 있다. TSMC 는 미국의 중국 반도체 제재 국면에 발맞춰 2024년 가동을 목표로 120억 달러 규모의 5나노 팹을 미국 애리조나주에 건설하는 계획을 발표했고, 이와 별개로 시장점유율을 지키기 위해 2021년부터 향후 3년간 1000억 달러를 추가로 투자한다는 증산 계획을 발표하기도 했다. TSMC는 2023년 상반기 3나노급, 2024년 하반기 2나노급 양산을 목표로 하고 있다. 다만 실제 공정 수율이 목표치 이하인 상황이라 매년 발표되는 로드맵상에서의 양산 시점은 조금씩 연기되고 있다.

이에 대응하여 삼성전자는 향후 10년간(2020년대 내내) 매년 100억 달러 이상씩, 총 1160억 달러 규모의 투자를 일으키고, 그중 800억 달러 이상을 차세대 반도체 공정 연구개발에 투자하며, 110억 달러 이상을 설비에 투자한다는 계획을 세웠다. 동시에 총 1만 5000명 이상의 반도체 설계 엔지니어와 제조 엔지니어 고용 계획을 세우고 있으며, 고객사와의 파트너십 다변화에 대한 계획도 세우고 있다. 특히, 선행 공정 기술과 관련하여 EUV 노광 공정에 투자를 집중한다는 복안을 밝혔다. 2021년 상반기, 삼성은 30조 원이 투입된 평택 P2 라인에서 5나노 EUV 라인 가동을 시작했으며, 2020년 50조 원이 투입된 평택 P3 EUV 라인은 2023년 하반기 양산 개시를 목표로 하고 있다. 이에 더해 삼성은 약 100조 원을 추가로 투입하여 평택에 P4, P5, P6 EUV 팹 세 라인을 건설하여 2025년 하반기부터 양산을 시작하는 것을 목표로 하고 있다. 이와 별개로 전력반도체의 경우 중국 시안에 위치한 팹에서 2021년 하반기에 양산이 시작된다. TSMC의 미국 현지에서의 팹 증산에 대응하여, 삼성 역시 미국 테일러시에 EUV 팹을 신규 가동한다는 계획을 발표했으며, 3나노급 EUV 라인이 신설되어 2025년 이후 양산을 목표로 하고 있다.

2020년대 이후의 파운드리 산업은 계속 양사의 과점 상태가 유지되다가 미국의 인텔이 조금씩 시장점유율을 되찾는 구조로 재편될 것으로 보인다. 다만 TSMC와 삼성의 공격적인, 물경 수백 조 단위의 투자가 지속되고 있기 때문에, 결국 2020년대 중반까지는 당분간 양사의 경쟁 구도가 유지될 것으로 보인다. 3~5위권 업체인 UMC(대만), 글로벌파운드리(미국), SMIC(중국)의 점유율 확대는 당분간 난망하리라 예측된다. 특히 SMIC의 경우, 10나노 이하급 초미세 패터닝 기술 구현이 미국의 제재로 인해 막혀 있는 상황이라 겉보기 매출 점유율과는 별개로 기술적 경쟁력은 저하될 것으로 예상된다. 글로벌 파운드리의 경우, 인텔과의 인수합병이 지속적으로 논의되고 있는 상황이나, 파운드리 기술력이 10나노 이하 제품으로는 발전되지 못하고 있는 상황이라 역시 경쟁력이 1, 2위 업체에 미치지 못할 것으로 예상된다. 3위권 업체인 UMC의 경우, 주로 12인치보다는 8인치 웨이퍼 파운드리에 집중하고 있는데, 역시 주 공정은 22~180나노 공정이므로 3위권을 벗어나기는 어려울 것으로 보인다. 오히려 인텔이 파운드리 분야로의 공격적인 투자를 통해 2020년대 후반기부터 점유율을 확대할 가능성이 있다.

파운드리 시장이 TSMC의 1등 전략과 삼성전자의 추격 전략으로 양분되어 굳어질 것임을 감안하건대, 고성능, 저전력, 고신뢰도, 다기능을 갖는 첨단 시스템반도체칩의 생산 역시 양사에게 의존하게 될 가능성이 높다. 현재는 3~5위권 업체에서 채용하고 있는 12, 14, 22 나노, 혹은 150, 180 나노 공정 같은 DUV 기반 공정만으로도 일부 시장 수요에 대응할 수는 있지만, 시장에서 요구되는 기술 스펙이 높아질수록 초미세 공정으로의 전환 압박이 거세질 것이다. 따라서 10나노 이하, 나아가 5나노 이하 공정 수요가 증가할 수밖에 없다. 전 세계 반도체 시장을 놓고 벌이는 TSMC와 삼성전자 사이의 초미세 파운드리 제조 공정 기술 경쟁, 향후 반도체 제조 공정 기술의 로드맵과 산업의 재편 구도, 그리고 차세대 파운드리 기술력의 승패를 가늠할 핵심 기술의 귀추에 전 세계 반도체 업계의 이목이 주목되고 있다.

TSMC는 현재 양산 중인 극자외선 노광 공정 기반 7나노 공정을 통해 애플, 화웨이, AMD 등 다양한 글로벌 반도체 회사의 제품을 위탁받아 생산하고 있다. 이로부터 창출되는 거대한 규모의 수익을 다시 차세대 공정인 5나노 공정 양산, 3나노 공정 개발, 2나노 공정 기술 탐색 등에 연간 150억 달러를 상회하는 규모로 투자하고 있다. 특히, 3나노 공정 제조 노드 개발을 위해 연간 4000명이 넘는 설계 및 공정 엔지니어를 추가로 고용할 계획을 세우고 있다. TSMC가 3나노 이하의 공정에 투자를 계속 확대하는 이유는 한 자릿수 나노 공정에서 생산되는 칩의 단가가 훨씬 높기 때문이다. 실제로 TSMC의 전체 파운드리 공정 중, 7나노 공정 출하 비중은 2021년 기준, 1분기 22퍼센트, 2분기 21퍼센트, 3분기 27퍼센트, 4분기 35퍼센트로 점차 증가 추세에 있다.

　물론 TSMC에도 불확실성은 있다. 2019년 이후 본격화된 미국의 대중국 반도체 제재로 인해 TSMC에서는 화웨이의 CPU와 AP인 기린 980, 990, 톈강, 쿤펑 등의 칩 위탁 제조가 중단되었고, 하이실리콘 같은 중국의 대표적인 팹리스 업체들의 신규 주문은 모두 취소되었다. TSMC 입장에서는 미국에 버금가는 큰 시장을 잃게 된 셈이므로 고객사 생태계를 재구축해야 하는 상황이 되었다. TSMC는 이를 글로벌 반도체 시장의 재편으로 해석하여 오히려 미국으로의 투자를 늘리기로 결정했다. 2020년 5월, 2021년부터 2029년까지 총 120억 달러를 투입, 5나노 공정 파운드리 기반, 12인치 웨이퍼 기준 월 2만 장 생산 능력을 갖추는 것을 목표로 미국 애리조나주에 공장을 짓기로 했다고 발표한 것이다. 이 공장에서 생산될 제품의 주요 예상 고객은 북미 IT 기업인 엔비디아NVIDIA와 애플이다. TSMC는 2024년까지 후속 차세대 나노 공정으로서 2나노 공정 기술을 양산 단계로 진입시킨다는 계획이며, 이 역시 애플의 차세대 AP칩 생산을 타깃으로 한 것일 가능성이 높다.

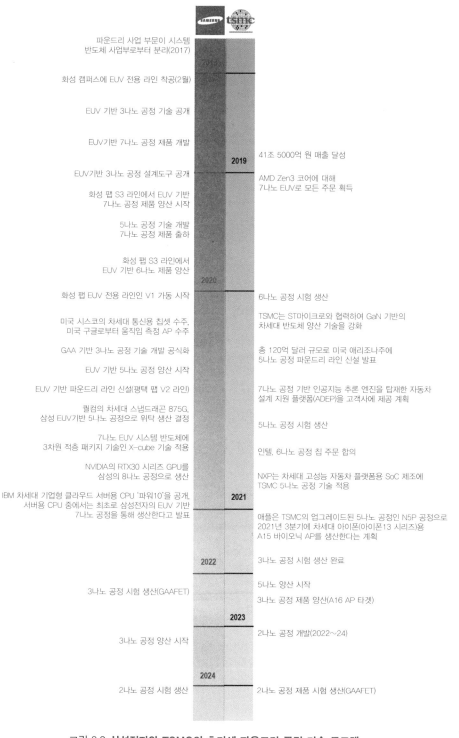

그림 3.2 삼성전자와 TSMC의 초미세 파운드리 공정 기술 로드맵

실제로 애플은 이미 2022년 상반기부터 TSMC의 5나노 공정 기반으로 아이폰 13에 들어가는 모바일 AP칩인 A14, A15와 맥북용 CPU인 M1, M1 max 칩을 생산하고 있다. 2021년 기준으로 TSMC의 파운드리를 가장 많이 이용한 고객은 다름 아닌 애플이었고(점유율 26퍼센트), 이는 2위인 대만의 미디어텍(점유율 5.8퍼센트)을 크게 앞선 수치다. 최근 TSMC의 급격한 공정 비용 상승에도 애플이 별다른 언급을 하지 않는 걸로 보아, 애플은 앞으로도 자사의 애플실리콘 생산을 TSMC의 최신 공정에 의존하는 관계를 지속할 것으로 보인다.

삼성전자는 기본적으로 TSMC와는 달리, 반도체를 제조하는 동시에 설계도 하는 종합반도체 회사다. 경쟁 업체인 미국의 AMD, 인텔,[6] 퀄컴, 애플 등이 동시에 삼성전자 파운드리의 고객사가 되기도 하는 것이다. 따라서 결국 삼성전자의 파운드리 사업은 고객사와의 파트너십을 강화하기 위해 분사할 수밖에 없어 보이지만, 당분간은 분사 계획이 없는 듯하다.[7] 삼성전자의 파운드리 사업이 본격화된 것은 2010년경이다. 2010년대 중반까지 삼성의 파운드리는 대부분 자사의 스마트폰 브랜드인 갤럭시 시리즈에 들어가는 모바일 AP칩 엑시노스를 생산하기 위한 시설이었으며, 그나마도 대부분 DRAM 생산라인과 설비를 공유하는 상황이었다. 그러나 2017년 시스템반도체 부문으로부터 파운드리 사업 부문이 독립된 이후, 삼성전자의 파운

---

[6] 2021년 상반기, 삼성전자는 미국 오스틴 팹에서 14나노 공정 기술 기반, 인텔의 GPU 위탁 생산 계약을 체결했다.

[7] 참고로 SK하이닉스는 같은 해인 2017년 5월, 100퍼센트 자회사 형태로 자사의 파운드리 사업부를 독립시켰다.

드리 사업은 세계 시장에 본격적으로 뛰어들기 시작했다. 2020년대 이후 삼성이 가장 집중하고 있는 것은 파운드리 생태계 구축이다. 이를 위해서는 TSMC처럼 고객사와의 신뢰 관계 구축이 필수적이다. 2018년 2월, 삼성전자는 경기도 화성에 7조 원을 투자하여 파운드리 전용 EUV 라인 건설에 착수했다. 곧이어 3나노 공정 기술을 공개하였으며, 같은 해 10월, 7나노 공정 개발을 발표하였다. 2019년 상반기에는 고객사를 위해 3나노 공정 설계 도구를 제공한다고 발표했으며, 같은 시기, 화성 팹에 설치한 S3 라인에 업계 최초로 EUV 기반 7나노 공정 기반 제품을 양산하기 시작했다. 2020년 5월, 삼성전자는 8조~9조 원 규모의 투자를 통해 평택 캠퍼스에 EUV 기반 파운드리 라인을 신설하여(평택 팹 V2 라인), 2023년 이후 양산을 목표로 하고 있다. 현재 삼성의 파운드리 생산라인은 기흥 팹(2개), 화성 팹(3개), 오스틴 팹(1개), 총 6개이며, 2023년부터 평택 팹이 추가됨으로써 7개의 파운드리 라인을 보유하게 된다. 현재 삼성전자 파운드리 사업부의 인력 규모는 1만 4000명 수준이며. 매년 신규 채용하는 엔지니어 인력 규모는 수백 명에 달한다. TSMC의 사업 확대에 대응하여 삼성전자는 파운드리 사업 부문에서 향후 4~5년간 최대 5000명 안팎의 신규 인력을 채용할 것으로 예상된다.

　파운드리 시장의 점유율 확보를 위해 투자를 이어가고 있는 삼성전자를 견제하기 위한 TSMC의 대응도 발빠르다. TSMC는 EUV 장비 독점 공급업체인 네덜란드의 ASML에게 2021년까지 EUV 장비 40대의 구매를 추가로 요청했고, 2023년부터는 한층 더 성능이 강화된 0.55NA급의 EUV를 추가로 주문한 상태다. TSMC는 현재 90~100대 규모의 EUV 장비를 보유하고 있는데, 이는 전 세계 EUV 장비의 70퍼센트를 넘는 규모다. 2018년에 업계 최초로 EUV를 10나노 이하급 양산 공정에 도입한 삼성은 2022년 상반기 기준, 40대 안팎의 EUV 장비를 보유하고 있으며, 2022년에 신규 발주한 규모는 10대 안팎인 것으로 알려졌다. 또한 2023년 이후 도입할 0.55NA급의 EUV 역시 TSMC의 30퍼센트 수준에 불과한 것으로 추정된다. 결과적으로 TSMC와 삼성의 EUV 보유 대수는 현재 100대와 40대에서 140대와 55대로 더 벌어지게 된다. 참고로 ASML의 연간 EUV 생산 규모는 최대 50대 수준인데, EUV 장비의 특성상 조립에만 5개월이 걸리고, 초정밀 장비의 검수 과정에서 실제로 인도되는 수량은 70~80퍼센트에 지나지 않는다. 실제로 2020년에 ASML이 출하한 EUV 노광기 대수는 20대를 조금 넘는다. ASML은 2023년 이후의 EUV 출하량 목표치를 50대 이상으로 잡고 있으나, 글로벌 반도체 경기의 변동에 따라 이 생산량은 언제든 감축될 수 있다. 현재로서는 EUV 장비 없이는 5나노급 이하 공정에서 경쟁하기가 거의 불가능하기 때문에, 당분간 파운드리 점유율은 양사가 ASML로부터 얼마나 많은 EUV, 특히 0.55NA급 차세대 EUV를 선행 확보하는지에 따라 결정될 가능성이 높다. 주목할 부분은 인텔이 2022년 이후 ASML의 차세대 EUV 노광기인 0.55NA급 EUV를 입도선매하다시피 하려 한다는 것인데, 이는 인텔이 2025년 이후 글로벌 파운드리 시장에 다시 등장하게 될 가능성을 보여주는 것이기도 하다. 인텔이 충분한 물량의 EUV 노광기를 확보하게 된다면 2020년대 중후반의 초미세 공정 파운드리 시장은 현재의 양자 구도에서 삼파전으로 바뀌게 될 가능성이 있다.

　TSMC가 고객사와의 신뢰 관계를 유지할 수 있는 전략은 무엇일까? TSMC는 2000년대부터 글로벌 고객사 생태계를 구축하기 위해 이른바 VCA(value chain aggregator)라는 중간 가교 역할을 할 회사들을 자사의 생태계에 포함시켰다. 예를 들어 팹리스 회사들이 특정한 기능을 하는 반도체칩을 설계하면 VCA는 그것을 실제로 제조하기 위한 공정 조건 설정부터 마스크 설계나 소요 개수 결정, 노광 스펙 결정 등의 종합 솔루션을 제공한다. VCA가 레시피를 준비하면, TSMC는 레시피대로 제조를 하고 품질 테스트 이후 양산에 돌입하는 방식이다. 대표적인 회사로 유럽의 IMEC, 북미 지역에서는 Alchip, Open-silicon, GUC, 아시아 지역에서는 Asicland, Toppan 등이 있다. VCA는 팹리스 회사들이 어떤 IP를 가지고 칩을 설계하든 그것을 TSMC의 현행 혹은 양산 예정 공정의 스펙에 맞춰 필요한 레시피를 만들 수 있다. 따라서 TSMC는 VCA들에 대해 기업 비밀에 해당할 수도 있는 자사의 공정 스펙을 미리 알려줘야 하므로, 신뢰 관계의 구축은 필수적이다.[8] VCA를 통해서 팹리스 업체들이 요구하는 상세 스펙을 갖는 칩을 제조하기 위해 공정이 최적화

---

8   파운드리 업체의 특성상, 팹리스 파트너사가 자사의 신제품을 생산 위탁할 경우, 설계의 대부분을 파운드리 업체와 여러 달 동안 공유해야 한다. 충분히 기술이 유출될 수 있는 환경이고 시간이지만, TSMC는 설계 기술을 유출하여 독자적으로 반도체칩을 생산하려는 시도를 한 적이 거의 없다. 오히려 그러한 정보의 유출이 감지되었을 경우에는 보안 유지를 위한 조치를 단호하게 취하기도 한다. 예를 들어, 2020년 TSMC의 한국 측 VCA였던 에이디테크놀로지 같은 경우, 한국발 TSMC 위탁 제조 물량을 중개하는 주요 창구였으나, 에이디테크놀로지가 삼성전자 파운드리와 협력하고 있을지도 모른다는 사실이 알려지자 이 회사와의 VCA 관계를 청산하기에 이른다. 이는 기본적으로 TSMC에 위탁을 맡기는 회사 중 삼성전자와 잠재적, 혹은 직접적 경쟁관계에 있는 회사들에 대한 신뢰 관계를 보존하기 위한 노력의 일환으로 볼 수 있다.

되고, TSMC는 생산 스케줄에 맞춰 소재와 장비 수급 계획을 수시로 조정한다. TSMC가 VCA를 통해 고객사의 까다로운 스펙을 맞추기 위해 다소 손해를 감수하는 경우도 있다. 예를 들어 제조에 필요한 소재 단가가 올라도 그것을 공정 비용에 반영하지 않는다. 또한 TSMC는 자사의 IP를 활용할 수 없는 경우에는 고객사의 설계 IP에 맞춰 공정 IP를 공유한다. 예를 들어 애플이 2020년 말부터 맥북 에어, 맥 미니, 맥북 프로 제품군에 탑재한 M시리즈 SoC인 애플실리콘이 삼성전자를 탈피하여 TSMC에서 위탁 생산되기 시작하던 시점, TSMC 입장에서는 그간 쌓아온 공정 노하우를 십분 활용하기 어려운 상황이었다. M1 칩은 기존의 SoC 칩에서는 찾아볼 수 없는 독특한 구조를 가지고 있었기 때문이다. 특히 ARM RISC 명령어셋 IP 기반으로 설계되었을뿐더러 GPU의 비중이 훨씬 높았고, 무엇보다 저전력 구동 성능을 최대로 만들기 위해 모든 프로세서 부품이 메모리를 공유하는 통합 메모리 구성을 채택했다는 것이 특징이었다. 이는 제조 관점에서 기술적 난제가 된다. 요구되는 성능을 만족하기 위해서는 7나노 공정으로는 집적 밀도 스펙을 만족시킬 수 없었기 때문에, 5나노 공정이 필요했다. 특히 저전력 구동을 위해 명령어 캐시 cache 파트가 차지하는 공간을 크게 설계했는데, 이 과정에서 예상했던 5나노 공정이 충분한 수율을 만들어내지 못하면서 TSMC는 공정 비용 손해를 보았다. 그럼에도 불구하고 결국 스펙에 맞춘 생산 공정을 최적화함으로써 TSMC는 애플의 신뢰를 얻었다.

TSMC는 단순히 위탁 제조 업체로서의 역할에만 머물지 않는다. 인공지능과 빅데이터 시대에 돌입한 이후, 시스템반도체칩 성능 조건이 다양화되면서 TSMC의 공정 노하우가 더욱 인정받고 있다. 고객사의 칩 설계 오류를 사전에 수정하거나, 더 최적화된 설계를 제안하기도 한다. 실제로 TSMC는 10나노 이하 FinFET 기반 SoC 제조 공정 노하우를 활용하여, 전력반도체부터 이미지센서, 메모리반도체부터 NPU에 이르기까지 다양한 종류의 SoC 성능 최적화 솔루션도 함께 제공하고 있다. 즉, 공정뿐만 아니라 설계 단계부터 더 나은 솔루션을 제공할 수 있는 것이다. 흥미로운 부분은 TSMC는 이러한 솔루션 노하우를 고객사의 엔지니어와 일일이 상의하면서 진행한다는 것이다. 즉 실제 공정 구현 단계에서 잠재적 문제나 저효율 요소가 발견되면 그것에 대한 솔루션 제공에 적극 나선다는 것이다. 애플의 A13 칩 제조 공정에서 이러한 TSMC의 솔루션은 빛을 발했으며, 이를 통해 성능 요구 조건이 까다롭기로 유명한 애플은 자사의 아이폰, 아이패드 같은 모바일 기기는 물론, 차세대 맥 PC에도 들어갈 M1 칩 등의 애플실리콘 생산을 기존의 인텔에서 TSMC로 바꾸어 위탁하기로 결정하기도 했다.

파운드리에만 국한된 비즈니스를 하지는 않는다는 것이 삼성전자 파운드리 산업의 장점이자 단점이다. 삼성전자는 메모리반도체 제조 업에서의 쌓은 미세 공정의 원가 절감과 오랜 공정 노하우를 살린 성능 개선으로, 10년이라는 비교적 짧은 시간에 파운드리 분야 매출액 규모 세계 2위로 올라선 수 있었다. 그러나 파운드리 사업 부문이 삼성전자로부터 독립된 법인으로 존재하지 않기 때문에 삼성전자와 경쟁 관계에 있는 업체들의 신뢰를 확보하기 어렵다는 것은 단점이다. 예를 들어 삼성전자는 자사의 스마트폰과 태블릿 PC 시리즈 갤럭시 시리즈에 탑재되는 AP인 엑시노스 시리즈를 생산하기도 하는데, 이는 애플의 AP인 A 시리즈, 퀄컴의 모바일 AP인 스냅드래곤 시리즈와 시장이 겹친다. 경쟁 업체에게 자사의 설계 기술이 노출될 수 있고, 특히 초미세 공정 부분에서 특허로는 공개되지 않는 성능 개선 노하우가 넘어갈 위험을 감수하면서까지 자사의 차세대 칩 생산을 위탁할 업체는 많지 않다. 미국의 퀄컴의 경우, 최신 세대가 아닌 구세대 AP를 간혹 삼성전자 파운드리에 위탁하기도 하나, 그것은 이미 충분히 스펙이 알려진 상태에서 진행되는 프로젝트일 뿐이었다.

삼성의 파운드리 사업은 앞으로 더욱 수요가 고도화될 글로벌 반도체 위탁 제조 사업 모델을 고려했을 때 성장 가능성이 높다. 그렇지만 그를 위해서는 장기적으로는 파운드리 사업이 분사될 필요가 있다. 먼저 고객사와의 신뢰 구축이 필요하기 때문이다. 이미 삼성전자에서는 이에 대응하기 위해 시스템 LSI 물량 담당 부서와 외부 고객사 담당 부서가 완전히 분리되어 관리되고 있지만, 이것만으로는 부족하다. TSMC와 경쟁하기 위해서는 고객사에 대한 영업이 맞춤형으로 설정되어야 한다. 예를 들어 최근 IBM의 기업용 클라우드 서버 컴퓨터용 CPU 생산을 삼성이 자사의 EUV 기반 7나노 공정 파운드리로 수주한 것은 그러한 노력이 반영된 결과로 볼 수 있다. 서버용 컴퓨터뿐만 아니라, 자율주행차를 타깃으로 한 전력반도체인 MCU나 차량 제어용 AP, 증강현실 전용 반도체칩 등은 성장 잠재력이 큰 데에 반해, 아직 TSMC가 주목하지 않는 시장이다. 이런 시장에 먼저 진입하여 고객과의 관계를 성공적으로 구축할 경우 삼성이 파운드리 시장에서 경쟁력을 키울 수 있다.

파운드리 사업이 분사되어야 할 두 번째 이유는, 고객사의 다양성을 늘려 생태계를 형성할 필요가 있기 때문이다. 삼성은 2022년 7월 EUV를 활용한 3나노 공정 개발을 발표했는데, 업계에 알려진 바로는 그 첫 번째 고객이 중국의 암호화폐 채굴전용 칩 설계 업체였다. 최첨단 공정의 최대 수요자가 애플, 구글, 퀄컴, AMD, NVIDIA 같은 글로벌 IT 업체들이 아니라 상대적으로 덜 알려진, 그리고 칩의 용도가 상당히 제한적인 팹리스 업체라는 사실에서도 볼 수 있듯, 삼성의 파운드리 사업은 TSMC와 비교할 때 여전히 생태계의 다양성이 매우 약한 편이다. 파운드리 사업에서 고객사가 다양하고 생산할 수 있는 칩의 종류가 많아지는 것은 사업의 성장 가능성 면에서 매우 중요한 부분이다. 자전거를 예로 든다면, 로드바이크와 MTB의 용도는 다르지만 MTB에서 강화된 브레이크 성능을 이용하여 로드바이크의 브레이크 개선에 활용할 수 있고, 로드바이크의 탄소고강도 차체를 이용하여 MTB의 무게를 줄일 수도 있는 것이다. NPU칩에 활용되는 절연체 소재의 성분을 참고하여, 고용량 데이터 처리용 로직반도체칩 공정을 개선할 수도 있다. 고객사가 다양해지면 요구하는 기술과 성능의 세부 내역의 범위가 넓어지는데, 이에 대응할 수 있게 되면, 그 결과물로서 파운드리 입장에서는 사용할 수 있는 솔루션이 다양해진다. 20개 물감에서 120개 물감으로 색이 확장되는 것과 유사하다. 이렇게 솔루션이 다양해지면 그 솔루션을 이용하고자 더 많은 고객들이 그 파운드리를 찾게 된다.

그럼에도 불구하고 현재로서는 분사 가능성은 낮아 보인다. 삼성전자는 당장 파운드리 사업의 기술력 및 시장 경쟁력 확보를 위해 기본적으로 엑시노스 같은 자사의 칩 생산에 초점을 맞추고 있다. 또한 같은 회사 안에 있기 때문에 재정과 인력을 비교적 자유롭게 공유할 수 있고, 그를 통해 개발 일정을 앞당기고 비용을 절감할 수 있다는 장점을 취할 수 있다. 예를 들어 2020년 삼성전자의 파운드리 사업 부문 매출은 대략 15조 원 수준인데, 이를 모두 신규 팹 증설에 쏟아붓는다고 해도 평택 P2 라인 한 곳 투자의 반에도 못 미치는 수준이다. 더구나 여전히 파운드리 사업의 이익 규모는 매출의 20퍼센트 수준인 2~3조원에 머무르고 있기 때문에, 파운드리에서 거둔 수익 전체를 다시 라인 증설에 투입한다고 해도 충분하지 않다. 삼성전자의 입장에서는 파운드리 사업을 확장하기 위해 메모리반도체에서 거둔 수익의 일부를 재투자해야 이러한 자본 조달이 그나마 가능해진다. 이러한 이유들 때문에 현재로서는 그룹 차원에서 굳이 파운드리를 분사할 필요를 잘 느끼지 못할 수도 있다. 그러나 장기적으로는 이로 인해 삼성전자의 파운드리 사업은 위에서 언급한 고객사와의 관계 정립과 생태계 확장에서 한계에 부딪힐 수밖에 없다. 이는 현재 방식을 고수해서는 TSMC와의 경쟁에서 계속 2인자의 위치를 벗어나기 어렵다는 것을 의미한다.

양사의 기술 전쟁은 향후 7나노, 5나노, 3나노, 그리고 2나노 이하급으로 계속 진행될 가능성이 높다. 이럴 수밖에 없는 가장 큰 이유는, 초미세 공정 기반의 반도체칩으로 갈수록 원가가 상승되는 폭이 매우 커져서, 시장에서의 가격도 예상보다 더 높게 형성되기 때문이다. 실제로 DUV 등의 범용 노광 기술 기반 반도체칩에 비해 EUV 노광이 활용되는 5나노 공정 이하 기술에 기반한 반도체칩은 생산단가가 10배 이상으로 형성된다.[9] 무어의 법칙에 따르면 공정

9   TSMC가 양산을 계획하고 있는 3나노 FinFET 공정 웨이퍼 단가는 12인치 기준으로 장당 3만 달러에 달한다. 이는 TSMC의 5나노 공정 웨이퍼 단가인 1만 6900달러, 7나노 공정 웨이퍼 단가 9300달러의 2~3배에 달한다. 이는 3나노 공정 수율이 기대에 못 미치면서 공정 비용의 급상승을 피할 수 없었기 때문이다. 12인치 웨

이 진보할수록 칩 가격은 인하되어야 하지만, 공정 원가가 높게 형성되다 보니 칩 가격도 인상된다. 5나노 공정까지 TSMC에게 양산에서 밀리고 있던 삼성전자가 기술 전쟁에서 앞서나갈 수 있는 계기가 있다면, 그것은 3나노 이하 공정에서부터일 것으로 예상된다. 삼성전자는 3나노 이하급 공정에서 본격적으로 FinFET 이후의 트랜지스터인 GAAFET[10]을 도입하려 했고, 실제로 2022년 7월 세계 최초로 GAAFET 기반 칩의 제조에 성공했다고 발표했다. 이는 TSMC가 3나노 공정에서 여전히 FinFET을 활용하려는 부분과 차별화된다.[11] 2019년에 공개한 나노시트 형태의 채널을 채용한 GAAFET 기술(multi bridge channel FET, MBCFET)은 7나노 공정 FinFET 대비, 물리적 공간을 45퍼센트 이상 절감하고, 소비전력 역시 50퍼센트를 절감하며, 성능은 35퍼센트 개선될 것으로 전망된다. 2나노 이하급 차세대 공정에서는 GAAFET외에도 MBCFET이나 CFET(complementary FET)의 신기술이 채용될 것으로 전망되는데, 이는 인공지능, 자율주행, IoT 분야로 확대될 고객 생태계에 선제 대응할 수 있는 기술이 될 것이다. 다만 FinFET 기반 공정과는 최적화

이퍼 기준, 7나노 공정 칩은 233달러, 5나노 공정 칩은 288달러, 3나노 공정 칩은 360~400달러에 육박할 것으로 전망된다.

10 GAAFET은 전자가 흐를 공간을 얇은 판 형태가 아닌 가느다란 실 형태로 만들어 절연체 속에서 일정한 간격을 두고 배열한 구조로 이루어진 전계효과 트랜지스터다. FinFET보다 더 작은 공간에서도 전자가 지날 공간을 확보하는 기술로서, 과거부터 FinFET 다음 미세 공정 기술로 연구되어왔다. GAAFET 개념은 1986년 처음 보고되었으며, 실제로 시연된 것은 2006년이다.

11 2020년 8월, 차세대 3나노 공정 계획(3N process)을 발표한 TSMC는 3나노 공정에서도 이전 방식의 FinFET 기술을 그대로 채용할 것임을 천명하였다.

요소가 다르기 때문에 양산 공정 수율 안정화가 어렵고, 이것이 양산 로드맵의 연기를 낳는 원인이 된다. 3나노 혹은 그 이하 공정에서 어떤 회사가 먼저 안정된 수율로 양산을 시작하는지가 결국 2020년대 중반 이후의 파운드리 시장 판도를 결정하는 요인이 될 것이다.

〈그림 3.3〉에 보이는 바와 같이, TSMC의 3나노 공정에서는 이전 5나노 공정 대비, 30퍼센트 이상의 소비 전력 절감, 10~15퍼센트 이상의 성능 향상이 예상되는데, 트랜지스터의 아키텍처 자체는 계속 FinFET 구조를 사용하므로, 결국 이 공정의 양산 가능성은 이전에 비해 30퍼센트 이상 줄어든 선폭linewidth을 갖는 FinFET, 특히 Fin 형태의 매우 얇은 채널을 얼마나 정밀하게 제조하는지에 달려 있다. 이 역시 EUV 노광 공정이 점차 안정화됨에 따라 양산 가능성이 충분히 올라갈 것으로 전망되나, 역시 그에 비례하여 공정 비용과 선행 R&D 비용이 동반하여 급상승하게 된다는 단점이 따른다. FinFET 기반의 초미세 공정이 갖는 또 다른 단점은 4나노 이하의 공정에서는 전압 제어 신뢰도가 저하될 수 있다는 것이다. 트랜지스터 회로의 선폭이 특정 한계 이하로 줄어들 경우, 동적 전압이 낮게 설정된 상황에서는 반도체 회로에 오류가 생긴다. 특히 회로에 결함이 있다면 그 부분에서 전압이 급격히 올라가는 버스트burst 현상이 생길 수 있는데, 이 현상은 회로 전체를 망가뜨릴 수도 있다. 또한 FinFET 기반의 패터닝은 10나노 이하로 갈수록, 배선이 지나치게 오밀조밀해져 배선 저항이 증가하고, 높은 클럭 수에서는 과전압이 걸려 동작 오류 가능성이 높아진다.[12] 따라서 CPU 동작 클럭에 한

---

12   이는 높은 주파수의 클럭이 필요 없는 모바일 AP에서는 고밀도 HD 셀(6.0T)이 적용

	N7 vs 16FF+	N7 vs N10	N7P vs N7	N7+ vs N7	N5 vs N7	N5P vs N5	N3 vs N5
전력 소모량	−60%	<−40%	−10%	−15%	−30%	−10%	−25~−30%
성능	+30%	?	+7%	+10%	+15%	+5%	+10~15%
로직 칩의 면적					0.55x		0.58x
면적 감소율	70%	>37%	−	~17%	−45%	−	−42%
트랜지스터 집적도					(1.8x)		(1.7x)
대량 생산 시기				2019년 2분기	2020년 2분기	2021년	2022년 하반기

그림 3.3 **TSMC의 파운드리 노드 프로세스** (출처:아난드텍)

계가 생긴다. FinFET의 구조적인 한계에 대응하기 위해 TSMC는 2024년 이후, 2나노 공정 이후부터는 GAAFET 기술을 채용하겠다는 계획을 밝혔는데, 3나노 공정부터 GAAFET 기술을 누적할 삼성전자에 대비하여, 2나노 공정부터 GAAFET을 채용할 TSMC가 과연 얼마나 비용 절감과 성능 개선을 이룩할 수 있을지가 양산 원가를 결정짓는 관건이 된다. FinFET 이후 공정에서 삼성전자가 충분히 기술적 격차를 벌려놓는다면 결국 차세대 공정 수율 경쟁력이 확보될 것이고, 이는 고객사를 더 많이 확보할 수 있는 원동력이 될 것이다.

2020년대 이후의 글로벌 빈도체 업계는 파운드리와 팹리스 형태로 분업화되는 구조가 고착화될 것이다. 특히, 3나노 이하의 초미세 공정을 필요로 하는 고성능 시스템반도체칩의 수요가 다각화되면서

되고, 높은 주파수의 클럭이 필요한 PC용 CPU나 GPU에서는 고성능 HP 셀(7.5T)이 적용되는 이유이기도 하다.

맞춤형 생산, 지능형 반도체 생산, 인공지능 스마트 칩 생산, 각종 센서 정보가 통합된 SoC 칩 등에 대한 수요가 폭증할 것으로 전망된다. 현재 글로벌 파운드리 시장을 양분하고 있는 TSMC와 삼성전자의 구도에서 TSMC의 지배력은 안정적일 것이나, 삼성전자의 포지션은 UMC나 SMIC 같은 3~5위권 업체들, 그리고 공격적으로 2나노 공정에서 차세대 0.55NA EUV를 도입하려는 인텔의 추격을 받아 안정적으로 유지되기 어려울 것이다. 다만 삼성전자 파운드리는 후발주자 대비 1~2세대 이상 앞서 있는 공정 기술 로드맵을 유지하고 있기 때문에, 양산 시기를 놓치지 않는다면 시장점유율을 유지할 수 있을 것으로 보인다. 삼성전자의 파운드리 사업 부문은 향후 분사되어 독립될 가능성이 충분하며, 그 경우 TSMC처럼 파운드리 전문 기업이 신설되어 국내 반도체 생태계의 한 축이 공고해질 것이다. 2020년대 중반 이후의 파운드리 산업의 핵심 경쟁력은 FinFET 이후의 신형 트랜지스터 집적 기술과 차세대 EUV 노광 기술과의 안정적 결합이 될 것이며, 2030년대가 가까워질수록 CFET[13] 같은 신개념 트랜지스터와 0.55NA EUV 이후의 극초미세 공정 기술 실증이 결정할 것으로 전망된다.

---

13   Complementary FET의 약자. 현재 FET 소자의 최전선에 있는 GAAFET이나 MBCFET 이후 p채널에 n채널의 트랜지스터를 겹쳐서 쌓아올리는 방식의 3차원 FET 구조를 의미한다. p채널과 n채널 MOSFET을 평면 형태로 만들고 각 평면 중간에 와이어 형태의 게이트 전극을 배치한 후, n채널 MOSFET층을 접어서 p채널 MOSFET층 위에 올림으로써 만든다. 2나노 공정 이후의 차세대 FET 소자 구조가 될 것으로 전망되고 있다.

3

한국의 차세대 메모리
기술 확보 전략

메모리반도체, 특히 DRAM과 NAND 플래시로 대표되는 분야는 한국의 반도체 산업이 오랜 기간 경쟁력을 유지해온 분야다. 그러나 이 분야 역시 거센 경쟁에 노출되어 있으며, 중국의 메모리반도체 업체들이 호시탐탐 시장점유율을 확장하려 투자 규모를 확대하고 있는 분야이기도 하다. 이에 대응하여 삼성전자와 SK하이닉스는 차세대 메모리반도체 소자 및 공정 기술 개발에 선행투자를 집중하면서 경쟁력 우위 전략을 이끌고 있다.

삼성전자는 2021년 5월, 업계 최초로 CXL(Compute Express Link) 기술 기반 차세대 DRAM 기술을 공개했다. 앞으로의 컴퓨팅 환경은 점차 인공지능, 빅데이터, 엣지 컴퓨팅Edge Computing으로의 변화가 예상되는데, 이러한 환경은 공통적으로 더 빠른 데이터 처리와 더 크고 효율적인 메모리 관리 기술을 필요로 한다. 기존의 컴퓨터 아키텍처에서는 CPU와 GPU, 그리고 가속기 등의 I/O 소자가 대부분

PCIe(PCI express) 프로토콜을 통해 연결되어 있는데, 대부분 상대적으로 낮은 대역폭과 그로 인한 높은 지연, 그리고 I/O와 CPU 사이의 메모리 공유 과정에서의 일관성 문제로부터 자유롭지 못하다. 특히 고대역폭 데이터 처리 과정에서 이러한 아키텍처의 한계는 점차 뚜렷해지고 있다.[14] 인텔이 주도하여 개발한 CXL은 128GB/s라는 고대역폭 디바이스 간 데이터 연결망을 제공하며, 특히 CPU에 연결된 메모리와 가속기에 필요한 메모리를 분리하여 관리할 수 있는 기능을 제공한다. 다른 경쟁 차세대 연결망 컨소시엄에 비해, CXL은 새로운 물리 규격을 필요로 하지 않는다는 장점이 있다. 즉, 기존의 PCIe를 그대로 활용할 수 있다는 장점이 있는 것이다.[15] 이는 차세대 DRAM 분야에서 기술 경쟁력을 지속적으로 확보할 수 있는 포석이 될 수 있다.

---

14   이에 대응하여 2016년에 출범한 Gen-Z 컨소시엄은 802.3 이더넷 규격을 기반으로 디바이스 간 연결과 메모리-디바이스 간 접근 시맨틱Semantic 시스템을 위한 프로토콜을 제공한다. 이 컨소시엄에는 IBM, HP 등의 업체가 참여하고 있으며, 이후 AMD, Dell 등이 참여한 OpenCAPI(Coherent Accelerator Processor Interface)로의 프로토콜 확장이 이루어졌다. 그러나 인텔은 이 컨소시엄에 참여하지 않았다. 인텔은 대신 OpenCAPI와는 독립적인 연결 구조를 발표했는데, 그것이 바로 2019년 3월에 발표한 CXL이다. 인텔이 주도한 CXL 컨소시엄에는 AMD, 화웨이, 멜라녹스Mellanox, 엔비디아까지 참여하면서 디바이스 연결 아키텍처의 표준 규격으로서 Gen-Z를 점차 눌러가는 모양새가 되고 있다.

15   삼성전자가 업계 최초로 CXL를 구현할 수 있었던 배경에는 삼성이 기존에 기술적 장점을 보유하고 있던 대용량 SSD의 일부 기술을 차용할 수 있었기 때문이다. 대용량 SSD에는 EDSFF(Enterprise & Data Center SSD Form Factor)라는 폼팩터가 적용되는데, 이를 CXL DRAM으로까지 확장 응용한 것이다. 폼팩터 공유로 인해, 삼성의 CXL DRAM에는 이제 기존의 메인 DRAM과의 공존은 물론, 시스템 메모리 용량이 테라바이트급 이상으로 올라갈 수 있는 가능성이 열렸다.

한편 SK하이닉스는 2021년 3월, 차세대 DRAM 기술의 난점을 극복할 수 있는 몇 가지 기술을 공개했다. 우선 패터닝 기술이 봉착한 물리적 한계를 극복하기 위해, EUV 공정의 개선뿐만 아니라, 선폭의 물리적 축소를 위해 새로운 반도체 절연 물질과 그것을 증착할 수 있는 원자층 증착 기술(atomic layer deposition, ALD) 개발, 더 높은 종횡비aspect ratio를 달성할 수 있는 식각 공정 개발 등이 그것이다. SK하이닉스는 이러한 기술을 바탕으로 10나노미터 선폭 이하 공정을 기반으로 한 600단 이상의 NAND 플래시 제조 공정을 개발하겠다는 계획을 천명했다. EUV 공정의 경우, 실제로 SK하이닉스는 2021년 2월, 네덜란드의 ASML과 향후 5년간 약 4조 7000억 원 규모의 EUV 리소그래피 장비 구매 계약을 체결하기도 했다.

　한국의 메모리반도체 산업의 지배력은 지금까지 그랬던 것보다 훨씬 더 선행기술 개발에 대한 집약적인 투자를 요구할 것이다. 그와 동시에 글로벌 주요 반도체 업체들의 컨소시엄 간 차세대 메모리반도체 기술표준 선점 경쟁에서의 우위를 확보하기 위한 공정 및 소자 기술 개선에서의 고유 장점을 유지할 필요가 있다. 삼성이 구현한 CXL DRAM이나 SK하이닉스가 구현하려는 수백 단의 NAND 플래시메모리 공정 기술 등은 결국 이러한 선행기술 투자가 짧게는 과거 5년, 길게는 10년 전부터 연구개발에 두입되어 나온 결과물로 볼 수 있다. 이러한 선행기술이 시차를 두고 산업화로 이어지는 확률을 높이기 위해서는 기업 입장에서는 마구잡이식 연구개발 투자보다는 전략적인 선택과 집중 방식의 연구개발 투자가 있어야 한다. 동시에 긴 호흡으로 다양한 후보 소재군이나 공정 기술을 탐색하는 선행기술 연구를 정부 차원에서 최대한 다양한 방향으로 탐색할 수 있어야 한다. 향후 빅데이터 처리를 위한 고속-고신뢰도 컴퓨팅 및 클라우드 서비스 환경 수요 급증, 6세대 이후 이동통신의 고대역폭 통신 정보 처리, AR/VR로 대표되는 증강현실 고용량 데이터의 실시간 처리 등, 고성능 고효율 메모리반도체에 대한 수요는 계속 증가할 것이며, 한국의 반도체 업계는 이에 대응하기 위해 국제 표준 컨소시엄의 주도권 확보, 그리고 그를 위한 수세대 앞선 기초 재료/소자/공정 연구에 대한 연구개발 투자 비중을 더 높여갈 필요가 있다. 특히 3D 고해상도 게임 렌더링, AI용 텐서 데이터의 선형대수 계산 등, 고용량 병렬 데이터 처리 기술은 현재 차세대 AI전용 반도체칩의 기술표준의 주된 고려 사항이 되기 때문에 이에 대한 선행기술은 최대한 많이 확보할 필요가 있다. 이에 대비하기 위해 기업 입장에서는 고용량 데이터의 수요처에 대한 예측을 기반으로 칩의 소형화, 저전력 구동 최적화 등에 대한 집중적인 연구개발이 필요할 것이며, 정부가 지원하는 연구 차원에서는 고용량 데이터 처리 알고리듬 개발 및 임베디드 칩 인터페이스 개발, 저전력 구동 가능 반도체 유전물질 탐색 같은 기초연구에 집중해야 할 것이다.

4

네덜란드로부터 배우는 반도체 산업 육성의 교훈

2018년 기준, 세계 수출입액 상위 국가에는 어떤 나라들이 있을까? 먼저 뒤쪽 〈그림 3.4〉의 통계를 살펴보자.

자료에서 보다시피, 무역 규모 부동의 1, 2위는 역시 미국과 중국인데, 수입과 수출 순위가 정반대다. 중국은 수출 1위, 수입 2위, 미국은 수출 2위, 수입 1위다. 특히, 미국의 무역적자 규모는 9000억 달러 정도로, 캐나다의 전체 수출입 규모와 맞먹는 수준이다. 세계 상위권 수출입 국가들의 분포는 1~4위까지는 수출-수입 순위가 거의 같으나, 5~15위까지는 꽤 변동이 있다.

네덜란드: 수출 5위-수입 7위

한국: 수출 6위-수입 9위

프랑스: 수출 7위-수입 6위

홍콩: 수출 8위-수입 8위

이탈리아: 수출 9위-수입 11위

영국: 수출 10위-수입 5위

벨기에: 수출 11위-수입 14위

멕시코: 수출 12위-수입 12위

캐나다: 수출 13위-수입 13위

대략 무역 규모 15위권 이내에서, 적자 규모보다는 순위 기준으로 수출이 수입보다 앞선 나라는 네덜란드, 한국, 이탈리아, 벨기에, 러시아, 싱가포르 정도다. 이중 아시아권은 한국과 싱가포르가 유이하고, 대부분 유럽이다. 반대로 수입이 수출보다 많은 나라로는 프랑스, 영국, 인도, 스페인 등이 있다.

여기서 주목할 나라는 네덜란드다. 네덜란드가 좁은 국토 면적, 적은 인구수, 부족한 지하자원과 유리하지 않은 지리적 입지를 가졌음에도 불구하고, 이렇게 수출입 모두 상위 10위권 이내에 자리잡고 있는 데에는, 네덜란드의 강력한 제조업 기술력이 바탕이 된다. 제조업 강국으로서의 입지는 특히 네덜란드가 이룩하고 있는 하이테크 기술의 풍족한 생태계에 기인한다. 네덜란드는 전형적인 유럽의 강소국으로 알려져 있다. 일찍이 해상 교역과 금융 산업에 눈을 떠, 중상주의 정책(예를 들어 동인도회사 설립 등)과 공업입국 정책(네덜란드는 유럽에서 광학 산업이 가장 발달한 나라 중 하나였다)을 추진해오던 나라인데, 21세기에도 유럽의 제조업 강국 중 하나로 자리매김하고 있다. 특히, 한국의 첨단 산업, 이를테면 전자 산업에서 필요로 하는 고부가가치 소재의 점유율은 네덜란드가 늘 상위 그룹을 차지한다. 예를 들어 2017년 기준으로, 세계 소재 시장 규모는 1조 유로를 넘었는데,

이는 2008년 6500억 유로의 시장 규모를 기준으로 연평균 6퍼센트씩 성장한 수치다. 이중 네덜란드의 소재 산업은 200억~250억 유로 정도인데, 이는 네덜란드 GDP의 27퍼센트를 차지하는 주종 산업이다. 네덜란드의 유명한 전자기업 필립스가 세계 최초로 CD를 제조한 회사라는 점에서도 알 수 있듯, 네덜란드는 플라스틱과 고분자 재료의 중요성에 일찌감치 눈을 뜬 나라였다. 실제로 네덜란드는 이미 1990년대 초반, 고분자의 응용 가치에 눈을 떠 정부 주도로 중합체연구소DPI와 혁신소재연구소M2i를 설립하여 첨단 소재의 기초-응용 연구를 주도하고 있으며, 이후 기초과학연구원NWO, 물질

순위	수출		수입	
	국가	수출액 (단위: 10억 달러)	국가	수입액 (단위: 10억 달러)
1	중국	2,500	미국	2,600
2	미국	1,700	중국	2,100
3	독일	1,600	독일	1,300
4	일본	738	일본	749
5	네덜란드	723	영국	674
6	한국	605	프랑스	673
7	프랑스	582	네덜란드	646
8	홍콩	569	홍콩	628
9	이탈리아	547	한국	535
10	영국	486	인도	511
11	벨기에	467	이탈리아	501
12	멕시코	451	멕시코	477
13	캐나다	450	캐나다	469
14	러시아	444	벨기에	450
15	싱가포르	413	스페인	388
전 세계 총합	19,600		19,600	

그림 3.4 **세계 무역 규모 및 수출입액 순위**(2018년 기준) (출처:WTO)

기초연구재단FOM, 하이테크산업소재기업집단HTMS 등이 파생되어 나와, 계속 양의 되먹임 체인을 이루며 자국의 소재 산업 성장을 이끌고 있다. 네덜란드에는 1700개에 달하는 소재 연구개발 기업이 산재하고 있으며, 90년대 후반부터 본격적으로 전자 재료 산업 육성이 시작되어, 이제는 전 세계 실리콘 칩의 90퍼센트 이상에 네덜란드 기업이 제조한 부품이 포함되고 있는 수준에 올라 있다. 네덜란드는 거의 대부분의 소재 분야에서 세계적 경쟁력을 보유하고 있지만, 특히 고분자 기반 소재 기술에 강점을 보인다. 잘 안 알려지긴 했지만, 수프라폴릭스SupraPolix라는 고분자 기술 기업은 접착제, 특수 코팅, 의료용 고분자에 적용되는 첨단 유기재료를 제조하는 회사다. 이 회사의 SupraB 같은 재료는 기존의 범용 플라스틱과도 섞여서 활용될 수 있는데, 그 이유는 이 재료가 범용 플라스틱 고유의 물리화학적 특성을 크게 바꾸지 않기 때문이다. 동시에, 이 재료는 주 고분자 재료의 분자량을 감소시킴으로써 가공성을 높일 수도 있고, 강도를 제어하여 자기 회복능력 등의 추가 특성을 유도할 수 있어서, 활용 범위가 상당히 넓다. 또한, 포커테크놀로지Fokker Technologies 같은 회사는 구조 재료에 특장점을 보이는데, 이 회사의 에이스 격인 제품 GLARE는 성질과 구성이 벌크 알루미늄판과 유사한 복합재료지만, 벌크 알루미늄에 비해 내식성, 내염성, 항복 응력이 더 높은 동시에 밀도는 더 낮다는 것이 강점이다. 이 재료는 에어버스 A380에 적용되어 이 항공기의 연비를 크게 개선시키는 데에 기여하기도 했다.

네덜란드가 이렇게 첨단 하이테크 산업 생태계를 건강하게 이끌어 왔고 앞으로도 이끌어갈 수 있는 원동력은 무엇일까? 그것은 하이테크 산업의 가치사슬과 산학연 클러스터를 전국 곳곳에 강고하게 형성해왔기 때문이다. 2018년 기준, 한국의 첨단 산업 공급망의 분포 통계를 살펴보자(그림 3.5). 핵심 소재 및 부품의 1/5 이상은 독일이나 영국이 아닌 네덜란드로부터 수입되고 있다. 이는 네덜란드의 제조업, 특히 첨단 산업 분야 제조업 기반이 탄탄하다는 것을 단적으로 보여주는 자료다.

이러한 탄탄한 기반은 네덜란드 정부가 전략적으로 오랜 기간 공을 들여 자국 내 산업 클러스터를 형성하려 노력해온 덕분이다. 특히 그저 기업들이 입주한 공단만 만든 것이 아니라, 산학연의 자연스러운 결합이 이루어지는 플랫폼을 만든 것이 주효했다. 앞에서 네덜란드의 전 세계 노광 장비 1위 업체 ASML을 소개하며 그들이 이루고 있는 하이테크 생태계가 기술 경쟁력 확보에 얼마나 중요한지를 설명했다. ASML은 극자외선 노광 장비를 공개하기 20년 전부터 기술을 개발하기 시작했다고 밝힌 바 있다. 이러한 장기간의 연구 개발이 가능했던 이유는 바로 그 산업 생태계가 기초부터 산업화까

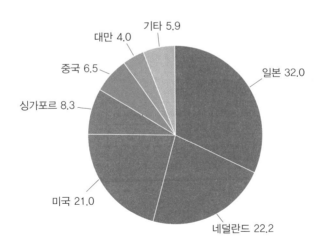

그림 3.5 **한국의 하이테크 산업 공급국 분포도**(2018년, 단위:%) (출처:Oxford Economics)

지 이어질 수 있는 하나의 기반을 공유하고 있기 때문이다. 실제로 네덜란드에는 ASML뿐만 아니라, 약 30개의 반도체 주요 공정 관리 및 설계, 반도체 부품, 초소형 정밀기계 기술(Micro Electromechanical Systems, MEMS), 포토닉스photonics 등 세부 분야에도 전문 기업들이 다수 존재한다(그림 3.6 참조). 예를 들어, 반도체 공정에 필요한 기자재를 생산하는 ASMi(ASM International), 보스만테크놀로지Boschman Techonologies, BESI(BE Semiconductor Industries) 등이 대표적인 기업들이다. 이러한 기업들은 네덜란드의 주요 연구중심대학과 긴밀한 산학 협력 연구를 지속한다. 〈그림 3.7〉의 지도에서처럼, 우리나라에도 이름이 잘 알려진 위트레흐트대Utrecht Univ, 레이던대Leiden Univ, 에인트호번 공대TU Eindhoven, 트벤테 공대TU Twente, 흐로닝언대Groningen Univ, AMOLF 연구소, 델프트 공대TU Delft 같은 대

부품 공급사 (카메라, 소프트웨어, 렌즈 등)	품질 검사 장비 공급사	박막 증착 장비 공급사	리소그래피 광학부품 공급사	리소그래피 광학부품 공급사	협력 연구기관
Adimec	ASML	ASML	ASML	ASML	TUDelft
Frencken	MELLES GRIOT	MELLES GRIOT	MELLES GRIOT	ASM	TNO innovation for life
Lambert INSTRUMENTS	AVANTES	AVANTES	NEDINSCO VENLO	Besi	Dutch Optics Centre
Luxexcel	MASER ENGINEERING	MASER ENGINEERING		LITEQ	TU/e
molenaar optics	FEI	PANalytical		MAPPER lithography	UNIVERSITEIT TWENTE.
PhoeniX Software	NanoPhysics	Irmato			
TELEDYNE DALSA	NEARFIELD INSTRUMENTS	Ocean Optics			
VDL					
ascent'tec					
anteryon					

그림 3.6 **네덜란드의 주요 반도체 기업** (출처:dutchopticscentre.com)

학 및 연구기관들이 전국 곳곳에 산재하여, 구조 재료, 광학 재료, 전자 재료, 생체 재료 등 첨단 소재 산업의 기초부터 응용, 그리고 산업 수준의 연구까지 활발한 활동을 벌이고 있다. 예를 들어, 에인트호번 공대는 배후에 브레인포트Brainport나 HTCE(High Tech Campus Eindhoven) 같은 산업단지와 연계되어 있고, 트벤테 공대는 배후에 케니스파크 트벤테Kennispark Twente 같은 산업단지, 그리고 델프트 공대는 예스델프트Yes! Delft 같은 산업단지와 연계되어 있다. 특히, HTCE 같은 산업단지에는 필립스, NXP, IBM, 인텔 같은 첨단 IT 기업들의 연구소가 입주하여 산학 공동 연구를 활발하게 진행하고 있으며, 전 세계적으로도 톱클래스 산학 공동 연구단지로 손꼽히고 있

그림 3.7 네덜란드 전역의 산학연 클러스터 중심지 및 연구중심대학 (출처:KOTRA)

을 정도다. 또한, 트벤테 공대 주변에 있는 MESA+ 같은 산학 연구단지의 경우, 세계에서 가장 규모가 큰 나노기술 R&D 기관이 위치하고 있다.

구체적인 사례를 살펴보자. 에인트호번 대학에서 출발한 NXP는 디지털과 아날로그 기능을 통합한 혼성신호 집적회로 개발을 넘어 자동차 반도체 기업으로 변신했다. 이는 앞서 언급한 다양한 생태계에서 성장한 배경을 둔 덕이다. NXP는 지난 2015년 12월, 미국의 반도체 기업인 프리스케일Freescale 반도체를 인수하며 세계 1, 2위권의 자동차 반도체 제조업체로 자리매김하기도 했다. 실제로 2020년 기준, NXP 글로벌 매출의 40퍼센트 이상은 이제 자동차용 반도체나 차량 인포테인먼트용 AP에서 나온다. 다양한 생태계는 네덜란드의 글로벌 반도체 기업뿐만 아니라 협력사의 동반 성장 또한 가속시킨다. 실제로 네덜란드의 반도체 소재 및 부품, 장비 중소기업들의 매출은 굉장히 높은 편이다. 2018년 기준으로 VDL은 6억 달러, ASMi는 9000만 달러, BESI는 5000만 달러, Assembleon은 2000만 달러 수준이다. 또한 공정 관리 기술을 연구하는 5개의 연구기관이 산업 생태계의 밑거름 역할을 하고 있다. 네덜란드응용과학연구소TNO, 네덜란드에너지연구센터ECN 등이 대표적인 기관이다.

네덜란드는 자국의 첨단 하이테크 산업 생태계의 핵심에 반도체 산업을 두고 있다. 2018년 3월, 네덜란드 정부는 자국의 반도체 산업 경쟁력을 더욱 강화하기 위한 '반도체장비산업혁신어젠다 3개년 계획'을 발표했다. 이를 들여다보면, 주로 차세대 반도체 공정 핵심기술을 확보하고 경쟁력을 유지하기 위한 조치들로 이루어져 있다. 우선 다양한 프로젝트 그룹이 TKI 프로그램이라는 산학연계 노광 기술 연구개발 프로그램을 진행한다. 연구개발 비용은 TKI 펀드가 반도체 장비 관련 연구기관 및 대학의 국제 협력 프로그램을 통해 조달한다. 또한 TKI 프로그램과는 별도로, 유로권 내에서 국제 협력 프로그램도 추진한다. 특히 7나노 공정과 300밀리미터 웨이퍼 제조 장비에 국제 협력을 집중하는 것으로 설정되어 있다. 이를 위해 유럽연합의 전자 산업 제조역량 강화 사업인 ECSEL 혹은 마이크로 및 나노 전자공학 시스템 클러스터인 PENTA에 노광 및 계측 공정 중심의 프로젝트를 추진하며, 궁극적으로는 유럽산 반도체 공정 장비를 갖춘 7나노 이하 300밀리미터 웨이퍼의 고수율 생산라인을 확보하는 것이 목표다. 어젠다의 주요 파트너는 ASM, ASML, Mapper, Thermo Fisher 같은 네덜란드 OEM 기업과 BESI, ALSI, Solmates, Bronkhorst 등 앞서 언급된 기업보다 더 작은 규모의 기업들이며, 〈그림 3.6〉의 각종 반도체 관련 기업들이 이를 뒷받침하며 긴밀한 협력 관계를 이룬다. 네덜란드 정부는 이 기간 동안 총 6억 유로를 투자한다.

　네덜란드에서 찾을 수 있는 또 하나의 참고 사항은 ASML과 독일의 전통적인 정밀광학회사 자이스Zeiss의 오랜 파트너십이다. 앞서 언급한 것처럼 EUV에 있어서 기술적 완성도를 위해서는 광원뿐만 아니리 광학계의 품질 향상도 매우 중요하다. 특히 광학계는 EUV 같은 극단파(파장 13.8나노미터)의 전자기파 반사율을 보장하면서(70퍼센트 이상) 마스크를 거쳐 한 곳으로(즉, 패터닝해야 하는 미세한 영역으로) 전자기파의 초점을 모았을 때 확률적인 퍼짐 현상stochastic dispersion을 최소화할 수 있는 광경로를 찾는 것이 중요하다. 반사경을 많이 쓸수록 초점 제어와 광경로 제어가 용이해지지만, 반사경 하나의 반사율이 100퍼센트가 아니므로 그만큼 광원 손실률이 커진다는 것이 문제다. 즉, 반사율 측면에서는 반사경을 되도록 적게 써야 하는 것이다. 이는 모순되는 상황으로서, 공학적으로도 최적화하기 어려운 난제에 속하는 것이기도 하다.

사실 EUV의 이전 세대인 DUV까지는 기존의 정밀광학 강자인 일본의 캐논이나 니콘도 자이스와 글로벌 리소그래피 장비 시장에서 경쟁할 수 있었다. 그러나 EUV부터는 전혀 다른 개념의 반사경 소재 합성과 극단파 빛 퍼짐 제어, 광학 비등방성optical anisotropy 제어라는 장벽이 생겼다. 이 장벽을 넘지 못한 일본의 광학 강자들은 결국 EUV 리소그래피 장비 시장을 포기했다. 사실 자이스와 ASML에게도 EUV 개발은 출구가 보이지 않는 문제였고, 그래서 개발을 포기하기 직전까지 몰리기도 했었다. 초기에 총 12~15년 정도로 예상했던 EUV 개발은 기술적 난제로 인해 20년을 넘어, 30년이 걸릴 정도로 길어졌다. 이로 인해 이사진과 고객, 그리고 시장의 반응이 냉랭해지고, 프로젝트는 몇 번이나 뒤엎어질 위기에 처했다. 광원, 광학계, 감광재 등 EUV와 관련된 거의 모든 분야에서 기존(DUV)의 기술 솔루션은 거의 통하지 않았고, 시장에서는 EUV는 이론적 개념으로만 남게 될 거라는 예상이 대세였던 때도 있었다(최근, 바로 2000년대 초반까지도 그랬다).

그러나 자이스는 30년의 인고의 세월 동안 조금씩 EUV 관련 특허 포트폴리오를 강화했고, ASML은 다른 광학회사와의 협력은 고려하지 않고 오로지 자이스의 기술 수준을 레퍼런스 삼아 자이스와의 기술적 접점을 우선적으로 고려했다. 자이스는 다시 ASML의 요구 기술 수준에 맞춰 새로운 광학 소재를 이용하여 광결정photonic crystal

에 기반을 둔 새로운 형태의 반사경을 제작하였고, 제임스웹 우주망원경에 쓰이는 반사경보다 훨씬 높은 정밀도를 갖춘 반사경을 가공할 수 있는 전용 진공장비도 자체 개발하였다. 양사는 30년의 긴 세월 동안 하나의 프로젝트에 초점을 맞춰 협력을 지속하였고, 그 과정에서 가공 장비, 진공 장비, 광학 소재, 설계 소프트웨어, 이론적 개념 탐색 등, 거의 모든 범위에서의 관련 기술을 확보하기 위해 양사 주변의 생태계를 강화했다. 이는 시장에 EUV 프로젝트를 아직 붙잡고 있다는 신호를 보냈고, 결국 2010년, 시장의 기대치를 훨씬 능가하는 정밀도와 성능을 갖춘 EUV 리소그래피 장비(NXE:3100)가 실현되기에 이르렀다.

처음 시장에 공개된 지 10년이 훌쩍 넘은 2022년 하반기에 이르러서도, ASML과 자이스 이외의 그 어떤 회사도 아직 EUV에 준하는 극단파 전자기파를 제어할 수 있는 리소그래피 광원과 광학계를 구현하지 못했다. 사실 ASML과 자이스의 관계는 일반적인 갑-을 관계와는 다소 결이 다르다. 애초에 처음부터 프로젝트를 같이 시작하기도 했고(특히 개발 막바지에는 공동 개발하다시피 했다), 양사의 엔지니어가 단기적으로나마 양사에서 특정 직무를 겸직하는 경우도 있었고, 특허를 공동으로 출원하는 경우도 있었다. 특히 EUV 개발과 관련해서는 양사가 같이 명운을 걸고 30년의 파트너십을 유지했는데, 그것은 서로에 대한 신뢰가 보장되지 않고는 불가능한 일이었다. 한국의 반도체 산업에 있어, 언젠가는 이러한 굳건한 신뢰관계와 건강한 생태계가 뒷받침되어야만 가능한 기술적 난제 도전 시기가 찾아올 텐데, 자이스와 ASML의 사례를 잘 연구하고 배울 필요가 있다. 한국에서 일반적으로 생각하는 제조업에서의 갑-을 관계는 대부분 전형적인 대기업-협력사 관계다. 이러한 관계는 상호 동등한 협력 관계와 신뢰 관계가 아닌, 원가 절감과 매출 상승이 주된 목표인 관계다. 이러한 한국식 갑-을 관계에 기반한 개발 방식은 자이스와 ASML이 함께 도전했던 것과 같은 난제를 해결하는 데에는 통하지 않을 것이다.

네덜란드가 추구하는 제조 입국은 자국에서의 소비보다는 수출을 타깃으로 하는 정책의 일환인데, 특히 완성품을 제조하는 한국이 네덜란드 소재 기업의 주고객이다. 삼성전자와 LG디스플레이, SK하이닉스 등은 네덜란드 기업으로부터 수입하는 재료와 부품의 비중이 날로 높아지고 있으며, 앞으로 AI, IoT, 자율주행차 등의 분야에 필요한 부품과 소재 역시 네덜란드 산학 R&D 기관들의 선점 효과가 당분간 이어져, 대네덜란드 수입 비중은 계속 높아질 전망이다. 최근 한국과 일본 사이의 갈등이 고조되고 있기 때문에, 네덜란드 기업들은 한국 기업들이 거래선을 일본에서 네덜란드로 대체할 가능성을 면밀히 분석하고 있을 것이다. 이런 상황에서, 한국의 정부 및 민간 소재 관련 연구소들과 네덜란드의 산학 R&D 기관의 면밀한 협조 및 공동 연구기관 설립 등은 선제 대응 효과를 거둘 수 있을 것이며, 이미 네덜란드의 각종 첨단 산업 연구단지에 입주한 국내 기업들의 R&D 파트도 규모를 더 확장하여, 선행기술 후보군 발굴에서 더 많은 지분을 차지하는 전략을 수립할 필요가 있다. 네덜란드가 자랑하는 ASML이나 NXP 같은 업체들이 바로 이러한 클러스터의 축적된 선행기술 개발 경험에 바탕을 두고 있기 때문에, 선행기술 후보군에 대해 IP의 지분을 일정 수준으로 확보해두는 전략은 미래의 불확실성을 제어하기 위한 분산 투자의 관점에서라도 무척 중요하다.

네덜란드는 국토 면적이 남한의 40퍼센트 수준밖에 안 되고 인구는 1/3 수준밖에 안 되는 그야말로 소국이지만, 제조업 기반의 탄탄한 산업 경쟁력과 첨단 기술에 대한 R&D 투자가 선순환이 되어, 첨단 기술 경쟁력이 세계적 수준에 이른 강국이다. 처음에 언급한 통계자료에서 자세하게 언급은 하지 않았지만, 싱가포르 역시 한국의 수입 비중에서 4위를 차지할 정도로 제조업 강국의 하나인데, 싱가포르도 면적과 인구로 따지면 네덜란드보다도 훨씬 더 작은 나라다. 그럼에도 불구하고 제조업 경쟁력이 강력한 까닭은 NUS나 Nanyang Tech 같은 세계 수준의 대학들이 산업과 강력하게 연계되어 R&D를 강력하게 추진하고 있기 때문이다. 한국이 이왕 대일본 소재·부품 의존도를 낮출 요량이라면, 단순히 일본을 대체할 다른 수입처를 찾는 데서 더 나아가, 네덜란드와 싱가포르 같은 강소국의 성공적인 산-학-연 네트워크를 통한 강력한 R&D 드라이브 정책을 제대로 배워 한국의 것으로 만들 수 있어야 할 것이다. 그리고, 일본의 수출 규제 조치로 소재 및 부품 국산화에 대한 국민적 관심이 높아진 현시점이 이를 추진할 적기라고 생각한다.

5

격변하는 위기 속
한국의 도전

2021년 3월에 있었던 중국 최대의 정치 행사인 양회兩會에서는 경제개발계획이라 할 수 있는 제14차 5개년 계획의 주요 어젠다가 발표되었다. 2019년부터 본격화된 미중 간의 갈등이 더 가열차게 고조되던 시기였고, 더구나 코로나19 사태가 전 세계적으로 위세를 더해가고 있던 시기였기 때문에, 많은 이들의 이목은 중국 정부가 그간 지속적으로 추진해오던 첨단 산업 육성이라는 기치에 다소 변화가 있을 것인지 여부에 쏠려 있었다. 그러나 막상 발표된 5개년 계획의 어젠다에는 첨단 기술 분야, 특히 반도체 산업 분야에서의 중국의 자력갱생 의지가 더욱 뚜렷하게 자리잡고 있었다. 양회의 보고서를 보면, 중국은 5G, 인공지능, 양자 ICT 같은 첨단 산업 분야의 발전을 위해 반도체 산업 전반에 걸쳐 자립할 것임을 천명하고 있다. 특히 중국 스스로 세계 수준에 미치지 못한다고 판단하고 있는 일부 분야, 예를 들어 주요 공정 장비, 칩 설계 소프트웨어, 광대역 에너지갭 반도체 같은 분야에서의 세부 발전 전략을 명시하기도 했다.

여전히 반도체 자급률이 15퍼센트대에 머물고 있는 현실이지만, 중국은 이에 아랑곳하지 않는다. 중국 정부의 반도체 굴기 의지, 그리고 미국이 주도하는 대중 반도체 기술·무역 제재 국면에서 2022년 1사분기 중국의 반도체 수입 규모(칩의 개수와 종류)는 전년 대비 10퍼센트 가까이 감소했다(수입액은 15퍼센트 정도 증가했다). 매년 평균 10퍼센트 이상 증가하던 수입 규모를 생각해보면, 코로나19 여파를 고려하더라도 매우 이례적일 정도로 감소한 수준이다. 그리고 수입액은 증가했으나 수입 규모가 줄어들었다는 사실은 일부 고부가가치 부품이나 칩, 설계 IP 등에 대해서는 여전히 외국 의존도가 높은 상황이지만, 그 외의 분야에 대해서는 중국이 그동안 자국 반도체 산업의 자립을 강하게 추진한 결과가 조금씩 나타나고 있다는 것으로도 볼 수 있다. 중국 정부는 미국의 제재에 대해 오히려 맞불작전을 펼치듯, 자국의 반도체 기업들에 대한 전략적 지원의 규모와 속도 증대에 더욱 박차를 가하고 있다. 공공부문의 펀드는 주로 반도체 산업의 스타트업으로 쏠리고 있다. 2021년 중국의 반도체 팹리스 스타트업들은 어느새 2000개를 훌쩍 넘어섰고, 중국이 자국 반도체 산업의 핵심으로 설정하고 있는 SMIC 같은 파운드리 기업, 양쯔메모리 같은 메모리반도체 기업 역시 중앙 및 지방 정부의 펀드를 집중 지원받아 생산 시설을 늘려가며 매년 매출액 기록을 갱신하고 있다. 중국 정부의 반도체 자력갱생 의지는 SMIC와 칭화유니紫光集團 같은 반도체 제조 전문 대기업을 위시로 중국 반도체 산업 전체가 성장하게 만드는 엔진으로 자리매김하고 있다. 2022년 5월, 중국 공산당은 중앙/지방 정부 및 국영 기업에서 사용 중인 모든 외국산 컴퓨터를

2024년까지 중국산으로 대체하라는 명령을 내렸는데, 그 규모는 물경 5000만 대에 이른다. 이는 결국 중국 공공기관에서 사용하는 모든 외국산 컴퓨터, 특히 외국산 반도체에 의존하는 컴퓨터를 레노버, 인스퍼, 팡정, 둥팡, 하시 등의 자국산 컴퓨터로 대체하려는 움직임으로 이어진다. 그리고 거기에는 단순히 하드웨어뿐만 아니라 운영체제, 그리고 일부 오피스 프로그램 같은 필수 소프트웨어까지 포함된다.

이러한 중국의 반도체 자력갱생 의지는 중국에게나 주변국에게나 결코 좋은 신호는 아니다. 다른 각도에서 보면 이는 결국 미국이 주도하는 대중국 반도체 산업 포위망에 대한 작용-반작용의 결과로 볼 수밖에 없다. 거시경제학의 이론을 굳이 들먹일 필요도 없이, 고도로 분업화된 거대한 기계 같은 글로벌 반도체 산업의 맥락에서 볼 때, A부터 Z까지 한 나라가 반도체 산업 전체에서 모두 잘 하는 것은 거의 불가능한 일이다. 설사 기술적으로 자력갱생이 가능할 수 있다고 가정하더라도 소위 비교우위의 논리는 변하지 않는다. 즉, 자국의 산업 생태계 안에서 설계와 생산, 소재와 부품, 공정과 장비에 이르기까지 산업에 관련된 모든 것을 해결하려는 것, 특히 그것을 정부 주도로 시행하는 것은 이미 경제적 합리성에서 크게 벗어난 전략이다. 그렇다면 중국은 왜 이렇게 고립주의처럼 보이는 무리수를 던지고 있는 것일까? 경제적 논리에 앞서, 보다 근원적인 문제가 있기 때문이다. 즉, 중국이 자국 반도체 산업의 자력갱생을 외치는 것은 단순히 경쟁력이 떨어지는, 혹은 자급률이 떨어지는 일부 분야의 실력 강화 차원에만 국한되는 것이 아니다. 아예 글로벌 반도체 산업 생태계와 분리되는 최악의 경우까지 대비한다는 차원에서 이루어지는 것으로 보는 것이 더 적절할 수 있다.

글로벌 반도체 생태계와 분리되는 것 자체를 중국 정부가 목표로 삼고 있다고 보기는 어렵다. 현대의 반도체 산업 특성을 고려하건대, 오랜 기간에 걸쳐 고도로 얽혀 있으며 기술의 표준을 공유하고 있는 산업 체계에서 분리된다는 것은 자력갱생은커녕 자국 산업이 그 자체로 갈라파고스가 됨을 의미하는 것이기 때문이다. 좁게는 수입-수출 채널의 폐쇄부터, 넓게는 기술표준의 분리와 호환성 상실, 나아가 차세대 기술 로드맵의 공유와 지적재산권의 활용에 이르기까지, 거대한 시스템에서 분리되는 것은 분리되는 그 순간부터 폐쇄성을 동반하며 수많은 악영향을 파생시킨다. 더구나 산업적 파급력이 큰 반도체 산업에서의 갈라파고스화는 다른 산업에까지 갈라파고스화를 유도하는 기폭제가 될 수도 있다. 중국 스스로가 이러한 '분리'의 위험성을 잘 알고 있음에도 불구하고 결국 반도체 자력갱생을 전면에 내세울 수밖에 없는 이유는 무엇일까? 그것은 미국이 주도하고 있는 반도체 산업의 글로벌 공급망 재편 움직임에 있다.

미국이 바라보는 반도체 공급망에서의 중국의 포지션은 2010년대 이전까지는 충실하고 저렴한 생산기지이자 거대한 소비시장이었다. 미국 반도체 기업들에게 중국 시장은 안정된 수익을 매년, 그것도 연평균 10퍼센트 이상의 고성장률을 동반하며 가져다주는 시장이었다. 그러나 미-중 사이의 글로벌 패권 경쟁이 본격화되면서 미국이 먼저 꺼내든 옵션은 중국에 대한 기술 통제였다. 이는 좁게는 중국이 계속 미국이 주도하는 글로벌 질서 체계에서 예측 가능한 플레이어로 남게 만드는 것, 그리고 넓게는 중국이 제어되지 않을 경우 중국을 미국이 주도하는 체계에서 분리시키는 것으로까지 이어질 수 있는 옵션이었다. 2020년대 들어 우리가 목격하고 있는 현실은 후자에 가까워지고 있다. 중국 입장에서는 후자의 옵션이 현실화되면서 결국 미국 주도의 시스템으로부터의 분리를 강요당하기 전에 먼저 출구전략을 마련하는 것이 급선무가 되고 있다. 즉, 미국의 대중 견제책의 제1 옵션으로서, 반도체 산업에서의 대중국 포위망이 형성되는 것에 대해 중국이 선제 대응책으로 꺼내든 것이 바로 반도체 굴기, 반도체 자력갱생으로 보는 것이 더 적절할 것이다.

여전히 많은 전문가들은 미국 입장에서는 스스로 발등을 찍는 셈이 될 뿐인 중국 반도체 견제 정책이 그리 오래가지는 않을 것이라 전망한다. 중국이 글로벌 반도체 공급망에서 제외되는 옵션은 더더욱 현실성이 떨어진다는 전망도 여전히 우세하다. 미국과 중국은 자의든 타의든 글로벌 반도체 시장에서의 분리를 감당할 준비가 되어 있을까? 그 분리가 돌이킬 수 없는 결과를 만든다고 해도 그것을 감당할 수 있을까? 2019년 들어 본격화되기 시작한 미-중 반도체 무역·기술 전쟁은 이제는 양국 간의 갈등을 넘어 조금씩 글로벌 반도체 산업 전체로 확전되는 양상이다. 중국은 미국 다음으로 큰 반도체 소비시장이다. 2021년 상반기 기준, 미국(더 정확히는 NAFTA 협정국인 멕시코와 캐나다까지 포함해서)은 전 세계 반도체 소비시장에서 32퍼센트, 중국은 그 뒤를 이어 24퍼센트 정도의 점유율을 보이고 있다. 나머지 20퍼센트는 한국, 대만, 일본을 포함하는 아시아-태평양 지역(사실상 이 세 나라가 아시아-태평양 지역의 거의 대부분을 차지한다), 그리고 25퍼센트는 유럽이다. 업계의 전문가 대다수는 현재 중국의 반도체 수요가 매년 급증하고 있다는 추세를 기반으로, 대략 2025년 전후, 늦어도 2020년대 말경에는 중국이 세계 최대의 반도체 소비 국가로 올라설 것이라고 전망하고 있다. 중국의 반도체 굴기가 어떠한 결말로 이어지든, 중국은 자국의 '산업 성장' 자체를 위해서는 다양한 세대와 범위에 걸친 반도체가 필요하다. 따라서 중국이 조만간 세계 반도체 시장 최대의 '큰손'이 될 것임은 거의 확실하다.

글로벌 반도체 산업은 현대 문명에서 가장 중요한 혁신의 동력이고, 이 때문에 산업 전체적인 비용 절감을 위해 20세기 후반 제조와 설계의 분리가 본격화된 이후, 미국의 주도하에 오랜 기간에 걸쳐 최적화되어온 시스템이다. 만약 중국이 이러한 글로벌 시스템에서 어떤 계기로든 분리될 경우 어떠한 결과가 나타날 것인지, 그리고 각국이 감내해야 할 비용은 어느 정도인지 살펴보았다. 경제적인 논리만 따진다면, 중국이 스스로 분리를 꾀하든 미국이 강제로 분리시키려고 하든, 지금의 시스템을 두 개로 나누는 것은 루즈-루즈 게임lose-lose game에 가깝다. 그럼에도 불구하고 미국이 결국 중국을 견제하기 위한 최우선적인 정책으로서 글로벌 반도체 산업망에서 중국을 제외시키고, 이를 위해 한국, 대만, 그리고 일본을 동참시켜 이른바 '칩4동맹' 체제를 완성한다면, 앞으로의 글로벌 반도체 산업은 어떻게 흘러갈까?

우선 중국의 반도체 산업은 중국이 주도하는 또 다른 글로벌 공급망을 구축하려 할 것이다. 여기에는 러시아를 포함하여 중국의 자본이 많이 투입된 중앙아시아, 서남아시아, 아프리카, 남미 등 주로 제3세계 국가들이 포함될 것이다. 특히 중국은 지리적으로도 접해 있고 인구 대국이기도 한 러시아 시장을 키우는 데에 주안점을 둘 것이다. 2022년 5월, 중국의 시스템반도체 업체인 자오신은 x86 CPU인 카이산開先을 탑재한 메인보드를 러시아에 출시했는데, 이는 러시아가 현재 우크라이나 침공으로 인해 서방세계의 경제 제재를 당하고 있는 상황에서 본격적으로 중국이 러시아의 반도체 시장을 서방세계 표준에서 중국의 표준으로 전환하려는 신호탄으로 볼 수 있다. 러시아는 당분간 인텔이나 AMD, 엔비디아, ARM 같은 미국 혹은 미국 동맹국들이 만든 칩이나 설계 자산을 수입할 수 없을 것이기 때문이다. 문제는 러시아를 포함하여 중국의 영향력이 닿는 국가들의 반도체 산업 및 기술 기반이 매우 약할 뿐만 아니라 시장 규모 역시 매우 작다는 것이다. 즉, 중국은 자국이 주도하는 또 하나의 시스템을 구축하는 것으로부터는 직접적인 이득을 취할 방법이 제한되어 있다.

설사 중국이 자급하여 만든 CPU, DRAM, SDD, 그리고 리눅스 기반의 중국산 운영체제까지 모두 중국산으로 만들어진 컴퓨터가 중국 내수 시장은 물론 이들 국가에 널리 보급된다고 해도 문제가 해결되는 것은 아니다. 더 중요한 것은 소프트웨어 생태계이기 때문이다. 대부분의 소프트웨어는 표준화된 정보처리 및 저장, 해석 및 읽기/쓰기 체제를 갖춘 하드웨어에 맞춰 설계된다. CPU의 설계 구조, 메모리의 대역폭과 속도, GPU의 그래픽 메모리 스펙과 SDD의 컨트롤러 등의 모든 스펙을 고려하여 소프트웨어의 퍼포먼스가 최적화되며, 역으로 소프트웨어의 요구조건에 따라 반도체칩의 하드웨어 디테일이 결정되기도 한다. 이런 맥락에서, 중국이 주도하는 또 하나의 글로벌 반도체 공급망은 또 하나의 생태계가 등장함을 의미한다. 문제는 미국과 미국의 칩4동맹 등이 주도하는 기존의 공급망/생태계와 중국이 주도하는 공급망/생태계 사이에 호환성이 점점 떨어질 것이라는 점이다.

결국 칩4동맹이 결성되어 중국이 소외되는 결말로 이어질 경우, 표준의 궤가 달라지는 결과가 초래될 가능성이 매우 높다. 이는 미국과 중국 사이에서 그간 전략적으로 모호한 입장을 취해 오던 한국의 사업 방식이 더 이상 먹히지 않게 된다는 의미이기도 하다. 일견 중국용 반도체와 미국용 반도체를 따로 생산하는 것은 기술적으로는 별로 큰 문제가 아닌 것처럼 보일 수도 있다. 예를 들어 중국 반도체 산업의 표준에 맞춘 칩과 미국 표준에 맞춘 칩은 공정만 약간 달리하면 충분히 대응할 수 있을 것처럼 보일지도 모른다. 그렇지만 문제는 그리 간단하지 않다. 앞서 언급했듯, 표준이 달라지면 모든 것이 달라지기 때문이다. 장비, 소재, 그리고 심지어 스펙 평가 기준까지도 달라질 수 있다. 이는 각 용도에 맞는 라인을 분리해야 한다는 뜻이고, 이는 비용의 증가로 이어진다. 제조 비용의 증가를 감내하면서까지 설사 각 생태계 전용 반도체를 만드는 것이 기술적으로 가능하다고 하더라도, 그것이 정치적으로 가능할지는 또 다른 문제다. TSMC나 삼성전자에서 추구하고 있는 차세대 초미세공정인 3나노 공정에 필수적인 노광 장비인 EUV는 네덜란드의 ASML이 독점 생산하는 장비인데, 이 장비는 미국의 대중 제재 이후 대중국 수출이 금지되었을뿐더러, 향후 칩4동맹이 본격화되면 이 장비를 이용하여 생산된 부품의 수출마저도 제재 대상이 될 것이다. EUV를 구성하는 기술 IP 중 15퍼센트 이상이 미국에 기반을 두고 있는 회사 혹은 학교 소유이기 때문이다. TSMC가 중국의 팹리스 업체들의 파운드리 물량을 수주하는 것이 원천 금지될 것이고, 아예 중국 팹리스 업체들의 설계 자산이 자사의 라이브러리를 기반으로 하지 못하게 할 정도로 제재 수준이 올라가게 될 것이다. 설계 단계부터 기존의 표준화된 툴을 사용하지 못할 경우, 중국은 자국산 설계 툴을 이용하여 칩을 설계할 수도 있겠지만, 사실 설계 과정에서 기존에 최적화된 라이브러리를 활용하는 것마저도 불가능해지면, 중국은 그야말로 맨땅에서 설계 요소들을 처음부터 만들어내야 하는 상황에 놓인다. 삼성전자의 파운드리 역시 마찬가지이며, 삼성이 중국에서 합자 형태로 운영하는 메모리반도체 산업 역시 결국 중국 안에서만 활용되는 수준에서 제재당할 가능성이 있다. 나아가 미국이 구상하는 글로벌 반도체 공급망 재편이 가시화되기 시작하면, 미국에 기반을 두고 있는 반도체 기업들의 기술 IP가 하나라도 활용된 반도체 관련 기술 품목들까지 대중국 반도체 산업 견제의 품목으로 관리될 것이며, 이를 어기는 업체들은 세컨더리 보이콧을 당하게 될 가능성이 높다.

대중국 반도체 수출 비중이 높은 한국과 대만 입장에서는 이러한 맥락에서 미국의 칩4동맹 제안은 양자택일을 의미하는 것과 다를 바 없다. 메모리반도체를 시작으로 점점 파운드리, 전력반도체, 팹리스 등으로 산업이 다각화되고 있는 한국이나, TSMC를 중심으로 전 세계 파운드리 산업의 70퍼센트 이상을 점유하고 있는 대만이나, 사실 지난 20여 년간 막대한 수익을 올리고, 그것을 다시 투자하여 생산 능력을 증대시킬 수 있었던 자본의 흐름은 중국이 없었다면 불가능했을 것이라는 점은 같다. 만약 칩4동맹이 본격화되면, 초기에는 두 국가 모두 큰 폭으로 감소할 수도 있는 수익을 이유로 동맹 가입에 저항할 수도 있다. 그렇지만 결국 두 국가 모두 이에 가입한다면, 각국의 반도체 업체들은 이제 예전의 자본의 투자 및 회수 방식이 통용되지 않는다는 현실을 받아들여야 한다. 하지만 실상 두 생태계 사이에서 입장을 정리하고 전략을 재수립할 수 있는 시간은 길어 봐야 2~3년 정도밖에 남지 않았다. 실제로 전 세계 반도체 공급망은 2024~25년을 기점으로 대폭 재편이 예정되어 있다. 주요 글로벌 반도체 기업들의 투자 계획이 그 시점에 맞물리기 때문이기도 하지만, 가장 주목해야 하는 부분은 이 기업들이 미국 혹은 미국의 동맹국들을 생산기지로 하는 방향으로 증산이 시작되는 시기와도 겹친다는 사실이다. 대만의 TSMC는 2024년을 기점으로 미국 애리조나주에서 3나노급 파운드리를 포함한 신규 시설을 대규모로 재편하여 파운드리 증산을 시작한다. 삼성전자는 이미 2022년 상반기, 미국 텍사스주에 역시 신규 초미세 공정이 포함된 파운드리 증산을 위한 공장 착공식을 가졌고, 예정대로라면 2024년 하반기부터 생산이 본격화된다. 전통의 강자 인텔 역시 미국의 애리조나, 오하이오주에 공장을 증설하고, 독일에도 전력반도체 생산을 위한 시설을 가동하여 2024년부터 생산에 돌입한다는 계획을 발표하였다. 이른바 미국의 리쇼어링(re-shoring)은 칩4동맹으로 의미가 확대되어 프렌드-쇼어링(friend-shoring)으로 재정립되려 하는데, 그 시점이 2025년 이후라고 생각해본다면, 대만과 한국 모두 사실 매우 급박한 상황에 놓인 것이라 봐야 한다.

칩4동맹의 성립에서 한 가지 유념할 필요가 있는 사안은 대만이 중국에 대해 갖는 특수성이다. 여전히 대만은 한국이나 일본 같은 주권국가로 널리 인정받는 상황이 아니며, 중국은 늘 대만 문제를 주권 침해 요소로 설정하여 외부의 간섭이 어떠한 형태로든 구체화되는 것에 민감하다. 대만의 GDP 성장을 이끌고 있는 반도체 산업, 특히 TSMC를 중심으로 한 반도체 제조업 클러스터는 중국과의 무역에서 수익의 1/3 이상을 얻고 있고 중국에 생산기지를 둔 기업들도 상당수다. 미국의 제재가 있기 전, TSMC의 최대 고객은 중국의 화웨이였고, 중국의 파운드리 1위 기업 SMIC에는 TSMC 출신 엔지니어들이 500명이 넘었다. 이러한 상황에서 국가 안보의 핵심 축을 미국과의 관계에 의존하고 있는 대만 입장에서 중국을 적으로 돌릴 수 있는 칩4동맹 가입은 국가의 생존과도 직결되는 문제가 될 수 있다. 대만과 중국의 지리적 거리가 워낙 가깝기도 하려니와, 언제든 중국이 대만을 침공하는 등의 급박한 사태로 위기가 고조될 수도 있기 때문이다. 대만의 반도체 제조 업체들은 생산기지를 일본과 미국으로 증설하는 방향으로 리스트 분산을 꾀하고 있으나, 여전히 절대 다수의 R&D 센터와 생산 자산은 대만 본토에 있다. 칩4동맹이 철저히 이익 공동체이자 가치 공동체로서만 작동한다면 모르겠지만, 결국 이 동맹은 경제-안보 동맹으로 굳어질 가능성이 높기 때문에, 중국 입장에서는 대만의 선택에 민감한 대응을 하지 않을 수 없을 것이고, 이는 실제로 칩4동맹이 성립할 수 있을 것인지, 장기간 존속될 수 있을 것인지를 결정하는 주된 이슈가 될 것이다.

만약 대만까지 우여곡절 끝에 가입함으로써 칩4동맹이 확고해지고, 결국 대만과 한국, 일본이 중국 시장을 사실상 상실한다면, 세 나라의 반도체 산업은 과연 그 상실된 부분을 수년 이내로 회복할 수 있을까? 현재 기준의 반도체 기술 로드맵에서는 1부에서 언급한 바대로 시장의 축소로 인해 모두가 어마어마한 비용 상승의 부담을 짊어지게 된다. 이에 더해 적어도 공급망이 재편되는 10여 년간 각국은 최소 연간 수백억 달러에 달하는 추가 비용을 각자 부담해야 한다. 소비시장의 규모 축소로 인해 글로벌 경기의 위축으로 이어질 가능성이 있고, 중국 의존도가 지나치게 높던 일부 회사들의 연쇄 부도가 이어질 가능성도 높다. 중국이라는 큰 시장이 상실되면 증산한 생산 시설은 비용 증가의 촉매가 될 수 있고, 중국 현지 생산으로 절감한 비용은 다시 몇 배의 비용으로 돌아오게 될 것이다. 그럼에도 불구하고 결국 반도체 시장이 재편된 이후 이러한 위기를 극복할 수 있다면, 그다음에는 무엇이 오는가?

지금의 실리콘 기반 반도체 공정 기술은 점점 물리적, 경제적 한계에 가까워지고 있다. 물리적인 선폭을 줄이는 것의 한계는 물론, 소재 자체의 물성의 한계, 그리고 튜링이 제안한 방식으로 작동하는 디지털 컴퓨터 자체의 한계가 가까워지고 있다. 삼성전자와 TSMC 양사 모두 차세대 초미세 공정인 3나노 공정에서의 양산 계획을 원래의 계획보다 1.5~2년 이상 연기했을 정도로 공정에서의 양산 역시 큰 난관에 봉착해 있다. 반도체 공정의 난이도가 점점 높아질수록 공정 비용은 더욱 기하급수적으로 증가하고, 이는 반도체 산업 전반의 비용 상승을 불러일으킨다. 그간 당연시되던 이른바 무어의 법칙이 더 이상 통용되지 않게 되면, 반도체 산업에서의 혁신에서 급격한 경제 성장 동력을 이끌어냈던 지난 반 세기 동안의 경제 성장 논리가 뿌리째 흔들린다.

물리적, 기술적, 경제적 한계 상황에 봉착한 현대 반도체 기술에 돌파구는 있을까? 이를 극복하기 위한 차세대 반도체 기술이 많이 제안되고 있고, 그중 하나가 바로 양자 ICT 기술이다. 현재의 전망대로라면 향후 20~30년 안으로 반도체 산업의 전장은 현재의 실리콘 기반 폰 노이만 방식에서 조금씩 양자 ICT 방향으로 옮겨가게 될 것이다. 미국은 이러한 중장기적인 반도체 산업 전환 국면에서 자국의 헤게모니를 계속 유지하는 것을 목표로 하고 있으며, 칩4동맹은 그러한 산업 전환기에서의 포석 중 일부로 볼 수도 있다.

미국은 2차 대전 이후 한결같은 산업 지배전략을 구사하고 있다. 그것은 제조업에 대한 원천기술표준 선점 및 시장지배력 보존이다. 지금까지 수십 년 동안 석유화학, 기계공업, 플랜트 산업, 제철산업, 그리고 반도체 산업 같은 전통적인 산업에서 그래왔듯, 미국은 앞으로 차세대 반도체 산업이나 양자 ICT 분야에서도 길목길목마다 반드시 지나치지 않을 수 없는 IP를 깔아두는 것을 국가적 전략으로 삼고 있다. 이 과정에서 미국은 주요 기술에 대한 표준을 선점하려 하며, 특히 칩4동맹을 시작으로 재편될 공급망이 그대로 차세대 반도체 기술 동맹, 즉, 양자 ICT 기술 동맹으로 이어지게 만드는 것을 계획하고 있는 것으로 생각된다. 이는 칩4동맹에 들어가지 못할 경우, 미국이 주도하는 양자 ICT 분야에서 기술표준에 참여하지 못할 가능성이 높을 것임을 의미한다.

B2C로는 제품을 잘 안 만들뿐더러 B2B도 어떤 서비스를 하는지 잘 안 알려져 있는 특징 때문에, 사람들이 반도체 기업이라고 하면 잘 납득을 못 하는 미국의 회사 중 하나가 바로 IBM이다. 이 회사가 딱히 B2C 제품을 많이 만들지 않고도 여전히 연간 800억 달러 정도의 매출을 올리는 주된 이유(그리고 매출이 꾸준히 성장세인 이유)는 수십년짜리부터 수개월짜리까지 다양한 주기의 선행기술 프로젝트를 수행함으로써 쌓아둔 원천기술 특허들 때문이다. 대부분이 반도체 소자나 공정, 소재, 툴 등에 맞춰져 있어서 곳곳에서 거대한 포석으로서의 역할을 톡톡히 해주고 있다. IBM은 미국 정부가 차세대 산업 전략을 세울 때에도 항상 참여하는 대표적인 키플레이어인데, 그 이유는 다름 아닌 이러한 거미줄 같은 선행기술 IP들에 있다. 장판파의 장비처럼 피해갈 수 없는 IP가 쌓이면, 결국 그 기술이 그 업계의 표

준이 될 가능성도 높아진다. 구글을 포함하여 애플, 메타, 엔비디아 같은 미국의 주요 IT 테크기업들 역시, 당장 돈이 안 되는 분야임에도 불구하고 양자 컴퓨터 분야에 연간 수십억 달러를 투자해서 선행 기술을 구축하고 있는데, 이들이 무엇을 노리는지는 쉽게 예상할 수 있을 것이다.

흥미로운 부분은, 지금의 실리콘 반도체 산업이 양자 ICT를 위한 필수적인 마중물 역할을 할 수밖에 없다는 것이다. 양자 ICT 기술에는 양자 정보를 제어할 수 있는 소재와 소자가 필요하고, 이를 위해서는 나노미터 혹은 원자 스케일에서의 공정과 소재 제어 노하우가 필요하다. 이러한 노하우는 기존의 반도체 산업에서 물려받을 수 있는 것이며, 한 회사가 주도적으로 커버하기 어려운 것이기도 하다. 즉, 양자 ICT 산업에서도 여전히 글로벌 공급망이 정립될 것이고, 그 전신은 글로벌 반도체 서플라인 체인이 될 것이며, 표준과 기술 자산은 바통을 이어받듯 자연스럽게 전달될 것이다. 미국은 이 전이 과정에서도 중국을 제외시키는 것을 계획하고 있으며, 중국은 이에 대해 경제개발계획 주요 어젠다의 우선순위에 양자 ICT를 올려 대응하고 있다.

결국 중장기적으로는 차세대 반도체 기술로까지 생태계가 분리될 수 있음을 고려해야 하는 상황이 온다. 미국 입장에서는 안보 동맹에 비해 느슨할 수밖에 없는 경제 동맹, 나아가 가치 동맹이라는 시스템의 허술한 구조를 차세대 반도체 로드맵으로 이어지는 전략으로 보강할 가능성이 높다. 이러한 상황에서 결국 시간이 별로 없는 한국은 그간 고수하던 모호한 포지션에서 얻었던 수익 모형을 크게 수정해야 하고, 무게중심을 미국 주도의 시스템에 포함되는 것에 놓는 쪽으로 정책의 방향을 조정해야 한다. 단기적으로는 현재 30퍼센트가 넘는 대중국 반도체 수출 비중을 조절하는 것이 과제인데, 이는 시장 다변화, 수익 창출 모델의 다변화를 통해 풀어나가야 한다. 1부에서 언급한 것처럼, 아세안권의 반도체 시장 성장 전망은 밝고, 이는 소비시장으로서도 생산기지로서도 중국을 대체할 수 있다는 것을 의미한다. 특히 인도네시아, 베트남, 태국, 말레이시아 등의 인구 대국이 몰려 있고 경제성장률이 높은 아세안권의 특징을 생각할 때, 수요처가 소비자 IT 중심으로 변동하고, 그를 위한 기반 기술 확립과 관련된 수요가 급증할 것임을 고려하여 시장점유율을 높여나가는 전략을 정부 차원에서 수립할 필요가 있다.

베트남은 글로벌 반도체 기업들의 R&D 센터는 물론 제조기지로 자리잡을 수 있고, 이 모델을 참고하여 말레이시아나 태국도 언제든 이러한 움직임에 동참할 수 있다. 또한 인도와 호주가 중국을 대신하는 소재 및 생산 공급기지로 떠오르는 것을 눈여겨보아야 한다. 이미 두 나라는 미국과 다양한 경제-정치 공동체를 이루고 있을뿐더러, 앞으로 주요 플레이어가 될 잠재력이 크기 때문이다. 호주가 비록 현재 기준으로는 반도체 산업에서 차지하는 영향력이 크지 않지만, 그럼에도 앞으로 이들이 당당히 글로벌 공급망의 한 축으로 자리잡을 수 있는 이유는 차세대 반도체 분야의 핵심 기술이 될 가능성이 높은 포토닉스 기술과 연관되는 기초과학 체력이 강하기 때문이다. 인도 역시 희토류 매장량 외에, 차세대 반도체 산업의 핵심이 될 AI칩 설계 쪽의 성장률이 눈에 띄게 높으며, 2020년대 들어 팹리스 스타트업들이 우후죽순으로 생기는 와중에 10년 후에는 글로벌 수준의 팹리스 업체들이 나올 가능성도 크다. 이는 기존에 인도가 자랑하던 IT

산업의 기반과 융합되어 자체적인 반도체 산업 생태계를 이루는 초석이 될 것이다. 즉, 인도는 팹리스와 부품 설계 산업의 확장성이, 호주는 광반도체와 소재 공급 기지로서의 확장성이 풍부하다는 특징이 있다. 미국이 재편하려는 글로벌 반도체 공급망에 아세안, 인도, 호주가 새롭게 자리잡기 시작하면 중국에 쏠려 있던 수출 비중 역시 다변화할 수 있을 것으로 보인다. 인도-아세안-호주는 미국이 추구하는 인도-태평양 경제 프레임워크IPEF의 핵심축이기도 하다.

한국이 새롭게 재편될 글로벌 반도체 산업에서의 존재감을 확장하기 위해서는 현재의 반도체 산업 공급망에서의 키플레이어로서의 포지션을 보전하는 것은 물론, 차세대 반도체 산업에서의 포지션을 선점하는 것도 중요하다. 이를 위해 미국이 주도하는 양자 ICT 표준 그룹에 더 많이, 더 큰 비중으로 참여해야 한다. 현재 이 그룹에는 중국 기업들의 참여는 허용되지 않고, 미국의 동맹국 기업들 일부만 참여가 허용되고 있다. 특히 미국은 리쇼어링 정책에 맞춰 자국의 기업 및 대학들과 협업하여 양자 ICT 기술 IP를 공동으로 창출하는 기업들에게 혜택을 주고 있다. 이러한 맥락에서 한국은 기업 단위에서도 그렇지만, 대학들과 연구소 역시 미국 반도체 산업과의 국제 협력을 양과 질 모두 더 강화해야 한다. 더 많은 프로젝트를 수주하고 더 많은 기술이전을 할 필요가 있다. 미국의 수요 연구중심대학에 더 많은 현지 기술개발 프로그램 및 센터를 설치, 운영하고 미국에 더 많은 R&D 센터를 신설하여 미국으로 몰려드는 다국적 인재들을 한국 기업의 인력으로 확보할 필요가 있다. 이는 철저하게 미국이 그리는 기술 로드맵의 레퍼런스 포인트가 되어야 한다는 뜻이기도 하다.

이러한 상황에서 한국의 반도체 산업이 눈을 돌려야 하는 것은 시장의 다변화와 차세대 반도체 기술에서의 표준 선점이다. 미국이 격년으로 개최하는 양자암호통신 분야 그룹에서 표준을 선도할 수 있는 경쟁력을 확보해야 하고, 기초분야의 연구개발 투자를 확대해야 한다. 표준 경쟁력 확보는 기술 신뢰도의 향상과 전략적인 IP 포트폴리오 구성으로 가능하다. 기초분야의 연구개발 투자는 정부의 전략적 연구개발정책 수립으로 대응할 수 있다. 현재 한국의 일부 대학이 중국 정부나 회사로부터 연구개발자금을 지원받고 있는데, 중국과의 해당 분야 기술 협력 시도는 장기적으로는 미국 주도의 표준 그룹에서의 자리 박탈로 이어질 수 있고, 최악의 경우, 그 협력 대상자는 미국의 세컨더리 보이콧 대상이 될 수 있다는 것을 생각해야 한다.

한국의 반도체 생태계 역시 외연을 넓혀, 단순하게 K-반도체만 기치로 외칠 것이 아니라, 클러스터의 외연을 아세안권, 인도, 호주 등으로 확장하려는 복안을 세워야 한다. 예를 들어 인도에서 성장할 AI 칩 설계 전문 팹리스 스타트업들을 꾸준히 모니터링하고 이들이 한국의 생태계에 편입될 수 있도록 더 전문적인 DSP이 등장할 수 있는 환경을 조성해야 한다. 인도나 베트남 현지에 이런 회사들이 더 많이 진출하게 하여 향후 각 나라에서의 반도체 산업 규모가 커지는 모멘텀의 일부를 한국으로 가져올 수 있어야 한다. 호주와 포토닉스 기반 차세대 광컴퓨터 기술 그리고 양자정보 분야의 기술 협력 프로그램을 확대해야 한다. 산업의 종속이라는 표현을 쓰기는 적절하지 않지만, 한국의 반도체 산업은 언제든 앞으로 재편될 글로벌 반도체 공급망에서 이들 새로운 이머징 플레이어들이 한국과 무리 없이 클러스터링될 수 있는 환경과 분위기를 지금부터 조성해야 한다.

기술 발전 속도가 빨라지면서 산업의 지도는 언제든 다시 그려질 수 있고, 짧은 주기로 명멸하게 될 회사는 점점 더 많아질 것이다. 그렇지만 국가는 그럴 수 없다. 첨단 산업에서 경쟁력을 확보하기도 어렵지만, 그것을 잃은 후에 되찾기는 더더욱 어렵다. 멀리 갈 것도 없이 일본의 사례를 떠올려보면 된다. 앞으로 미-중 기술 갈등, 산업 갈등, 나아가 패권 갈등이 첨예해지는 상황 속에서도 한국이 반도체 산업에서 대체 불가능한 포지션을 고수할 수 있는 실력을 확보하는 것이 중요하다. 지금의 반도체 산업 지형을 더 많은 팹리스 스타트업, 더 많은 소재·부품 기업이 나올 수 있도록 다변화할 필요가 있으며, 차세대 반도체 산업으로의 전환기에서 살아남을 수 있는 양자 ICT나 광컴퓨터, 포토닉스 등에서의 선행 IP 확보도 중요하다. 적절한 시점에 일본과 다시 반도체 산업에서의 협력과 신뢰 관계를 회복함으로써 서로 비용을 절감하면서 일본 업체들이 한국의 반도체 산업으로 편입하는 것을 지원해줄 필요가 있으며, 대만과는 발전적 경쟁 구도를 이루며 1나노 이하 옹스트롬(0.1나노)급 반도체 공정 선행 기술 개발에 대해 협력 관계를 구축할 필요가 있다. 자유 경쟁 체제에서는 상호 경쟁밖에 없으나, 미국이 재편하는 산업의 판도에서는 전략적 제휴도 중요한 옵션이 될 수 있음을 기억해야 한다.

2024년 이후, 바이든 정부가 2기를 맞을 것인지 여부에 따라 현재의 미-중 갈등 국면에 전환점이 찾아올 가능성도 있다. 그러나 미국의 정권이 설사 교체된다 하더라도, 전임 트럼프 정부의 대중국 견제 기조를 현 바이든 정부가 이어받고 있는 것에서 볼 수 있듯, 당분간은 이러한 대결 기조가 완화되지 않으리라는 것을 고려하여 반도체 산업 전반에 대한 정책 방향을 정리해야 한다. 예상 가능한 피해 규모와 범위를 산출하고, 중국에 진출한 한국의 반도체 기업들에 대한 구제책을 구체화해야 하며, 생산기지의 이전이나 리쇼어링에 대한 계획도 본격적으로 수립해야 한다. 두 개의 평행세계는 아니지만 두 개의 반도체 생태계가 형성되는 것도 고려 사항에 넣어야 한다.

6

칩4동맹에서 한국이
고려해야 할 점

2022년 하반기, 미국의 칩4동맹의 데드라인이 가시권으로 들어오면서 한국의 수많은 전략가들은 다양한 분석과 전략을 내놓고 있다. 중국을 자극하면 안 된다, 미국의 편에 서야 한다, 일본과 전략적 협력 체계를 만들어야 한다, 중국 내 한국 기업들을 조금씩 철수시켜야 한다 등등 다양한 전략과 주장을 한다. 모두 일리 있는 주장들이고 당연히 깊이 생각해봐야 하는 부분을 내포하고 있다. 이러한 의견에 더해, 필자의 개인적인 생각을 몇 개 덧붙이고자 한다. 철저하게 개인적 의견일 뿐이고 한국의 편에서만 생각한 의견일 뿐이다.

미국의 칩4동맹의 실질적 의미는 무엇인가?

칩4동맹은 말만 동맹이고, 실질적으로는 미국이 주도하는 반도체 산업 공급망 개편이다. 더 정확히는 반도체 산업의 기존 네트워크 연결 고리망을 어떤 곳은 이어붙이고 어떤 곳은 잘라내는 개편이다. 당연히, 잘라내고자 하는 부분은 중국과의 연결고리다. 이는 기술은 물론, 무역의 제재까지도 포함한다. 미국이 2019년 이후 대중 제재를 하는 분야 중 하나는 EUV 수출 금지인데, 몇 번 언급했듯, EUV를 수출하는 기업이 네덜란드의 ASML임에도 불구하고 이 제재가 먹힐 수 있는 까닭은 EUV의 구성 부품과 핵심 기술 중 18~20퍼센트 정도가 미국 내에서 생산된 것이거나 미국 기업/대학의 IP에 의존하고 있기 때문이다. 미국은 '정 수출하고 싶으면 이 부품과 기술 없이 만든 EUV를 수출해라'라는 식이고, 대체재가 마땅치 않은 ASML은 지금으로서는 미국의 제재안에 동참할 수밖에 없다. 만약 이를 거부하고 중국과의 교역을 재개한다면 미국은 대중 제재를 ASML에 대한 제재로까지 연장하려 할 것이다.

미국은 이 제재의 주체를 미국+한국/일본/대만으로 확장하고 싶은 것이다. 예를 들어 일본의 스미토모의 PR이나 도쿄일렉트론의 에칭 장비는 100퍼센트 일본 내 부품과 기술 IP로만 완성된 제품이니, 현재로서는 이들 회사가 중국 반도체 산업에 제품을 수출하는 것을 막을 방법이 없다. 그런데 만약 칩4동맹으로 묶이게 되면, 이제는 그 동맹 내에 있는 국가, 그리고 그 국가에서 생산된 부품이나 IP를 활용하는 제품의 대중 수출까지도 제재할 수 있는 근거가 생긴다.

그런데 정말 칩4동맹에 한국, 그리고 한국의 기업들이 포괄적으로 포함될 경우, 한국은 중국이라는 시장을 상당 부분 잃어버리게 된다. 미국은 10나노를 넘어 14나노까지도 중국의 파운드리 공정 기술을 제한하고자 하고 있다. 미국의 제재 범위가 넓어질수록, 나중에 칩4동맹이 같이 제재하고자 하는 범위도 넓어진다. 한국 입장에서는 대중 무역과 기술 거래가 허용되는 범위가 지금보다 훨씬 좁아질 것이고, 그나마 남은 부분은 상대적으로 저부가가치 영역일 것이므로 그로부터 기대할 수 있는 수익도 크게 줄어들 것이다.

미국은 단순히 칩4동맹에 속할 나라들이 자국산 소재·부품·기술의 대중 수출을 제어하는 데에 영향을 미치는 것만 생각하지 않는다. 미국은 바이든 정부 이후 더욱 리쇼어링, 프렌드쇼어링을 내세워 미국 내에서 반도체 생산과 설계 생태계를 확장하려고 한다. 미국 내에서 미국 자본의 도움을 받고, 미국의 세제 혜택을 받고, 미국의 인력을 고용하고, 미국의 IP를 활용하고, 미국의 지원법(예를 들어 최근 통과된 Chip for America 법안)을 통해 지원받은 외국 반도체 기업들의 생산품에도 영향을 미치기를 원한다. 그리고 미국이 생각하는 포괄적인 범위에는 이들 미국내 생산을 주도하는 외국 기업들의 제품이 구식이 아닌 신식이 되는 것까지를 원할 것이라 예상할 수 있다.

그로부터 한국은 무엇을 기대할 수 있어야 하는가?

위에서 알아본 바와 같이 미국이 생각하는 범위가 어디까지 미칠지를 한국은 더 유심히 분석해야 한다. 바이든 정부 출범 이후 삼성이나 TSMC가 선제적으로 미국에 신규 공장을 짓고 투자 규모를 늘리는 계획을 발표하면서 미국의 반응을 살피고 있는데, 사실 미국의 기대에 실질적으로 더 부응하는 것은 한국일 것이라고 생각된다. 단순히 투자 규모만 놓고 그렇게 볼 수 있는 것이 아니라, 실질적으로 한국이 어디까지 생각하고 있는지를 엿볼 수 있기 때문이다. 단적으로 TSMC가 미국 애리조나주에 투자하여 최근 완성한 신규 공장은 5나노 공정이다. 그렇지만 TSMC는 그 이상의 첨단 공정은 계획하고 있지 않다. 실제로 TSMC의 대변인은 TSMC가 칩4동맹 전략에 맞춰 미국에 협조적으로 나간다고 해도, 미국의 CHIPS 법안이 TSMC에는 큰 이득이 없다는 것을 대놓고 천명하기도 했다. 이는 달리 생각해보면, TSMC가 현재로서는 모험적 공정이라고 생각하는 3나노 이하 공정의 주고객을 미국의 통제하에서 더 많이 확보하기는 어려울 것이라고 예상한다는 뜻이기도 하다. 반면 삼성은 텍사스주에 신규 건설하려 하는 파운드리를 평택 팹에 준하는 수준으로 건설하고자 하는데, 이는 현재의 5나노는 물론, 3나노, 2나노 이하의 최첨단 공정을 모두 포함하는 그랜드 플랜이다. 투자 규모와 기간에서도 알 수 있듯, 이는 어찌 보면 삼성전자의 명운을 건 투자이기도 하다. 삼성은 이를 위해 미국에 48억 달러 규모의 감세를 협상안으로 제시했으며, 특별한 문제가 없다면 이 감세안은 승인될 것이다. 비슷한 규모의 투자임에도 불구하고 TSMC는 다소 보수적인, 그리고 삼성은 공격적인 기술을 앞세워 미국이 재편하려는 반도체 산업에 먼저 발을 담근 셈이다.

삼성의 사례에서 보듯, 한국이 만약 칩4동맹에 동참할 수밖에 없는 상황이라면, 오히려 가장 대체하기 어려운 기술을 기반으로 하는 공정을 미국에 확보해두고 이를 오히려 지렛대 삼을 수 있어야 한다. 삼성이 그러한 전례를 만들어두면 비단 반도체 산업뿐만 아니라 배터리, 바이오, 자동차 등의 다른 산업이 미국에 진출할 때에도 비슷한 혜택과 법적 보호를 기대할 수 있다. 지렛대 삼아 얻어내야 하는 것은 미국 법의 보호와 기반시설 지원, 감세, 고용인원 증원에 따른 보조금 확보, 그리고 타국 수출 과정에서 미국의 기업에 준하는 관세 혜택이나 기술 IP 로열티 혜택 등이다. 요는 미국 기업에 거의 준하는 혜택을 이끌어내야 하고, 미국 시장 내에서의 경쟁에서도 미국 기업과의 차별을 원천 금지할 수 있는 보호책을 이끌어내야 한다.

특히 미국의 차세대 반도체 관련 연구 협력에서 한국의 기업들이 대등한 파트너로 참여할 수 있는 채널도 이끌어내야 한다. 많은 이들이 미국이 반도체 산업에서 한국, 대만, 일본에 비해 경쟁력이 뒤처지고 있다고 생각하지만, 연구개발 부분에서는 여전히 세 나라를 완벽하게 압도한다. 2021년 기준, 미국 내에 본사를 둔 회사들이 전 세계 반도체 산업의 연구개발비 중에서 차지하는 비율은 절반을 상회하는 56퍼센트에 달한다. 연구개발 비용은 800억 달러를 넘으며, 특히 차세대 반도체 분야에서의 선행 특허 비율은 60퍼센트를 넘는다. 한국이 이왕 미국의 파트너로 자리매김할 것이라면, 이러한 미국의 연구개발 성과를 공유할 수 있는 파트너로 인정받을 수 있어야 한다. 예를 들어 차세대 광반도체 관련 기술 개발에서 삼성은 여전히 선두권에서 다소 거리가 있는데, 이 격차를 메꿀 수 있는 파트너십을 맺을 수 있어야 하고, 미국에 투자하는 막대한 비용 중 일부를 항상 이 파트너십을 위해 남겨두어야 한다. 그 비율을 지렛대 삼아 IBM 같은 미국 내 연구개발 전문 기업들과의 전략적 협력과 기술 IP 공유, 그리고 활용까지도 보장받을 수 있어야 한다. 이러한 부분이 보장되지 않는다면, 결과적으로 한국은 미국의 반도체 연구개발 비용을 밑에서 대주는 역할밖에 할 수 없게 된다.

대중국 정책은 어떻게 준비되어야 하는가?

많은 전문가들이 걱정하는 부분은 한국이 칩4동맹에 참여함으로 인해 중국과의 관계가 악화되어 중국 시장을 잃어버리게 되는 부분, 나아가 중국이 예전 한한령을 적용했던 것 이상으로 더 포괄적인 한국 수출 채널을 제한하는 조치를 취하게 될 후폭풍이다. 당연히 중국 정부 입장에서는 미국의 대중 제재에 동참하는 한국, 그리고 한국의 기업들에 대한 제재를 대응책으로 내놓을 수밖에 없을 것이다. 이 과정에서 한국 정부의 대응은 전략적 모호함으로 가야 한다. 지금처럼 대놓고 중국과의 무역 관계 악화를 암시하는 표현을 정부 차원에서 먼저 꺼낼 필요가 없으며, 우리가 가진 카드가 무엇인지를 먼저 보여줄 필요도 없다.

사실 중국의 한한령 시즌 2는 이미 예정되어 있다. 중국은 그렇지 않아도 자국 반도체 산업의 성장을 위해 지난 10년 넘게 막대한 비용을 쏟아부으며 무리를 거듭해서라도 좀비가 다 된 기업을 연명시켜가며 버티는 중이다. 중국의 반도체 산업은 상당 부분 한국 기업들의 영역과 겹치며, 일부는 이제 기술 격차가 거의 없다시피 한 수준에 이르고 있다. 중국 입장에서는 한국이 칩4에 참여하든 안 하든, 결국 한국으로부터의 수입은 점차 줄여나갈 수밖에 없는 추세를 따를 것이며, 한국에 의존하는 분야를 우선적으로 대체해나갈 것이다. 가장 격차가 줄어들었다고 평가되는 메모리반도체를 위시하여, 한국이 중국 현지에 합자회사 형태로 투자하고 있는 업종들 역시 점차 대체해나갈 것이다. 즉, 칩4 참여와 상관없이, 중국은 한국으로부터의 반도체 수입 의존도를 계속 줄여나갈 것이며, 한국은 이에 대응하여 중국의 약한 부분을 쥐고 흔들어야 하는데, 지금으로선 그렇게 활용할 카드가 점점 줄어들고 있다.

추세는 이미 결정되어 있는 상황에서, 그 피해가 다른 산업, 다른 무역 채널로 전방위적으로 확대되는 것을 군이 부채질할 필요는 없다. 한한령이 한국 상품 전체로 확장되어 애써 가꿔온 캐시카우 시장 전체를 잃어버리는 우를 범할 필요는 없다. 한국이 중국에 취할 대응 기조는 전선의 확대를 막는 데에 제1의 우선순위를 두어야 하며, 유출될 수 있는 기술과 인력에 대한 보호가 그다음이어야 한다.

중국의 반도체 산업에서 아킬레스건은 공정 장비와 설계 자산이다. 설계 자산은 미국이 틀어쥐고 있고, 공정 장비와 노하우는 일본, 대만, 한국이 주도권을 장악하고 있다. 이미 중국은 SMIC와 화웨이, 하이실리콘을 필두로 하여 대만의 수많은 전현직 인력들을 스카우트해가며 기술의 결손 부분을 메꿔가고 있고, 한국 반도체 엔지니어들도 예외는 아니다. 중국이 약점을 보이는 전 공정에서의 에칭, 패터닝과 OSAT에서의 검사 장비, 이종접합 기술 등에 대한 보호가 필요하다.

한국은 대중국 정책을 준비하는 과정에서 여전히 약점이 많다. 가장 큰 약점은 중국의 반도체 산업 각 분야의 실상을 정확히 파악하고 있는 인력이 매우 부족하다는 것이다. 중국 언론에 보도되는 현황만 가지고 중국의 실제 상황을 파악하기는 매우 어렵다. 중국의 회계는 믿을 수 없으며, 시장에 내놓는 제품 역시 완전히 분해하고 리버스 엔지니어링해도 어디까지가 실제 중국 기술인지 정확히 파악하기가 어렵다. 대중국 정책의 준비는 단순히 외교나 안보, 경제적인 면뿐만 아니라 산업과 기술적 측면까지 아우르며 날것의 데이터를 기반으로 해나가야 한다. 중국 반도체 회사에서 일한 중국인이나 한국인들을 더 많이 한국의 바운더리 안으로 편입시켜야 하며, 중국 회사와의 협력이나 합자 과정에서 역시 중국 측 정보의 소스를 파악할 수 있어야 한다. 이는 단시일 안에 이뤄지는 일이 아니고, 오랜 계획과 준비가 필요하다.

칩4동맹은 오래 지속될 수 있는가?

사실 이는 반도체 산업뿐만 아니라 앞으로의 미-중 패권 경쟁을 관통하는 문제이기도 하다. 과거 미-소 간의 냉전처럼 그것이 영원히 지속될 것 같은 시절도 있겠지만, 마찬가지로 어느 순간 누적된 불안 요인이 임계점을 넘어 어느 한 쪽이 무너지거나 백기를 드는 시점이 찾아올 수 있다. 미-중 패권 경쟁이 글로벌 가치사슬의 재편을 넘어 신냉전으로 이어질 것인지, 심지어 무력 충돌과 세계대전 수준의 갈등 국면으로 이어질 것인지, 쉽게 예측할 수는 없다. 그렇지만 미국이 건국 이후, 패권국의 지위를 얻은 다음부터는 G1의 지위를 위협해온 수많은 도전자들을 무릎 꿇게 만든 정책을 초당적으로 취해온 역사를 기억해야 한다. 과거 나치 독일이 그랬고, 냉전 시절 소련이 그랬으며, 한때는 미국보다 돈이 더 많다고 평가되었던 일본이 그랬다. 중국은 독일, 소련, 일본과는 다소 결이 다르다. 체급부터 다르고, 가장 인구가 많고 또한 가장 역사가 오래된 나라라는 점이 그렇다. 무엇보다 중국은 1당 독재, 나아가 1인 독재를 할 준비가 되어 있는 권위주의 국가다. 즉, 중국은 앞선 세 나라들과는 달리 미국과의 경쟁을 미국의 예상보다 더 오래 지속할 준비가 되어 있고, 그럴 만한 체력이 있으며, 그럴 만한 동기가 부여된 나라다.

미국이 중국과의 경쟁을 어디까지 바라보고 있을지 모르지만, 칩4동맹은 미국이 취할 수많은 자물쇠 중 하나에 불과하다. 반도체 산업이 글로벌 첨단 산업 전체에 미치는 영향은 지대하나, 크게 보면 에너지와 환경, 군수산업, 우주산업 등과 더불어 미국이 선제적으로 전략적 선수를 칠 수 있는 산업 중 하나일 뿐이다.

칩4동맹을 시작으로, 미국은 다양한 산업 분야에서 자국의 동맹국이나 가치를 공유할 수 있는 세력들을 규합하는 여러 종류의 가치동맹, 다자간 협력 체제를 출범시킬 것이다. 반도체와 더불어 앞으로의 산업에서 가장 병목이 될 수 있는 배터리와 에너지, 바이오와 신약, 그리고 양자 ICT와 우주산업 등으로 점점 로드맵 선수를 치고, 표준 선수를 칠 것이다.

한국은 대만처럼 반도체 산업 하나만 바라보는 나라는 아니고, 제조업 전반, 그리고 지식산업에서 계속 국가 GDP를 창출할 수 있는 나라다. 그러한 산업을 뒷받침할 수 있는 전략기술을 기반으로 미국과의 동맹을 앞으로도 계속 유지할 수 있다면, 반도체를 넘어, 반도체 산업에서 배운 전략과 경험을 토대로, 신산업에서의 전략적 협력의 지렛대를 확보할 수 있어야 한다. 전략기술이 타깃으로 하는 산업의 중심지 이동을 모니터링해야 하고, 새로운 시장이 열리는 것을 준비해야 한다. 중국이 언제까지나 신산업의 생산기지 역할을 하던 시대는 이제 끝났으며, 그 중심지는 이제 동남아시아로, 인도로, 유럽으로 다변화될 수 있다. 한국이 진짜 대비해야 하는 것은 당장의 칩4 대응 전략을 넘어선 곳에 있다. 장기적인 관점에서 글로벌 경제와 산업의 축이 이동하는 것을 조금이라도 빨리 파악하고 대비해야 한다는 말이다.

한국의 대학이 이에 기여할 수 있는 부분이 있다면, 단순히 이 정부가 바라는 것처럼 인력을 양성하는 공장으로서의 역할은 아니다. 오히려 한 세대 정도 후에 전략산업의 핵심이 될 지식과 플랫폼을 준비할 수 있는 과학자들, 엔지니어들, 그리고 전략가의 양성이 그것이다. 이러한 인력은 단순히 몇 년짜리 계획을 입안하여 양성할 수 있는 것이 아니라, 오랜 준비가 필요하고, 커리큘럼 재편이 뒤따라야 하는 일이다. 또한 점차 축소되어가는 한국의 인구 구조상, 한 세대 후의 일을 현재의 인구 구조를 바탕으로 가정해서 준비할 수는 없다. 한국이 외국인에게 더 개방된 나라라는 정책을 감안하여 준비해야 하고, 그 다양성을 십분 활용할 수 있는 정책을 같이 개발해야 한다. 그러한 정책이 충분히 적용되지 못한다면, 그리고 사회가 지금보다 더 개방되고 더 혁신적인 분위기를 받아들이지 못한다면, 백약이 무효일 것이다.

칩4동맹은 겨우 신호탄일 뿐이다. 거대한 재편과 역사의 축 이동은 이미 시작되었고, 한국은 전략을 끊임없이 갈고 닦으며 준비해야 한다. 한국에 더 많은 싱크탱크가 만들어져야 하고, 더 많은 전략가들이 나와야 한다. 더 많은 중국 산업 전문가들이 나와야 하고, 더 많은 한국 대학들이 전략기술을 다룰 수 있도록 순위가 아니라 체급이 올라가야 한다. 더 개방적으로 변해야 하고, 더 다양성을 받아들일 수 있어야 한다. 야무질 정도로 한국의 이익에 민감해야 하고, 현 세대 이상으로 한 세대 이후의 시나리오를 준비할 수 있어야 한다. 국가간 산업 경쟁이 패권 경쟁이 되는 시대는 이미 시작되었다.

7

제언

한국은 이미 글로벌 반도체 공급망의 중요한 한 축으로 자리잡은 지 오래이며, 메모리반도체 분야는 물론, 이제는 파운드리에서도 대만에 이어 2위권에 안착하면서 생태계의 한 자리를 차지하고 있다. 미국의 제제를 받고 있는 중국과 이제는 몰락한 제국이라고 무시당하는 일본의 반도체 산업 역시 끊임없는 투자와 기초과학 연구개발 프로그램의 확대를 통해 반도체 산업에서의 주도권을 놓지 않으려 하고 있다. 한국의 반도체 산업 생태계가 지금보다 더욱 강고해지려면, 일본의 중견기업들이 잡고 있는 소재와 부품, 그리고 공정 장비를 차세대 공정을 목표로 삼아 따라잡을 수 있는 스타트업을 집중 육성할 필요가 있고, 그 기저에서는 기업에서 쉽게 할 수 없는 소재와 공정 원천기술에 대한 연구개발 투자가 더 증강되어야 한다.

ASML이 10년 넘는 암흑기를 버텨내며 결국 EUV 노광 공정의 실현에 성공했던 것처럼, 기업에서는 죽음의 계곡이라고 부르는 장기간의 실패 누적 기간을 학계와 연구계에서 지지할 수 있는 투자가 필요하다. 이는 단순히 산-학-연 대형 장기 프로젝트의 필요성에만 역점을 두는 것이 아니라, 의외의 소재와 공정이 개발될 수 있는 계기가 될 수 있는 풀뿌리 프로젝트의 융성도 포함하는 것이다. 기존의 개념이 한계에 부딪혔다면 그것을 우회하거나 전혀 다른 방식으로 접근할 수 있는 연구들이 필요하며, 이는 대형 장기 연구보다는 중소형 장기 연구, 자유주제 공모 연구 등을 통해 어느 정도 커버될 수 있다. 이러한 연구 성과물들이 조금 더 스타트업 비즈니스 모델과 연결되게 하는 방안을 모색해야 하며, 특히 연구개발 과정에서 창출되는 IP를 집중 관리하여 해외 기업들과 합작 프로젝트를 개발하는 방안도 같이 모색해야 한다.

이런 맥락에서 보았을 때, 반도체 산업의 대기업 중심으로 업계의 생태계를 구축하는 전략은 매우 유효하고 중요한 전략이다. 일례로 2019년 일본의 반도체 수출 규제가 발효된 이후 SK하이닉스가 추진하고 있는 반도체 산업 클러스터링 전략을 들 수 있다. SK하이닉스는 한국뿐만 아니라 미국, 일본, 대만 등지에 분포한 반도체 제조, 장비, 소재 기업들을 한국으로 불러모아 같은 지역에서 클러스터를 형성함으로써 메모리반도체 제조와 더불어 향후 하이닉스가 추진하려는 시스템반도체 파운드리 공정 효율을 높이려는 시도를 하고 있다. 이 과정에서 미국의 행정적 제재의 영향을 받을 수 있는 미국 기업 생산 반도체 소재나 장비에 대한 의존도를 낮추는 전략도 탐색할 필요가 있다. 미국의 대중국 반도체 제재 국면에서도 명확하게 드러나듯, 미국은 언제든 자국산 기술이 조금이라도 포함된 제품이나 지적재산권에 대해 정부 차원에서 영향력을 행사할 수 있기 때문이다.

또한 일본이 만드는 소재나 장비 위주로 국산화를 추진하는 중소

기업에 투자하는 전략은 매우 중요하다. 그것은 기본적으로 소재·부품·장비 수급의 안정성 확보라는 1차적인 목적에 부합하는 것이라는 점 외에도, 국내 반도체 산업 생태계의 정착, 나아가 차세대 공정이나 소재, 부품의 표준 주도 경쟁에서도 유리하기 때문이다. 이러한 전략은 산업통상부와의 세심한 협력이 필요한 부분이기도 하다. 특히 일본의 대한국 반도체 무역제재 조치는 일본 내의 다양한 반도체 관련 중소기업으로 하여금 생산기지를 일본 밖으로 옮기게 하는 요인이 될 수도 있는데, 이 부분에 대해 한국 정부는 오히려 더욱 적극적으로 나서서 한국으로의 생산기지 이전에 각종 인센티브를 부여할 필요가 있다. 초기 몇 년간 법인세 인하, 부지 확보에 필요한 비용 저리대출, 국내 대학들과의 산학협력 과제에 적극 참여시키는 방안, 국내 중소기업으로의 기술이전 지원 등 다양한 방법을 강구할 수 있다.

이 부분에 대해 국내 반도체 산업의 생태계가 위협받을 수 있다는 시각도 있다. 그러나 오히려 생태계 자체가 더 확장되고 다양해질 수 있고, 장기적으로는 일본 반도체 소재·부품·장비 관련 중소기업들이 일본보다는 한국 반도체 산업으로의 편입에 더 무게가 쏠리게 되는 효과가 나타날 수도 있다는 점을 고려해야 한다. 일본 기업이 SK하이닉스나 삼성전자 같은 대기업 주도의 클러스터로 들어오려는 것에 대해 정부 차원의 인센티브 부여 정책을 수립할 필요가 있고, 기업은 이에 기반하여 자사가 주도하는 산업계 클러스터를 더욱 강화할 필요가 있다. 특히 SK하이닉스의 경우, 2021년 상반기부터 용인 반도체 클러스터 산업단지프로젝트에 대규모 투자를 해나갈 계획인데, 이에 발맞춰 기존의 SK하이닉스 협력사인 넥스타테크놀로지 같은 회사뿐만 아니라, 램리서치 같은 글로벌 반도체 업체들이 클러스터를 이루게 되고, 지리적으로 인접한 지역인 이천, 평택, 당진 등지에 다이킨공업, 쇼와덴코昭和電工 같은 일본의 반도체 관련 업체들이 본격적으로 이전을 시작할 것으로 전망된다.

지금은 일본의 반도체 소재 수출 규제로 인해 시작된 반도체 소재·부품·장비 산업 육성 정책이 발효되고 있지만, 그와 동시에 필요하다면 재정적 위기에 봉착하고 있는 일본 기업들을 잘 눈여겨보았다가 전략적 제휴를 통해 조금씩 그들을 인수하는 식으로, 사업의 다각화 방안도 모색해야 한다. 이미 인천 송도에 공장을 신설하고 있는 EUV 감광재 전문기업 도쿄오카東京應化공업(TOK), 천안으로 이전한 반도체 화학공정 특수가스 제조업체인 간토덴카공업, 반도체용 필름 제조업체인 다이요홀딩스 같은 기업들은 일본의 한국 반도체 무역 제재 이전에도 이미 대한국 수출 의존도가 20퍼센트를 넘던 회사들이었다. 따라서 일본의 수많은 반도체 소재·부품·장비 업체들 중에서도 한국 반도체 산업에 대한 의존도가 높은 기업들을 물색하여 이들이 일본 정부의 제재 정책을 우회하여 한국에서 사업을 확장할 수 있는 방안, 나아가 다양한 한국 기업들과의 거래를 신규로 창출할 수 있는 방안을 모색해야 한다. 겉으로는 일본 반도체 산업의 한국 산업 생태계 교란으로 보일 수 있으나, 결과적으로는 이들 기업이 한국 반도체 산업의 생태계에 종속되는 셈이며, 무엇보다 한국에서의 매출은 한국에서의 고용과 이익 분배로 이어지기 때문이다.

또한, 정부 차원에서 한국으로 생산 거점을 옮기려는 일본의 반도체 관련 중소기업들에 대해서도 더 선제적으로, 그리고 더 적극적으로 이들의 국내 투자를 유치하고 이들이 한국의 반도체 산업 생태계에 편입될 수 있도록 제도를 정비해야 한다. 또한, 일본 정부가 전향적으로 일본이 반도체 소재 수출 규제를 철폐하는 등 화해의 제스처를 보인다면, 한국은 일본과의 관계를 조금씩 회복시켜, 반도체 업계에 대해서는 상호 보완을 강화하여 중국의 영향력 확대에 공동 대응하는 전선을 펴나가야 할 수도 있다. 일본의 업체들을 한국 대기업 주도의 반도체 클러스터에 편입시키기 위해, 앞서 살펴본 것처럼 네덜란드의 반도체 생태계, 나아가 ASML을 필두로 한 서유럽권의 반도체 소재·부품·장비 산업의 건실한 생태계 형성 노하우를 우리의 것으로 만들 필요가 있다. ASML처럼 아쉬운 사람이 먼저 찾아가 매달릴 수밖에 없는, 그런 '슈퍼을'의 지위를 갖는 독보적 기술력을 갖춘 회사들이 포진한 산업 생태계를 국가 차원에서도 반드시 전략적으로 지원하고 양성할 필요가 있다.

또한 한국 기업은 이렇게 변동성이 증폭되는 상황에서도 핵심 기술 인력과 IP를 보호하는 것을 잊으면 안 된다. 중국은 미국의 제재 속에서도 계속 한국의 반도체 엔지니어에 대한 스카우트 제의를 멈추지 않을 것이다. 핵심 인력이 유출될 경우, 최악의 경우 기술이 유출된 기업은 결국 중국에게 종속될 가능성도 있다. 미국의 제재가 지속되면서 중국의 핵심 인재 영입은 제동이 걸릴 것이다. 이미 반도체를 포함, 양자 컴퓨팅이나 인공지능 같은 첨단 산업 분야에서 중국 유학생에 대한 비자 발급이 점차 줄어들고 있는 추세이며, 미국에서 활동하고 있는 중국계 교수들에 대한 중국의 전방위적 협력 연구 역시 주춤하고 있다. 대신 거액의 연봉을 제시하는 SMIC의 공격적인 영입 정책은 TSMC, 삼성전자, 그리고 여러 중소규모 반도체 설계/공정/소재/장비 업체로 공격적으로 확산될 것으로 보인다. 실제로 여전히 한국의 주요 구인/구직 사이트에는 특정 반도체 직무에 대한 구인 공고가 수시로 올라오는데, 자격 요건으로 '삼성전자, SK 하이닉스 반도체 관련부서 근무자 우대'라는 문구가 노골적으로 포함되어 있는 경우가 대다수다. 한국 입장에서는 핵심 인재로 분류되는 반도체 엔지니어들과 R&D 공정 및 설계 인력에 대한 대우 수준이 반드시 SMIC 이상으로 격상되어야 할 것이며, 기술 보안에 대해서도 지금보다 훨씬 더 민감하게 대응해야 할 것으로 보인다.

핵심 기술 인력의 유출을 법으로 막는 데에는 한계가 있을 수밖에 없으므로, 이보다는 산업계가 보상 체계를 강화하는 전략을 수립할 필요가 있다. 핵심 기술의 바탕이 되는 원천특허의 주발명자에 대한 금전적 보상을 대폭 늘려야 하며, 연구개발 성과에 대한 인센티브를 다양화해야 한다. 또한 핵심 인력에 대한 맞춤형 관리 전략이 필요한데, 이는 단순히 연구개발 인력을 대체 가능한 인력으로 보는 차원을 넘어, 대체 불가능한 전략적 자원으로 등치시키는 개념의 전환을 요구한다.

이러한 맥락에서 반도체 산업의 인력 수요에 대응하여 반도체 전문 학과나 관련 학과를 장기적 계획 없이 설치하거나 몇 배 이상으로 정원을 증원하는 정책 역시 재고해야 한다. 반도체 산업은 설계부터 제조까지, 차세대 개념 기술 탐색에서부터 공정 최적화까지, 이론의 수립부터 수율의 제고까지, 광범한 범위를 포괄한다. 이에 대응하기 위해 기존의 관련 전공들(예를 들어 전자공학, 화학공학, 기계공학, 재료공학, 물리학, 화학 등)이 이미 다각도에서 생태계를 이루고 있다. 따라서 반도체 산업에 대한 인력 양성 정책을 진지하게 고려한다면, 반도체 산업 자체를 타깃으로 하는 인력 양성이 아닌, 관련 전공의 교육 내실화를 염두에 두어야 한다. 각 전공에서 반도체 산업으로의 연계가 가능한 교과목을 개발하고, 실무에 능한 엔지니어들을 겸임 교원으로 더 적극 채용할 수 있도록 정부의 혁신 정책에 무게가 실려야 한다.

현재 학교 차원에서 현업에서 활용하는 수준의 반도체 공정에 준하는 시설을 갖춘 학교는 국내에서는 서울대 한 곳밖에 없다(서울대학교 반도체공동연구소). 그나마 이 반도체공동연구소에 설치된 시설도 노후되어 현업에서 쓰는 수준과 점점 격차가 벌어지고 있으며, 연구소에서 실무 인력을 교육할 엔지니어들 역시 점차 인력 규모가 줄고 있는 현실이다. 대학이 이론뿐만 아니라 실무에도 능한 반도체 산업 인력을 키워내기 위해서는 반도체공동연구소를 완전히 업그레이드한 수준의 공동연구시설이 적어도 10군데 이상으로 확충되어야 한다. 이를 위해 한국의 기업들이 시장에 내어놓는 고가의 중고 장비들을 정부가 적극 인수하여 개보수하고 장비 운용 핵심 인력에 대해 과기부나 산업부가 지원하는 연구소 사업을 통해 장기적으로 안정적인 고용 상태를 확보할 수 있어야 한다.

미국과 중국의 패권 다툼은 결국 바이오, ICT, 그리고 양자 컴퓨터 같은 다양한 기술을 공통적으로 아우르는 대용량 데이터의 고속, 저전력, 초정밀 처리 기술의 혁신 싸움이고, 한국은 이 G2 거인들의 기술 혁신 싸움에서 어떤 표준과 어떤 로드맵을 구상할 것인지 매 순간 기술적 추이를 주의 깊게 모니터링해야 한다. 이미 한국 제조업은 미국이 주도하는 글로벌 공급망에 깊숙하게 연결되어 있지만, 중국이 미국 주도의 글로벌 공급망에서 분리되는 경우가 생긴다고 하더라도 중국이 자체적으로 추구하는 기술표준과 로드맵에 대한 모니터링을 게을리하면 안 된다. 차세대 반도체 분야의 혁신은 결국 양자 컴퓨팅으로의 기술 전환과 맞물리게 될 것인데, 그 과정에서의 표준 싸움과 기술적 우위 선점을 위한 경쟁이 더욱 극심해질 것이므로, 중국이 취하는 기술 발전 방향에 대한 정보를 지속적으로 수집해야 한다. 또한 현존 최고 수준의 첨단 기술을 반드시 여러 개 가지고 있어야 한다.

또한, 정부는 더욱 적극적으로 차세대 반도체 산업 관련 기초 연구 개발 투자를 확대해나가야 한다. 정부는 2021년 5월, 국내 153개의 기업과 함께 향후 10년 동안 약 4500억 달러(한화로 약 550조 원)을 투자한다는 계획을 발표했다. 구체적으로는 삼성전자가 2030년까지 반도체 제조시설 확장에 1150억 달러, SK하이닉스가 970억 달러를 투자하는 등의 계획을 포함하고 있다. 이는 동일한 발표에서 드러난 이른바 'K-반도체 클러스터' 계획의 일환이기도 하다.

이러한 계획이 실행되려면 네덜란드의 사례처럼, 자체적인 반도체 산업 생태계가 뿌리부터 잘 형성되어야 한다. 이미 2019년 일본의 반도체 소재 및 부품 관련 수출 규제에 대응하여 한국 정부는 2019년 말부터 범정부 차원에서 반도체 '소부장'의 국산화를 가속하기 위한 연구개발 투자를 늘려오고 있다. 이와 더불어, 그 기술들의 더 아래 단계에 있는 차세대 원천기술에 대한 투자를 확대해야 한다. 현재의 로직 반도체 아키텍처를 완전히 대체할 수 있는 새로운 개념의 반도체 기술에 대한 원천 연구가 산학연에서 더 활발히 이루어질 수 있도록 연구 장비 지원과 인건비 증액을 추진해야 한다.

특히, 인간의 신경계를 모사하여 새로운 방식으로 정보를 처리하는 멤리스터memristor 기반의 뉴로모픽 컴퓨터, 자성 반도체 기반으로 전자가 아닌 양자역학적 정보인 스핀이나 스커미온을 처리하는 스핀트로닉스, 기존의 탑다운top-down 패터닝 방식이 아닌 나노재료의 자기조립self-assembly을 이용하는 바텀업bottom-up 방식의 초극미세 패터닝, 전자 대신 광자를 이용하는 광컴퓨터 같은 차세대 반도체 원천기술에 대한 더 적극적인 연구개발 투자가 필요하다.

뉴로모픽 컴퓨터는 이미 인공지능 정보처리를 위한 TPU 등의 소자와 기술적으로 맞물릴 수 있으며, 인간의 뇌가 적은 에너지만으로도 고도의 계산을 하는 것을 모방하여 초저전력 고성능 TPU로 응용될 수 있다. 나노재료의 자기조립 기반 초미세 패터닝은 EUV 다음 단계의 BEUV 공정에서 감광재의 도움 없이도 나노미터 이하의 정밀도를 구현할 수 있는 가능성을 열어줄 수 있다. 광컴퓨터는 전자 컴퓨터보다 훨씬 적은 전력을 소모하면서도 훨씬 빠른 속도로, 그리고 열의 발생을 최소화하며 정보처리 성능을 비약적으로 개선할 수 있다.

특히 앞으로 다가올 양자 컴퓨터 시대를 대비하여 산업사이클이 '죽음의 계곡'을 건너갈 수 있는 지원책이 필요하며, 이에 대한 집중적인 연구개발 지원 전략이 수립되어야 한다. 이들 차세대 기술은 기업 입장에서 기술적 구현의 난도가 높고 투자금의 회수가 불확실한 기술들이기 때문에, 정부 차원에서 더 적극적으로 기술 IP와 핵심 데이터의 확보에 주력하여 차세대 기술 개발의 마중물 역할을 할 필요가 있다.

이러한 선행기술에 대한 투자의 중요성은 앞서 살펴본 ASML의 EUV 노광 기술 확보의 역사에서도 다시금 확인할 수 있는 부분이다. ASML의 노광 기술은 20년 이상의 꾸준한 연구개발 노력과 정부의 지원이 집중된 결과로 탄생한 성과다. 즉, 하루아침에 그러한 기술적 경쟁력을 갖추게 된 것이 아니라는 사실을 다시금 상기할 필요가 있다. 우리나라 역시 기술적 생태계의 심층을 이루는 기초과학 투자를 더 다양하게, 더 깊게, 더 장기적으로 해야 한다는 것을 잊어서는 안 된다. 규모에서는 중국과 상대가 되지 않는 우리나라의 기술력 중심 제조업의 경쟁력 유지에 대해 우리보다 작지만, 첨단 산업에 대한 기술적 경쟁력은 오히려 더 뛰어난 네덜란드의 사례를 새삼 다시 한 번 공부하고 우리 것으로 취사선택할 필요가 있다. 대외적 상황에 불확실성이 계속 증폭되고 있지만, 일단 정부는 산업의 중심을 잡고 조금씩 스트레스 테스트를 하며 반도체 산업의 기술적 우위를 유지하는 장기적인 전략을 반드시 기업 및 연구계와 긴밀하게 협력하며 유지해야 한다. 필요하다면 주요한 공과대학들에 반도체계약학과 같은 프로그램을 집중적으로 신설하는 것을 차기 Brain Korea 사업 등을 통해 추진하고, 국립대 차원에서 반도체 과학기술 관련 석학들을 초빙하는 것도 추진할 필요가 있다.

한국의 반도체 원천기술 역시 이러한 반도체 신소재 분야의 선행 연구가 반드시 뒷받침되어야 한다는 것은 두말할 나위도 없다. 특히 점점 확대되는 반도체 관련 기초과학 연구개발을 주도하고 있는 중국에 대한 학문적 종속을 피하기 위해서라도, 정부 주도의 반도체 분야 기초과학 연구개발 투자가 확대되어야 한다. 한국 연구자들의 기술 IP가 중국에 예속되지 않게 하기 위해 중국 정부나 회사로부터의 연구비 수주를 주의 깊게 모니터링해야 한다. 중국으로부터, 특히, 중국 정부 기관이 아닌 공산당 산하기관인 판공청이 관여하는 이른바 '천인계획千人計劃' 프로젝트는 대부분 과제 협약 조건에 독소 조항이 있다. 연구비를 받는 연구자가 중국 측과 연구 성과를 공유해야 하며, 나중에 논문이든 특허든, 기술이전이라도 해야 할 경우가 생긴다면, 중국 회사가 그 협상의 우선권을 갖게끔 만드는 조항들이 바로 그것이다.

한국에게는 이제 시간이 많지 않다. 글로벌 반도체 산업이 급격하게 재편되고 첨단 산업과의 연계가 더욱 긴밀해지면서, 각국은 반도체 산업의 경쟁력 강화에 경쟁적으로 뛰어들고 있다. 이미 강력한 포지션을 차지하고 있는 한국 입장에서는 기존의 포지션을 더욱 강하게 만들되, 끊임없는 혁신의 모멘텀을 보존하기 위해 미국 주도의 새로운 공급망의 핵심이자, 차세대 반도체 기술의 표준 일원으로서의 자격을 유지하고, 기초과학 분야의 투자를 확대해야 한다. 미중 간 첨단 하이테크 산업의 기술 전쟁은 이제 반도체를 넘어 통신, 이동수단, 생명공학, 우주개발, 에너지 등 모든 분야로 확장될 것이고, 한국의 핵심 이익은 이 모든 첨단 하이테크 산업에서 중국과 겹친다. 정부의 연구개발 지원은 더 창의적이고 모험적인 분야로 집중되어 차세대의 파괴적 혁신 기술이 등장할 수 있는 기반을 마련해야 한다.

4부

차세대 반도체 기술 패권

1

격변하는 세계
반도체 산업 지도

지난 2020년 9월, 미국의 그래픽카드 및 AI 가속기 업체인 엔비디아는 영국의 시스템반도체 설계 업체인 ARM을 일본의 IT 기업 소프트뱅크로부터 약 400억 달러에 인수하려 시도했다. 이어 10월에는 미국의 반도체 회사이자 CPU 제조업체인 AMD가 FPGA 분야의 1위 업체인 자일링스Xilinx를 350억 달러에 인수했고, 곧이어 한국의 SK하이닉스는 인텔의 NAND 플래시메모리 사업 부문을 90억 달러에 인수했다. 이러한 반도체 업계의 합종연횡은 하루이틀 일은 아니다. 그렇지만 세계 반도체 업계의 판도는 수십조 규모 대형 기업들로 점차 정리되는 추세다. ARM은 인텔이 주도하던 x86 계열 CPU와 더불어 전 세계 CPU 설계 시장을 양분하는 아키텍처인 ARM RISC[1] 기술을 보유하고 있던 회사다. ARM의 CPU 아키텍처는 비

1   RISC(Reduced Instruction Set Computer)는 CPU의 명령어 셋을 최소화하여 연

단 PC나 모바일 APU뿐만 아니라, 임베디드 컴퓨터, 사물인터넷, 슈퍼컴퓨터, 기업용 대형 서버나 클라우드 시스템같이 다양하고 광범위한 분야로 확장될 수 있는 장점이 있는데, 이는 인텔의 x86 CPU가 CISC(Complex Instruction Set Computer) 기반인 데에 반해, ARM의 CPU 설계는 더 효율적이고 확장성이 더 뛰어난 RISC(Reduced Instruction Set Computer) 기반이기 때문이다.

엔비디아를 비롯하여 글로벌 테크 기업들이 ARM을 인수하려는 의도는 넓게 보면 반도체 시장 진출 다변화 전략으로 풀이된다. ARM의 궁극적인 목표는 현재의 인텔이 지배하는 PC 및 노트북용 x86 기반 CPU 시장에 본격적으로 도전장을 내밀어 노트북 및 저전력 PC 시장을 잠식해 들어가는 것이었음을 고려할 때, ARM 인수는 향후 CPU와 GPU 시장에 일대 변동이 일어날 것임을 예고하는 것이었다.

2022년 6월 기준, 엔비디아의 ARM 인수는 영국의 반대로 결국 무산되었다. 그와는 별개로 엔비디아는 이미 2021년 상반기에 자체 개발한 CPU '그레이스'를 선보이기도 했는데, 이는 향후 ARM 인수가 확실히 결정되었을 때를 미리 대비한 포석으로 해석할 수 있다. GPU 생산에서 강점을 가지고 있는 엔비디아라고 해도 GPU의 경험치를 그대로 CPU로 이식하는 데에는 상당한 시간이 소요될 것이

산 작업을 최적화하는 방식으로, 인텔이 채용한 x86에 들어가는 CISC(Complex Instruction Set Computer)와는 차별화되는 방식이다. 특히 CISC에 비해 RISC는 최소한의 명령어 셋으로 프로세서를 구성하므로 확장성이 뛰어나다는 장점이 있고, 이로 인해 모바일 AP 칩셋인 삼성의 엑시노스, 퀄컴의 스냅드래곤, 애플의 A 시리즈 등이 ARM의 라이선스를 기반으로 제조되고 있다.

다. 그럼에도 불구하고 엔비디아는 GPU와 CPU를 어떤 방식으로든 통합하려고 계속 시도할 것으로 예상된다. 특히 3D AR/VR 데이터들은 기본적으로 고용량 데이터라는 점에서 GPU 기반 처리에는 한계가 따른다. GPU 기반의 병렬 데이터 처리 방식은 고차원 행렬 데이터 처리에 적합하지만, 렌더링 같은 연산에는 CPU가 강점을 갖는 선형대수 연산이 필요하다. 향후 수요가 증가할 딥러닝용 TPU를 고려하면, CPU와 GPU의 통합은 필수적이다. 예를 들어 신경망 기반 자연어 처리에는 디코딩decoding에 필요한 연산 부담이 가중되는데, 그 연산은 GPU보다는 CPU에 더 특화된 연산이다. 이 과정에서 GPU와 TPU가 메모리를 공유하게 만든 후 통합할 수 있다면 데이터 처리 대기 시간을 훨씬 단축할 수 있다. 이러한 통합을 이종통합(Heterogeneous System Architecture, HSA)이라고 부르며, 이를 위해 기존의 메모리시스템과 차별화된 메모리시스템으로 제시되는 것이 바로 hUMA(heterogeneous Uniform Memory Access) 같은 엔비디아의 기술이다.

CPU-GPU 통합 및 NPU 개발은, 그간 AMD의 라데온 IP를 자사의 모바일 AP에 적용해오던 삼성이나 AMD에서 인수한 GPU를 개발하고 있는 퀄컴 같은 업체들 역시 목표로 하고 있다. 엔비디아, 삼성, 그리고 퀄컴 같은 업체들은 향후 CPU 시장 진출을 넘어 중장기적으로 ARM IP를 이용하여 인텔과 AMD가 과점하고 있는 서버용 칩 시장에 진입할 수도 있다. 실제로 엔비디아는 ARM을 인수함으로써 모바일 AP 칩셋 시장에 대한 장악력을 확보하고, 나아가 인텔이 지배하고 있는 노트북 및 저전력 PC용 CPU 시장까지 겨냥했던 것으로 보인다. 애플은 2020년 하반기, 자사의 첫번째 시스템온칩SoC

반도체인 M1을 발표했는데, 기본 설계는 ARM의 big.LITTLE 기술을 채용한 것으로 발표되었다.[2] 이는 애플 역시 자사의 차세대 칩을 ARM 기반으로 만드는 것에 비중을 두어가고 있다는 뜻으로 풀이된다.

AMD의 자일링스 인수 역시 비슷한 맥락이다. 자일링스는 FPGA 반도체 시장점유율 50퍼센트를 자랑하는 전 세계 1위 업체로서, 인텔이 2015년에 인수했던 알테라Altera보다 높은 점유율을 자랑하고 있다(자일링스와 알테라 두 회사의 FPGA 세계 시장점유율은 90퍼센트에 달한다). AMD는 경쟁자인 인텔의 알테라 인수에 대응하여 1위 업체 자일링스를 인수한 것으로 해석할 수 있는데, 자일링스가 강점을 보이고 있던 FPGA의 특징인 AI 가속기로의 확장까지 염두에 두었을 것으로 보인다. 특히 FPGA는 스마트 IoT 기기들의 초고속 연결 네트워크 정보 제어에도 강점을 가질 수 있다. 따라서 자일링스의 인수는 앞으로 급성장할 것으로 예상되는 IoT 기기 시장 및 기기들 간의 네트워크 정보처리 시장에 대한 AMD의 포석으로도 해석할 수 있다.

AMD가 자일링스를 인수하고, 알테라를 품고 있던 인텔과 본격적인 경쟁을 하면서, 이제 AI 프로세서 시장은 AMD, 인텔, 그리고 GPU를 등에 업고 있는 엔비디아의 삼파전으로 굴러가게 되었다. 이렇게 기존의 칩 설계 업체들이 맞춤형 칩을 만들고자 하는 의도는 고성능 CPU와 모바일 AP칩을 넘어 인공지능 전용 고성능 칩에서의

---

2   발표된 성능으로는 인텔의 x86에 비해 전력 효율이 3배 좋은 것으로 보고 있으며, 별도의 에뮬레이터 없이도 각종 애플리케이션의 구동이 가능하기 때문에 데스크탑, 노트북뿐만 아니라 스마트폰이나 패드류의 휴대형 기기에도 공통적으로 적용될 수 있다는 장점이 생긴다.

기술적 경쟁을 위한 포석이다. 특히 대용량 데이터의 고속 처리, 텐서tensor 형태 고차원 데이터의 계산, 인공지능 프로세서를 위한 고성능 인공신경망 데이터 처리에 대한 수요가 증가하면, 맞춤형 반도체 설계와 맞춤형 제조의 연결 과정에서의 설계 최적화 기술력을 얼마나 확보하고 있는지가 기존의 글로벌 IT 기업들의 경쟁력을 좌우할 것이다.

SK하이닉스의 인텔 NAND 플래시메모리 사업 부문 인수 역시 전세계 반도체 시장 재편의 일환이다. 메모리반도체는 로직 반도체나 시스템반도체에 비해 경기 변동에 대한 취약성이 더 크며, 지속적인 장비 감가상각에 대응하기 위한 선행기술 투자, 그리고 가격 변동성에 대한 탄력이 중요하다. 2020년 하반기 기준, 전 세계 NAND 플래시메모리 시장의 점유율은 SK하이닉스와 인텔이 거의 동일한 비율이었다(SK하이닉스 11.7퍼센트, 인텔 11.5퍼센트). 이제 SK하이닉스가 중국 다롄에 소재한 칭화유니, 허페이창신, 푸젠진화 등의 메모리반도체 업체를 제치고 인텔의 NAND 사업 부문을 인수함으로써 그 점유율은 최소 22퍼센트 이상으로 올라가게 되었다. 이는 삼성에 이어 메모리반도체 시장에서 하이닉스가 2위권 포지션을 확실히 굳히게 됨을 의미한다. NAND 플래시메모리는 소자 특성상, SSD 같은 대용량 데이터 저장 장치 사업으로도 확장할 수 있다. SK하이닉스는 특히 인텔이 지배하고 있던 기업용 대용량 SSD 시장으로 진출할 수 있는 교두보도, 그리고 소비자용 SSD의 컨트롤러[3] 기술도 같이 확보하

---

3   SSD 내부의 플래시메모리를 기존의 자기 HDD와 유사한 장치로 인식하게 만드는 연결 장치. HDD에서보다 SSD에서 컨트롤러가 차지하는 비중은 매우 큰데, 그 이유

게 된다.

SK하이닉스의 메모리반도체 시장점유율 급상승은 일본 키오시아에게는 압박으로 다가왔을 것이다. 2020년 11월, 키오시아는 11조 규모의 투자를 통해 일본 이와테岩手현 공장 부지를 확장해 2022년 상반기부터 BiCS 3D NAND 플래시메모리 생산을 늘리고, 미에현에 추가로 6세대 BiCS 3D 플래시메모리 라인을 증설하여 2022년부터 가동하겠다는 계획을 발표했다.

반도체 업계의 대형 M&A는 사실 어제 오늘 일은 아니다. 실제로 2015년 이후 2020년까지의 기간에도 대규모 M&A가 여러 건 있었다. 앞서 언급한 인텔의 FPGA 업체인 알테라 인수(2015년, 167억 달러 규모), 2015년 싱가포르의 반도체 기업 아바고Avago technologies의 통신 반도체 기업 브로드컴Broadcom 인수(370억 달러 규모, 인수 이후 사명은 기존의 브로드컴으로 유지), 2016년 퀄컴의 NXP 인수 시도(440억 달러 규모, 중국 정부가 합병을 승인해주지 않아 결국 실패), 도시바의 플래시메모리 사업 매각 등이 대표적이다. 앞으로도 각 사업 부문에 따라, 주로 성숙한 시장에 있는 IT 대기업들은 주로 사업의 다각화 혹은 선행기

는 SSD 내부의 플래시메모리에 데이터를 저장하거나 불러들이는 주요 성능이 컨트롤러의 정확도와 속도에 좌우되기 때문이다. 인텔의 SSD 컨트롤러는 삼성전자의 컨트롤러에 비해 속도, 특히 쓰기 속도가 낮지만, 대신 안정성이 뛰어난 것으로도 알려져 있다. 현 세대 인텔의 SSD 컨트롤러는 3세대 컨트롤러인 PC29AS21CA0 타입으로서, 읽기/쓰기 성능이 대폭 개선된 것으로 보고되고 있다. SK하이닉스는 2012년 LAMD를 인수하면서 SSD 컨트롤러 원천기술을 확보했으나, 대부분 타사의 기술을 수입하여 쓰고 있었고, 2017년부터는 자체 컨트롤러 기술이 안정화되어 본격적으로 자사의 플래시메모리 기반 SSD에 장착되기 시작하였는데, 인텔의 NAND 플래시 사업을 인수하면서 인텔의 고유 컨트롤러 기술과의 시너지 효과가 예상된다.

술 확보 차원에서 소규모 기업을 계속 인수할 것이고, 유사한 업종이 난립하고 있는 팹리스 부문, 특히 AI나 병렬 데이터 처리 전용 프로세서 설계 기업이 수백 개 이상 난립하고 있는 중국에서는 향후 5년 이내로 많은 업체들이 서로 합병하거나 IT 대기업에 흡수되는 형태로 정리될 것으로 전망된다.

2

인텔 하이퍼스케일링 공정의 명과 암

한때 반도체 업계에서는 이른바 '가성비의 AMD, 성능의 지존 인텔' 같은 말들이 유행했었다. 인텔의 CPU는 그만큼 2인자 AMD의 CPU가 도저히 그 격차를 줄일 수 없을 듯한 최첨단 기술이라는 이미지를 가지고 있었다. 하지만 언제부터인가 인텔 CPU 라인의 기술적 우위가 조금씩 약화되더니, 급기야 기본적인 연산 성능은 물론 다른 지표(전력 소모량, 수명, 에러율 등)에서도 AMD의 CPU 라인보다 경쟁력이 뒤처지기 시작했다. 2021년 2월에 인텔이 출시한 11세대 i5, i7, i9 10000 시리즈의 벤치마크 결과, 인텔의 제품은 여전히 세대가 바뀌어도 AMD의 CPU를 따라잡기 어려워 보인다. 인텔은 자사 14나노 공정이 타사의 10나노 공정과 기술적 스펙은 유사하거나 더 우위에 있다고 주장한다. 물론 여기서 인텔이 내세우는 14나노 노드 공정은 타사의 동급 스펙과는 약간 달리 볼 필요는 있다. 노드 선폭이 아닌 단위 면적당 트랜지스터 집적 개수로 성능 비교를 하면 TSMC의 경우 다음과 같은 공정별 트랜지스터 밀도를 보인다. (단위는 제곱밀리미터 당 100만 개[MTr/mm^2]다.)

TSMC 16나노: 28.2 (양산)

TSMC 10나노: 52.5 (양산)

TSMC 7나노: ~91 (2021년 상반기 양산 시작)

TSMC 5나노: ~171 (2022년 상반기 양산 시작)

TSMC 3나노: ~290 (2023년 상반기 양산 예정)

이에 반해 인텔의 공정은 다음과 같은 트랜지스터 밀도를 보인다.

Intel 14나노: 37.5 (양산)

Intel 10나노: 101 (양산)

Intel 7나노: ~200/~250 (양산 시험 중)

같은 노드인데도 트랜지스터 밀도가 꽤 차이 나는 것을 볼 수 있다. 즉, 인텔의 14나노 공정은 트랜지스터 밀도 기준으로 TSMC의 10나노 공정에 근접해 있다고 볼 수 있다. 이는 인텔이 자랑하는 하이퍼스케일링 공정에 기반을 둔 것이다.

하이퍼스케일링 공정은 패턴의 물리적 크기는 축소하지 않은 채 공정 비용의 급상승을 감수하면서도 더 많은 트랜지스터를 좁은 면적에 집적해 넣어서 성능을 강화시키는 기술이다. 문제는 비용과 에러 확률이다. 집적도가 높아질수록 미세 패터닝된 금속 및 절연체 사이의 패턴 정밀도 제어가 중요하다. 충분히 정밀하지 않다면 신호 손실, 전력 소모량 증가, 반응 시간 증가로 인한 연산 속도 저하 등의 문제가 발생한다. 하이퍼스케일링 공정의 또 다른 변수는 이른바 배선층의 오류 가능성이다. 10~20나노 수준의 초미세 스케일을 다루는 공정이다 보니, 전자의 이동 통로 역할을 할 배선층의 물리적 크기도 일정 수준 이하로 떨어져야 한다. 인텔은 하이퍼스케일링 공정을 통해 최대 2.5~2.7배까지도 트랜지스터 집적 밀도를 높일 수 있다고 주장해왔지만, 배선층을 얇게 만드는 데에는 한계가 있기 때문에 집적 밀도는 2배를 넘기 어렵다. 또한 배선의 폭이 좁아지면 박막에 기계적 결함이 생기는 문제가 생긴다. 이러한 결함은 모두 칩의 오작동(void or hilock)으로 이어지는 중대한 결함이 될 수 있다. 즉, 회로 선폭을 좁히면서도 트랜지스터 밀도를 높이려는 하이퍼스케일링 공정은 장점보다 단점이 많은 셈이다. 이 때문에 인텔이 주장하는 2.7배 이상의 밀도 향상은 이론적인 수치로만 그칠 뿐이고, 실제로 공정이 가능하고 결함 발생률이 일정 수준 이하로 제어되려면 2배 이하의 밀도 향상밖에 안 된다는 보고가 있다. 하이퍼스케일링 공정 같은 기술은 결국 근본적인 해결책이 될 수 없고, 이는 결국 하이퍼스케일링 공정 기술이 차세대 패터닝 공정에서의 근본적인 문제 해결 방법이 될 수 없음을 의미한다.

3

차세대 반도체칩
제조 공정의 병목 지점

글로벌 반도체 산업의 경쟁 국면에서 기술적으로 가장 중요한 요소 중 하나는 선단 공정, 특히 패터닝 공정이다. 현재의 반도체 공정이 물리적 한계에 맞닥뜨리게 될 시점이 점차 가까워지면서, 패터닝 공정에서의 경쟁은 더욱 뜨거워질 것으로 전망된다. 특히 초미세 공정에서의 기술 전쟁은 2020년대는 물론 2030년대 이후의 반도체 산업 지형 전체를 결정하는 주요 요인이 될 것이다. 차세대 반도체 공정의 핵심은 자주 언급해온 것처럼 여전히 EUV 기반 초미세 패터닝의 안정화, 현실화에 있으며, 이를 위해 차세대 반도체 소재와 부품의 확보, 그리고 공정 수율 개선과 에너지 절감, 후공정 비용 절감이 반드시 필요하다. 그것을 가능하게 하는 요소 기술은 특히 소재와 공정 장비 기술에 달려 있다.

10나노미터 노드급 이하의 초미세 패터닝 영역은 이제 EUV 리소그래피(노광 공정)로 옮겨가고 있다. 글로벌 시장에서 사실상 유일한 EUV 노광 장비 공급 업체인 ASML의 장비는 지난한 과정을 거쳐 EUV 광원을 만들어낸다. 진공 중에 주석으로 된 마이크로 입자(Sn microparticle)를 띄우고, 거기에 이산화탄소 레이저를 매우 짧은 시간 동안 집중적으로 쏴주면 플라스마가 발생한다. 이 플라스마를 여기excitation시켜 그로부터 13.7나노미터 전후의 파장을 갖는 고에너지 광자를 만들어내고, 이를 정밀한 광학계를 거쳐 유도한다.[4] 유도된 광자가 패턴을 만들기 위한 마스크를 통과하여 감광재가 코팅된 웨이퍼로 입사하면 감광재 내부에 패턴이 형성된다. EUV 노광 장비의 개념은 1990년대 이전부터 제시되었으나, 광원과 그에 매칭되는 감광재, 마스크, 에칭 공정, 그리고 광학계의 조합이 실제 구현되기까지는 30여 년이라는 시간과 그 기간 동안 계속된 꾸준한 투자가 필요했다. 특히 그중 10년 정도는 아무런 기술적 성과도 나오지 않는 암흑기를 거치기도 했는데, 만약 ASML이 그 암흑기, 즉 죽음의 계곡을 못 버텼더라면 EUV 기술은 여전히 현실화되지 못하고 있었을 것이다.

어렵게 현실화된 기술인 만큼, 공정 비용도 이전 세대 노광 공정과는 비교가 되지 않는다. 물리적으로, 5나노미터 노드[5] 이상의 패터닝은 원리적으로는 EUV가 없어도 가능하다. 다만 DUV 노광 공정

---

4   단일 패터닝 공정이 물리적으로 얼마나 작은 사이즈의 패턴을 만들어낼 수 있는지는 광원의 파장과 개구수NA에 의해 결정된다. 즉, 물리적 사이즈는 K*파장/NA(K는 대략 0.5) 이하로 내려갈 수 없다. 만약 이보다 더 작은 물리적 크기를 만들고자 한다면 수차를 늘리거나 광원의 파장을 더 짧게 만드는 수밖에 없다.

5   물리적 피치pitch로는 대략 20나노미터다. 물리적 피치란 미세한 홈이 나열된 주기를 뜻한다. 시중에서 통용되는 '몇 나노급 노드'는 집적도를 나타낼 때 사용되는 관행적인 표현이며, 물리적 크기를 의미하는 것은 아니다.

을 사용할 경우, 다중 패터닝 과정을 거쳐야 한다. 다중 패터닝 공정은 말 그대로 노광 공정을 여러 번 거듭하는 것이다. 쉽게 설명하자면 이렇다. 가로세로 1밀리미터 크기의 모눈을 가지고 있는 모기장을 두 장 겹친다고 생각해보자. 두 번째 모기장을 첫 번째 모기장에 대해 0.5밀리미터씩 가로세로 방향으로 평행 이동한다면 이제는 가로세로 0.5밀리미터 사이즈, 즉 원래 패턴의 절반 크기를 갖는 패턴을 얻게 된다.

여러 장의 마스크 미세 배치와 더불어 광원의 간섭 효과를 이용하는 방법도 있다. 예를 들어 이중 빔 간섭 같은 경우, 광원 하나를 둘로 쪼갰다가 다시 합치는 과정에서의 보강/상쇄 간섭에 의해 생성되는 물결무늬 패턴을 이용한다. 2000년대 이후, 다중 패터닝을 통해 이론적 한계 이하로 물리적 주기를 축소하려는 기술이 제시되어 왔다. 특히, EUV 실현이 예상보다 훨씬 늦어지면서 기존의 193나노 광원 기반 DUV 노광 공정을 이용하여 50나노 크기를 패터닝하려는 SAQP(self-aligned quadruple patterning) 같은 기술이 개발되기도 했다. 이는 최근까지도 TSMC와 삼성, 하이닉스 같은 칩 메이커들이 7나노 공정에 활용하고 있다. 문제는 이러한 다중 패터닝 기술을 5나노 이하 공정에까지 적용하기는 어렵다는 것이다. 이론적으로 DUV 다중 패터닝 공정을 5나노미터 노드급 패터닝 공정으로 만들려면 마스크 배치를 100번 넘게 반복해야 한다. 이렇게 많은 마스킹이 수반되는 공정은 원가와 수율 문제로부터 자유롭지 못하고 공정 오류가 누적될 수 있다. 검사 공정에서도 시간과 비용이 증가한다.

다중 패터닝의 한계에 직면해 있던 칩 제조업계 입장에서는 2010년대 후반에 드디어 실제 공정에 배치되기 시작한 EUV가 그야말로 한 줄기 빛이었고, EUV는 곧 대세가 되었다. 팹리스 업체들은 다양한 종류의 고성능 반도체를 만들기 위해 더 높은 집적도와 더 높은 정밀도를 요구하는데, EUV는 DUV보다 훨씬 짧은 파장인 13.7나노미터 광원을 사용하므로 단일 패터닝 공정에서 DUV 공정에 비해 물리적으로 훨씬 작은 크기를 만들어 낼 수 있다. 여기에 다중 패터닝 공정을 적용한다고 하더라도 DUV 패터닝보다는 훨씬 더 적은 숫자의 마스킹 공정만으로도 충분하다는 장점이 생긴다. 2018년 이후 삼성과 TSMC의 실공정에 배치된 ASML의 NXE:3400C 노광기의 경우, 0.33으로 고정된 개구수에서 단일 패터닝으로 30나노 이하의 크기를 갖는 웨이퍼를 시간당 140장씩 생산할 수 있다.

4

EUV 공정의
도전 과제

EUV 노광 공정이 초미세 패터닝의 대세가 되고는 있지만, 난관은 여전히 많다. 먼저 패터닝 과정에서의 에러율이다. 워낙 짧은 파장을 이용하는 데다가 광원을 유도하는 과정이 복잡하기 때문에 패터닝 과정에서 에러가 생길 수 있다. 이중 제어하기 어려운 에러가 확률론적 결함stochastic defects이다. 이 에러는 주로 EUV 광원에서 출발한 광자가 웨이퍼에 코팅된 감광재와 물리화학적으로 상호작용할 때 발생한다. 살짝 비껴 맞은 당구공이 주변의 당구공과 부딪치면서 전혀 다른 궤적을 그리는 것처럼, 높은 모멘텀을 갖는 광자는 감광재의 분자와 부딪치면 화학반응을 할 수도 있고, 당구공 충돌처럼 이리저리 물리적으로 산란되어 튀어다니다가 엉뚱한 곳에서 다른 분자의 전자와 상호작용할 수도 있다.

그중에서도 가장 골치 아픈, 그리고 예측이 안 되는 전자는 고에너지 광자가 감광재나 기판에 흡수되면서 랜덤하게 생성되는 2차 전자

secondary electron다. 이들은 마구잡이 걷기random walk 특성을 보이기 때문에 확률론적 에러라고 부른다. 출발한 지점을 알고 있어도 대략 반경 어디쯤에 있는지만 추정할 수 있을 뿐, 방향을 알 도리가 없다. DUV에서는 패터닝된 구조물의 물리적 크기가 아주 작지는 않았고, 광자의 에너지도 작은 편이었다. 그래서 이러한 확률론적 에러의 영향이 작았다. 그런데 EUV의 물리적 패턴 크기는 훨씬 작아졌고 광자 에너지도 커졌으므로, 확률론적 에러의 영향도 덩달아 커진다.[6]

확률론적 에러는 어떤 악영향을 낳을까? 감광재에서 빛을 받아야 하는 영역이 빛을 덜 받을 수도 있고 빛을 받지 말아야 하는 영역이 빛을 더 받을 수도 있다. 이는 이후 빛을 받은 감광재를 현상하는 과정의 에러가 된다. 예를 들어 패터닝된 길쭉한 선 모양을 생각해보자. 선의 폭이 들쭉날쭉해지면 누설전류가 발생해 신호 전송 과정에서 에러가 생길 수 있다. 또한 거친 표면의 선폭에서 전자들이 산란됨으로써 신호 손실이 발생할 수 있다. 추가적으로 선의 저항 자체가 달라지기 때문에 칩의 수명도 짧아질 수 있다.

두 번째 문제는 에러 검진 정확도다. 에러가 어디에서 생겼는지, 얼마나 생겼는지를 알아내는 것은 공정 수율을 높이고 생산 원가를 절감하는 데에 필수적이다. 걸러내지 못한 에러는 다음 공정에서 더

---

6   EUV 광원에서 발생한 광자는 DUV 광원에 비해 약 14배 더 높은 에너지를 가지고 있기 때문에(EUV는 92eV, DUV는 6.4eV) 산란되는 영역이 넓어지고, 그로 인해 생기는 에러 범위도 커진다. 그리고 동일한 영역에 흡수되는 광자 개수의 변동폭(샷 노이즈shot noise)도 같이 커진다. EUV의 샷 노이즈는 포아송 분포Poisson distribution를 따르기 때문에, 더 좁은 영역에 더 많은 광자를 흡수시켜야 할수록, 샷 노이즈가 증가하는 것을 피하기 어렵다.

큰 불량이 된다. 패터닝 공정 이후의 웨이퍼 결함 검사는 전자 현미경SEM이나 원자력 현미경AFM 같은 이미징 방법이나 광특성, 전기적 특성 검사에 의존한다. 그런데 EUV 패터닝을 거친 웨이퍼는 훨씬 더 작은 물리적 크기를 갖기 때문에 기존의 방법으로는 한계가 있다. 불량품을 더 많이 잡아내기 위한 기술적 개선이 그래서 점점 중요한 문제가 된다. 특히 EUV 노광 공정같이 생산 단가가 월등히 높은 공정에서는 웨이퍼 한 장의 불량 여부가 곧바로 수익률과 연결되기 때문에 검사 기술의 업그레이드는 필수적이다.

취약한 생산성 역시 문제다. EUV는 DUV에 비해 더 많은 전력을 소모하지만 더 낮은 효율로 광원이 유도되는 데다가, 에러에 더 취약하다. DUV 노광기 한 대가 한 시간에 300장 정도의 웨이퍼를 처리할 수 있는 데에 반해, EUV 노광기는 최대 140장 정도로서, DUV의 반도 안 되는 생산성을 보인다. 생산 준비/대기 시간까지 고려하면 EUV는 일주일에 1000~1200장을 생산할 수 있는데, 이는 DUV의 1/3 이하의 수준이다. 생산성이 저하되므로 웨이퍼 한 장의 가격은 급상승할 수밖에 없다. 즉, 더 낮은 가격에 더 많은 칩을 공급하는 기존의 방식이 통용되지 않는 것이다.

EUV의 잠재적 문제 중 또 하나 짚어둘 문제는 EUV도 결국 패터닝 한계로부터 자유롭지 못하다는 것이다. EUV의 13.7나노미터라는 파장도 한계는 있다. 이론적으로 0.33의 NA를 가정할 경우, $0.5 \times 13.7/0.33 = 20.8$나노미터가 물리적 한계다. 이는 5나노급 공정에 해당하며, 3나노급 이하의 공정에서는 다중 패터닝 기술을 도입하든가 NA값을 더 키워야 한다. 다중 패터닝은 생산 속도 면에서 한계가 있으므로, NA값을 키우는 것이 더 현실적이다. 그렇지만 개구수를 높이는 기술은 그 구현 난이도와 더불어, 그에 걸맞은 요소 기술이 관건이 된다. 현재의 ASML NXE:3300-3400 시리즈인 NA 0.33 기반 EUV 노광기의 광학 기술도 이미 극한에 다다른 상태지만, ASML이 2025년 이후 출시할 NA 0.55짜리 EUV 노광기인 EXE:5000 시리즈 노광기의 광학 기술은 아나모픽 렌즈[7]를 요구하는 등 난이도가 더욱 높아진다.

High-NA EUV 노광기는 또한 가격적인 측면에서도 꽤나 도전적인 상황에 직면할 것이다. 현재 NXE 시리즈 노광기가 1500억~1600억 원 내외의 가격이 형성된 것에 비해, EXE 노광기의 경우 그 세 배가 넘는 5200억 원에 달할 것으로 전망되고 있다. 무지막지한 가격표가 붙어도 여전히 EUV 노광기는 한 해에 총 50대 미만으로밖에는 생산될 수 없는 독점 한정재가 된다.

High-NA EUV 노광 공정에서 또 다른 문제는 소재다. 광학 노광 공정이 채택된 이후, 감광재는 전통적으로 광화학 반응을 일으킬 수 있는 유기물을 사용해왔다. 0.33NA EUV에서도 감광재는 여전히 화학증폭 레지스트(Chemically Amplified Resist, CAR) 같은 유기물이 기반이다. 그렇지만 0.55NA EUV 노광 공정에서 유기물 기반의 감광재는 한계가 있다. 유기물 소재에서는 앞서 언급한 확률론적 에러

---

7   Anamorphic Lens: 마스크에 입사되는 빛과 반사되어 나오는 빛 사이의 오버랩을 최소화하기 위해 빔의 모양을 종횡비가 1이 아닌 타원형으로 바꾸는 것이다. 마치 좁은 틈을 통과하기 위해 둥근 공을 눌러서 압축하는 것과 비슷한 원리다. 다만 이렇게 빔의 기하학적 형태를 찌그러트릴 경우, 집광 영역의 가로세로 비가 일정하게 유지가 안 되므로, 한 번에 균일하게 패터닝하기는 불가능해진다. 그래서 반반씩 두 번에 걸쳐 노광한 후, 나눠서 꿰매듯이 이어붙이는 추가 공정이 필요하고, 생산속도는 그만큼 저하된다.

의 영향이 증폭된다. 추가적으로 유기물 기반의 감광재는 노광 공정 이후 필요 없는 부분을 없애는 에칭 과정에도 점점 취약해진다. 애써 만든 패턴의 구조 붕괴 확률이 패턴이 작아지면 작아질수록 더 높아지기 때문이다.

이를 피하기 위해 스핀온 금속 산화물spin-on metal oxide이나 아연Zn, 주석Sn, 팔라듐Pd 같은 금속을 포함하는 금속 입자metal nanoparticle-유기물 리간드organic ligand 하이브리드 소재 같은 새로운 감광재가 제시되고 있다. 이중에서도 물리적으로 가장 작은 패턴에 대응할 수 있는 감광재로서 Inpria사(현재는 일본의 반도체 소재 회사인 JSR이 지분을 100퍼센트 보유하고 있다)의 Y-series나 mTA사의 Zn-cluster 같은 소재가 제시되고 있으나, 이들의 물리적 패터닝 한계는 1차원 그레이팅 구조의 반주기half pitch 기준으로 7~10나노미터 정도로 평가된다. 그 이하의 크기를 갖는 물리적 패턴은 패턴 품질이 제어가 되지 않아 양산에 투입되기 어렵다. 결국 소재 차원에서 이들에 대한 근본적인 개선이 있지 않으면 지금의 감광재는 앞으로 더 미세한 스캐닝 방식이 동원될 EUV 공정의 광학 기술 수준을 따라잡기 어렵다.

EUV가 극한 상황으로 갈수록 또 하나의 난관으로 대두되는 것이 마스크와 광학계 부품 기술이다. EUV 광원은 결국 이 마스크를 통해 감광재가 도포된 웨이퍼로 유도되는데, 물리적 크기를 축소시키려면 패턴 정밀도가 증강된 마스크가 필요하다. 이를 위해 EUV 광원을 잘 반사할 수 있는 소재가 필요하지만, 반사도가 50퍼센트를 넘는 단일 소재는 없다. 대신 브래그 반사경 같은 인공 거울 기술을 쓸 수 있는데, 현재까지 알려진 최적의 인공 거울은 실리콘과 몰리브

덴을 번갈아가며 40~50층씩 쌓아 최대 68퍼센트의 반사율을 갖게 만든 나노 구조물이다.[8]

마스크와 광학계 외에, 펠리클pellicle 같은 부품도 중요하다. 웨이퍼 표면에 코팅된 감광재에 높은 에너지의 EUV 광자가 다량 입사하면 어떤 분자는 제대로 광화학반응을 할 수 있지만, 그렇지 못한 분자는 순간 이온화되어 튕겨나가거나 옆 패턴에 흡수되어 영향을 미친다. 특히 튕겨나간 이온들이 상부 마스크에 증착될 수 있는데, 이는 패터닝 과정에서 에러를 일으킬뿐더러, 마스크 수명을 단축시킨다. 그러나 아직 EUV 전용으로 실용 배치된 펠리클은 없다.

이렇듯 EUV 기반 차세대 반도체 공정에도 수많은 기술적 난관이 존재한다. 파운드리 영역에서의 경쟁력 확보는 EUV 공정의 수율 제고에 달려 있으며, 이를 위해서는 단순히 물리적 패터닝 기술을 구현하는 것에 그치지 않고 소재와 공정 기술에도 집중해야 한다. EUV 광원의 반사도를 높이기 위해 어떤 소재를 새로 개발할 것인가? 몇 층이나 두께는 어느 정도로 쌓을 것인가? 계면의 거칠기는 어떻게 개선할 것인가? 어떤 진공도를 유지할 것인가? 마스크를 보호하기 위해 더 높은 투과도, 더 높은 기계적 강도를 갖는 펠리클을 어떻게 만들 것인가? 저열팽창 소재를 어떻게 설계할 것인가? 2차 전자의 확산을 막기 위해 어떤 종류의 무기-유기 하이브리드 소재를 쓸 것인가? 다중 패터닝 속도를 높이기 위해 마스크 얼라이너 정밀도를

---

8   인공 거울에서는 층간 계면에서 광원의 손실을 최소화하기 위해 표면 거칠기를 천체 망원경 반사경의 정밀도보다 높은 수준인 80~90피코미터(1피코미터=1/1000나노미터) 이내로 만들어야 한다.

어떻게 제어할 것인가? 결함 검출을 위한 소프트웨어를 어떻게 설계할 것인가? 그 과정에서 어떤 기계학습 알고리듬을 쓸 것인가? 기존의 광학/전기적 특성 검출 외에 다른 방법을 쓸 수는 없는가? 감광재 코팅의 건식 코팅 공정 속도를 높이는 방법은 무엇인가? 이런 수많은 난관을 뚫어낼 다양한 요소 기술이 개발되어야 한다.

5

EUV 이후
초미세 공정의 향방

TSMC나 삼성전자 같은 파운드리 업계의 선두 업체들이 공개하는 최신 패터닝 공정이 적용된 웨이퍼의 전자 현미경 사진을 보면 감탄사가 저절로 나온다. '인간이 정말 이 정도 정밀도, 이 정도 작은 크기의 반도체칩을 만들 수 있는가'라는 생각이 들 정도로, 보고도 믿기지 않을 때가 있다. 그 정도로 지금의 패터닝 기술 수준은 거의 마법에 가깝다. 하물며 이보다 더 아래 단계로, 더 혁명적인 기술 수준으로 전진하려면 그야말로 외계인의 기술이 필요할지도 모른다. 1나노 이하, 그야말로 '옹스트롬 공정'이라고 수식어를 바꿔야 하는 시점에서는 EUV 공정마저 통하지 않을 확률이 높다. EUV 기술의 최전선에 있는 ASML 역시 EUV 기술의 개선 방향을 2030년까지는 수차 증대에 의존하고 있을 뿐이다. 그러나 물질의 굴절률에는 실수 부분(n)뿐만 아니라 허수 부분(k)이 있는데, 짧은 파장대역에서는 이

값[9]도 같이 상승하는 경향이 있다. k값이 크다는 것은 빛이 더 잘 흡수된다는 뜻이다. 흡수가 많아지면 반사는 그만큼 줄어든다. 따라서 단위 면적당 일정한 세기 이상으로 빛을 집중시키려면 더 센 광원을 만들어야 하므로, 더 많은 전력이 소모된다. 그리고 EUV의 파장 자체에도 한계가 있다. 13.5나노미터 길이의 파장 아래는 사실상 엑스선이기 때문이다.

이에 대한 대안이 있을까? 그중 하나가 BEUV(Beyond EUV)다. 2000년대 중후반부터 BEUV에 대한 선행 연구가 이어지고 있는데, EUV와 비슷한 방식으로 하되 조금 더 이온 상태가 높은 밀도로 밀집된 재료들을 찾고 있다.[10] 다만 광원의 파장이 더 짧아지면 그만큼 에너지는 높아지므로, 광자 에너지 분포가 더 넓어져서, 이른바 광원의 품질이 나빠진다. 따라서 노광 공정용으로 더 파장이 짧아진 광원을 사용하려면 기존의 EUV보다 더 정밀한 광학계가 필요하다. 그러나 현재로서는 BEUV에 적용할 수 있는 광학계와 감광재는 없다. 또한 BEUV 대역의 파장을 갖는 광자의 비등방성anisotropy 제어도 문제가 된다. 다시 말해 광원을 되도록 동그란 모양으로 집중해야 하는데, 방향에 따라 광원의 세기가 달라지면 흡수되는 광자의 개수도 불균일해져서 패턴의 품질이 나빠질 수 있기 때문이다. 이러한 난제로 인해 업계에서는 빨라야 2030년대 중반이 되어서야 BEUV 기반 초초극미세 패터닝 공정의 기술 가능성이 타진될 것으로 전망한다. 그

---

9   이를 흡광계수extinction coefficient라고 부른다.

10   현재로서 유력한 후보 물질은 가돌리늄gadolinium과 터븀terbium 이온으로서, 이들은 4d – 4f 전자 오비탈에서 방출되는 광자를 기반으로 6.2~6.5 나노미터 범위의 파장을 갖는 광원을 생성할 수 있다.

렇지만 기술이 실현된다고 해도 공정 비용은 지금의 3배 이상이 될 것이다.

엑스레이 노광 공정(X-ray lithography, XRL)을 생각할 수도 있다. 엑스선의 파장 범위는 대략 0.2~5나노미터(2~50옹스트롬)이므로, EUV 나 BEUV 대비 5~30배 수준의 해상력을 가질 수 있다. 따라서 1나노 이하급의 패터닝에 이상적이다. 그렇지만 엑스레이 기반의 패터닝은 넘어야 할 난관이 너무 많다. 광원을 한 곳에 모으려면 포항 가속기 같은 대형 방사광가속기(싱크로트론Synchrotron)가 필요하다. 가속기의 물리적 크기로 인해 노광기 덩치가 거의 반도체 생산라인 자체보다 커진다. 배꼽이 배보다 더 커지는 셈이다. 그와 동시에 거대한 광원 생성 시설을 가동하기 위해 EUV 노광기보다 적어도 20배가 넘는 전력이 소모될 것으로 예상된다. 공정 비용이 천문학적으로 증가하게 된다는 말이다. 엑스레이는 광자 에너지가 강하기 때문에, 2차 전자도 EUV에 비해 10배 이상 더 많이 생겨난다. 이로 인해 마스크 수명이 짧아지는 것은 물론, 패턴 품질이 저하될 수 있다. 엑스레이가 대부분의 물질을 투과한다는 특성을 고려하면 엑스레이 광학계를 만드는 것도 매우 어렵다. 또한 엑스레이에 선택적으로 광화학 반응을 일으킬 수 있는 적합한 감광재는 아예 개념 기술조차 제시되지 않은 상황이다.

엑스레이 노광 공정 다음도 생각할 수 있을까? 전자빔 리소그래피 (E-beam lithography, EBL)가 있다. EBL은 말 그대로 전자빔을 모아 전기장을 걸어주면서 가속시켜 직접 반도체 표면에 패턴을 그리는 방식으로 패터닝을 한다. 전자빔의 파장은 전자빔 가속 전압의 제곱근에 반비례한다.[11] 그 결과 엑스레이 노광 공정의 50~100배 수준으로 해상력이 향상될 수 있다. EBL의 장점은 지금 사용하고 있는 유기물 감광재를 그대로 사용할 수 있다는 것이다. 무엇보다도 반도체 표면에 직접 패터닝을 하므로 마스크나 펠리클이 필요 없다. 그런데 EBL의 가장 치명적인 단점은 너무 느린 패터닝 속도다. 따라서 EBL은 현재 파운드리 업계에서 요구하는 연속 공정 속도를 달성할 수가 없다. 또한 EBL은 전자의 에너지가 강하므로 2차 전자의 발생률도 올라간다. 이를 극복하기 위해 전자 대신 이온 빔을 사용하는 방식(ion-beam lithography)도 있는데, 이 경우 이온은 전자보다 훨씬 무거우므로 이온들이 반도체 소재 내부에서 마구잡이 이동하는 정도가 훨씬 감소하여 패턴 거칠기가 개선된다는 장점이 생긴다. 그러나 여전히 느린 패터닝 속도라는 치명적 단점을 극복하기는 어렵다. 현재로서는 전자 빔이나 이온 빔 노광공정은 표준화된 대량 생산 공정에는 이용되지 않고, 주문 생산, 특화된 패터닝 등에만 제한적으로 활용되는 수준이다.

EUV 이후 차세대 초미세 패터닝 로드맵은 기술적 불확실성과 난관이 암초처럼 자리하고 있다. EUV 이후 BEUV, XRL, EBL 순으로 기술적 혁신이 생길 가능성도 있지만, 전혀 다른 방식으로 기술적 돌파구가 생길 수도 있다. 예를 들이 폰 노이만 방식을 벗어난 신개념 소자가 혁신의 돌파구가 될 수 있다. 메모리의 경우, 아예 인공지능

---

11   30킬로볼트 정도로 가속된 전자빔의 경우 양자역학에서 잘 알려진 드브로이 정리 deBroile's theory에 따라 0.07 옹스트롬(7×10⁻³나노미터) 수준의 파장을 갖는다.

을 타깃으로 한 반도체 소자[12]에서 돌파구가 생길 수 있다. 메모리반도체의 경우 병렬 데이터 처리에 특화된 뉴로모픽 회로Neuromorphic circuit를 목표로 한 ReRAM(Resistive RAM)이나 PRAM(phase-change RAM) 방향으로 선회할 수도 있다. 비메모리반도체의 경우, FPGA에 특화된 소자를 목표로 소자 아키텍처가 병렬형, 고차원 데이터 특화형으로 바뀔 수 있다. 이에 대응할 수 있는 파운드리 업체는 앞으로도 당분간 TSMC와 삼성전자 파운드리 두 회사밖에 없을 것으로 보인다. TSMC와 삼성전자는 현재의 라인 선폭을 줄이는 방식으로 초미세 패터닝 기술 경쟁을 이어갈 것이지만, 2020년대 중후반 이후 대용량 데이터의 병렬 처리 소자 생산에 집중하는 방향으로 파운드리 분기가 생겨날 것이다.

---

12   특히, 대용량 데이터를 병렬로 처리하는 것은 향후 인공지능 가속기 전용 반도체칩에서는 거의 필수적인 요구사항이 될 것이므로, 팹리스 업체들은 단순히 회로 선폭 줄이는 것 이상으로, 텐서 프로세싱칩(Tensor Processing Unit, TPU)나 고성능 GPU에 특화된 공정을 요구할 가능성이 높다.

6

다가올
양자 컴퓨터의 시대

2010년대 들어, 반도체 업계를 한 세대 넘게 지배해오던 무어의 법칙은 이미 한계에 봉착했다. 현재까지의 대부분의 반도체는 기본적으로 전자의 on/off 신호를 제어하는 기능이 집약된 구조, 이른바 폰 노이만 아키텍처를 가지고 있다. 이 아키텍처는 디지털 컴퓨터에 활용되는 메모리와 로직 반도체의 회로가 구동되는 기본 뼈대를 제공한다. 무어의 법칙에 따라 그간 더 좁은 칩 면적에 더 많은 트랜지스터를 집적하는 방식으로 기술의 발전과 제조 원가의 절감을 거듭해온 기존의 반도체 산업 전략은 10나노미터 이하급의 초미세 패터닝 기술 단계로 접어들면서 점차 물리적인 한계가 가시화되고 있다.

이러한 한계를 뛰어넘기 위해서는 더 짧은 파장의 광원과 그에 걸맞은 감광재, 그리고 광학계 등이 필수적이나, 현실적으로 이를 구현해내는 데에는 뚜렷한 기술적 해결책이 없다. 반도체 소자 성능의 한계를 뛰어넘기 위해 세계 여러 연구중심대학과 국공립연구소, 그리고 글로벌 반도체 업계에서는 기존의 방식을 탈피하여 다양한 방식으로 차세대 반도체 원천기술 개발이 탐색되며 진행되고 있다. 그중 가장 혁신적인 방향으로 기술개발이 이루어질 것이라 전망되는 분야가 바로 양자 컴퓨팅을 비롯한 양자 정보통신기술ICT이다.

양자 ICT는 말 그대로 원자 단위 이하의 물리적 현상을 설명할 수 있는 양자역학 이론에 기반하고 있다. 양자역학은 중첩, 얽힘, 비가역성, 불확정성 등, 고전 물리학에서는 설명하기 불가능한 현상들을 다룬다. 특히 원자 수준 이하의 물리적 현상을 설명할 수 있기 때문에 현재 1나노미터 이하의 크기로는 제조 한계에 봉착한 기존의 디지털 컴퓨터와 반도체 기술의 난관을 극복할 수 있게 해줄 대안으로 꾸준히 거론되고 있다.

그에 맞춰 양자 정보통신기술 시장은 향후 크게 성장할 것으로 전망된다. 전 세계 양자 ICT 관련 시장 규모는 2019년 기준 5.7억 달러에 불과하다. 그렇지만 조만간 양자 컴퓨팅이 현실화될 것이라는 업계의 컨센서스에 따르면, 그 시장 규모는 2030년에는 물경 600억 달러를 돌파할 것으로 예상된다. 이에 맞추어 원천기술을 확보하고 표준 규격을 선점하기 위한 국가 간 그리고 기업 간 경쟁은 해가 갈수록 치열해질 것이다.

보스톤컨설팅그룹의 분석에 따르면 양자 ICT 분야에 대한 투자는 매년 급성장하여 향후 5년 이내에 100억 달러 이상의 시장이 형성될 것이고, 나아가 15~30년 동안 450억~850억 달러 규모의 시장으로 성장할 것으로 전망된다. 이들의 전망에 따르면 특히 2025년 이후 글로벌 IT 대기업 R&D 비용의 20퍼센트 이상이 양자 ICT 분야에 투입될 것으로 예상되고 있다. 이 추세를 따라가보면 2030년대 이후 양자 컴퓨터 관련 글로벌 IT 대기업들의 ICT R&D 투자는 R&D 비용의 50퍼센트를 상회할 것임을 예상할 수 있다.

양자 ICT는 주로 양자 컴퓨팅, 양자 통신, 그리고 양자 센서로 구성된다. 먼저 양자 컴퓨팅은 양자 컴퓨팅 시스템을 구현할 수 있는 하드웨어 기술과 양자 컴퓨팅을 가동할 수 있는 양자 컴퓨팅 알고리듬, 그리고 병렬 데이터 처리 기술을 포함하는 소프트웨어 기술로 구성된다. 양자 컴퓨팅 시스템은 말 그대로 양자역학의 기본 원리를 정보처리 방법으로 활용하는 시스템을 통칭한다.[13] 양자 컴퓨터로만 구

13 예를 들어 256개의 상자 중 한 상자에 보석이 들어 있는데, 그 상자가 어떤 상자인지 모르는 상황을 생각해보자. 이 경우 최악의 경우엔 원리적으로는 256개의 상자를 모두 열어봐야 보석을 찾을 수 있을 것이다. 그런데 양자역학에서는 각 상자에 보석이 들어 있을 '확률'을 부여할 수 있다. 256은 2^8이므로, 동전을 8번 던져서 8비트 숫자(예를 들어 10110010 같은 이진수)를 만들어내고, 이를 번호로 바꾸어(예를 들어, 이진수 10110010은 십진수로는 178에 해당한다), 그 번호의 상자를 열 수 있다. 고전적으로는 이 번호를 순차적으로 탐색해야 하지만, 양자역학적으로는 한 번 동전을 던지는 것은 정확히 50:50으로 확률이 정해져 있고, 따라서 8비트 이진수로 만들어지는 상자의 번호를 여는 행위를 각각의 상태로 본다면, 그 상태가 중첩된 것으로 해석한다. 이렇게 중첩될 수 있는 상태를 나타낼 수 있는 단위를 큐비트qubit라고 부른다. 이 가상의 실험에서는 8큐비트가 활용되고 있다고 생각하면 된다. 이때 어떤 상자를 여는 행위는 그 상자의 '상태 함수'를 붕괴시키는 행위가 되는데, 양자역학의 특성상, 모든 상자의 상태 함수의 진폭의 제곱은 각 상자의 확률에 비례하므로, 어느 상자를 건드리든 상자 256개가 각각 보석을 가지고 있었을 확률은 중첩된 상태가 순간적으로 붕괴되면서 바로 결정된다. 따라서 256개의 상자를 모두 열어볼 필요 없이 붕괴된 상태 함수의 진폭의 제곱값을 보며 가장 높은 값을 갖는 상자를 지목하면 된다. 256개의 상자를 모두 열어볼 필요가 없으므로, 보석을 찾는 속도는 256배 빨라지는 것처럼 보인다. 이는 8개의 큐비트만 있어도 256개의 서로 다른 상태의 확률을 부여할 수 있다는 것을 의미한다. 이러한 방식의 양자 컴퓨팅 소프트웨어로서 양자 시뮬레이션(simulated annealing, Quantum Monte Carlo simulation)이 포함되는데, 이는 기존의 디지털 컴퓨터 대비, 양자 컴퓨터의 계산 성능을 확실하게 차별화할 수 있는 주요 시뮬레이션 중 하나다.

현되는 쇼어 알고리듬Shor's algorithm이나 그로브 알고리듬Grove's algorithm 같은 경우, 현존하는 가장 강력한 암호화 알고리듬인 RSA 공개키 암호화 알고리듬[14]을 무력화시키거나 DES 같은 대칭키 암호화 방식을 무력화시킬 수 있을 것으로 예상된다. 이 두 가지 알고리듬이 작동할 수 있을 정도로 안정적인 양자 컴퓨터가 실현된다면 현존하는 대부분의 공개키, 대칭키 암호화 방식을 깰 수 있을 것이므로, 비트코인 같은 가상화폐 기반의 블록체인 기술 역시 무용화될 가능성이 있다. 또한 대부분의 금융 전산망에서 활용하고 있는 암호 시스템 역시 쉽게 무력화될 수 있다는 특징이 있다.

이러한 알고리듬이 실제로 기존의 디지털 컴퓨터에 비해 더 효과가 높다는 것을 증명하려면 기존의 방식으로는 계산이 불가능하거나 시간이 매우 오래 걸리는 문제를 해결할 수 있다는 실마리를 보여야 한다. 예를 들어 최근에 각광받고 있는 인공지능, 특히 대형 인공 신경망을 이용하는 딥러닝의 경우 양자 알고리듬과 결합하여 양자 딥러닝으로 발전할 수 있는데, 기존의 디지털 방식 딥러닝에 비해 신경

---

14   두 소수 P, Q를 준비하여 P-1과 Q-1에 대해 각각 서로소인 정수 E를 만들고, ED를 (P-1)*(Q-1)으로 나눈 나머지가 1이 되도록 하는 D를 찾은 후, PQ의 값과 E를 공개하여 D를 찾게 만드는 알고리듬. 여기서 PQ는 공개키가 되고, D는 개인키가 되면서, P, Q 값은 파기하면 보안키는 D에 담겨 있게 된다. 결국 RSA 암호화 방식은 소인수분해의 복잡성에 기대고 있는 방식으로, 현존하는 알고리듬으로는 다항식 시간 내에 큰 수의 소인수분해를 완료할 수 있는 알고리듬이 없다는 특징으로 인해 높은 보안성을 유지할 수 있다. 현재 RSA 2048비트 체제(617자릿수 기반)의 암호화가 이루어져 있는데, 1994년 피터 쇼어가 제안한 쇼어 알고리듬으로는 RSA에 사용된 비트 수만큼의 큐비트 수가 있는 양자컴을 활용할 경우, 로그스케일 시간으로 풀릴 것으로 예상되기 때문에(예를 들어 RSA 2048비트의 경우, 이론적으로는 2048큐비트가 있으면 된다), RSA 체제는 무너질 수 있다.

망의 학습 속도를 1/100 이하로, 소모 전력은 1/10000 이하로 만들 수 있을 것으로 기대되고 있다. 양자 딥러닝의 경우, 각종 산업 최적화 문제에 바로 적용될 수 있을 것으로 전망되는데, 예를 들어 물류 네트워크 최적화, 송전망의 스마트화Smart grid, 개인의 재무 포트폴리오 최적화 등 다양한 분야에서 최적화 문제를 훨씬 정교하게 그리고 빠르게 풀 수 있을 것으로 예상된다.

또한 딥러닝의 특성상, 지배 방정식이 알려진 각종 물리학, 수학 문제를 풀기에도 적합할 것으로 예상되는데, 예를 들어, 나비에-스토크스 방정식Navier-Stokes equation 기반 유체역학 컴퓨터 시뮬레이션이 필요한 자동차, 항공기, 선박 등의 설계부터, 고차원 이미징 조합이 필요한 첨단 의료 기기까지 아우를 수 있을 것으로 전망된다. 그 외에 물리양자비트, 논리양자비트 등을 아우르고 있다. 양자 통신은 0과 1의 이진 상태가 중첩된 상태를 송수신할 수 있는 기술이다. 세부 분야로서 양자 암호, 양자 전송, 그리고 양자 네트워크가 있다. 마지막으로 양자 센서는 고전적인 측정 한계를 극복한 고정밀 데이터를 제공할 수 있는 기술로서, 극한 상태에서 높은 정밀도로 양자 상태를 측정하는 기술인 양자 센싱과 양자 상태를 시각화할 수 있는 양자 이미징 등이 이에 포함된다.

양자 ICT는 차세대 반도체 기술의 향빙을 정하는 대체적인 방향성은 인정받고 있으나, 여전히 시장 규모가 제한적이고, 앞으로의 기존 컴퓨터가 모두 양자 컴퓨터로 대체될 것이라고 쉽게 전망하기에는 비용과 기술적 한계가 존재한다. 기본적으로 수십 개 이상의 큐비트를 안정하게 오랜 시간 동안 유지하거나 제어하려면 극저온의 냉각시설이 필요하며, 특별히 제작된 다이아몬드와 초전도체가 필요하다. 전자컴퓨터에 비해 여전히 덩치나 운용 비용이 비싸질 수밖에 없는 이유다. 특히 큐비트를 장시간 유지시키려면 외부의 노이즈로부터 시스템을 거의 완벽하게 차단해야 하는데, 이는 에너지 소모율이 높은 진공 장비와 냉각 장치를 필요로 하며 물리적인 공간도 커져야 함을 의미한다. 또한 여전히 양자 컴퓨터는 그 특징상 확률적인 답을 내놓게 되는데, 그 과정에서의 오류 가능성에 취약하므로, 알고리듬 자체의 개선 역시 기술적인 한계 중 하나다.

어떤 산업의 성숙 단계를 도식화한 개념으로 가트너 하이프 사이클Gartner Hype cycle이 주로 언급된다. 하이프 사이클에 따르면, 산업의 주기는 대개 기술촉발-기대의 버블-환멸-계몽-성숙(안정) 단계로 변모한다. 이 사이클을 양자 ICT에도 적용한다면 양자 ICT 산업의 성장 주기에 대한 예상을 할 수 있다.

우선 양자 ICT 기술 자체의 태동을 1982년 미국의 물리학자 리처드 파인만의 제안으로 본다면, 기술촉발 단계는 1997년 IBM의 2큐비트 양자 컴퓨터 개발과 2011년 캐나다의 D-Waves가 개발한 128큐비트 상용 양자 컴퓨터(D-wave 1)로 볼 수 있다. 2010년대 이후, D-wave 외에 IBM과 구글, 그리고 중국의 알리바바와 화웨이, 텐센트 같은 IT 기업들의 투자가 확대되고 있으나, 아직까지 뚜렷한 상업용 양자 컴퓨터 시장이 확실하게 형성된 것은 아니다(투자는 지속적으로 늘고 있다). 따라서 〈그림 4.1〉에서 보듯이, 앞으로 이르면 2030년대, 늦어도 2040년대까지의 10~30년은 전형적인 '죽음의 계곡'이 다가올 것으로 예상된다. 양자 ICT 산업 역시 이 계곡을 피하기는 어려울 것이기 때문에, 이 시기 동안 국가 주도의 집중적인 양자 ICT 산업 육성 정책이 없다면 대부분의 대기업은 불투명한 시

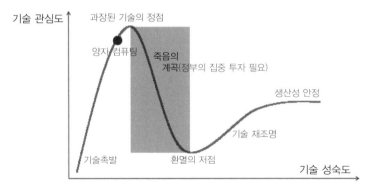

기술 관심도

과장된 기술의 정점

양자 컴퓨팅

죽음의
계곡(정부의 집중 투자 필요)

생산성 안정

기술 재조명

기술촉발

환멸의 저점

기술 성숙도

그림 4.1 **양자ICT 기술의 하이프 사이클 예상도**(2019)

장 전망을 이유로 양자 ICT 관련 투자를 줄이고 많은 스타트업들이 자금난에 시달리게 될 것이며, 이는 양자 ICT 산업 전반에 대해 음의 피드백이 되어 시장 전망이 더 어두워지는 악순환을 낳게 될 것이다. 이는 1980~90년대, 지금 각광받고 있는 딥러닝 기반 인공지능 기술의 오랜 겨울에서도 이미 경험한 바 있는 부분이다.

기술 사이클이 환멸의 저점을 넘어 다시 성숙기로 접어드는 데까지 얼마의 시간이 더 걸릴지 쉽게 예상할 수는 없지만, 일단 이 저점을 넘는 순간부터 양자 ICT는 차세대 반도체 기술의 키를 쥔 주요 산업이 될 것임이 거의 확실하다. 따라서 이 죽음의 계곡에서 누가 더 오래 버틸 수 있는지가 산업의 성숙기 단계에서의 열매를 누가 더 많이 딸 수 있을 것인지를 결정하게 될 것이다. 죽음의 계곡을 넘는 과정에서의 양자 ICT 관련 선행기술 확보에 대한 연구개발의 흐름이 끊이지 않도록 정부 차원의 장기적 호흡의 투자가 필요하다. 특히 양자 컴퓨터의 특성상, 당장 상용화되기 어려운 기술적 난제를 고려하여 하드웨어 수준에서의 기술 확보뿐만 아니라 소프트웨어 수준에서의 기술 확보에 대한 다방면의 투자가 필요하다. 이는 특히 양자물리학이나 스핀트로닉스, 포토닉스를 다루는 기초물리학과 수학, 큐비트 기반 연산 알고리듬에 관련된 정보이론과 대용량 정보의 병렬처리를 연구하는 컴퓨터과학 분야에 대한 집중적인 연구개발 투자로 이어져야 한다.

한국 역시 차세대 반도체 산업의 총아가 될 양자 ICT에 대한 투자를 강화하는 추세다. 2011년 한국전자통신연구원ETRI의 양자암호통신 기술 개발을 시작으로 2021년에는 과기정통부가 '양자기술 연구개발 투자전략'을 발표하며 2030년까지 양자 ICT 분야 글로벌 톱4에 진입하는 것을 목표로 세우기도 했다. 한국의 양자 ICT는 현재 양자암호통신 분야가 가장 앞서가고 있으며, 실제로 미국과의 기술 격차도 2년 이내인 것으로 평가되고 있다. 2022년 7월에는 양자키분배네트워크(Quantum Key Distribution Network, QKDN) 방식의 네트워크 보안 및 품질 향상 기술 2건이 국제표준으로 선정되기도 했다.

민간 차원에서의 양자암호통신 기술 개발 역시 활발하다. 2022년 7월, SKT가 제안한 양자암호통신망 시스템 관련 기술 2건이 국제표준으로 채택되기도 했으며, KT는 레이저 기반 항공 우주용 무선 양자암호통신 기술을 선보이기도 했다. LGU+는 2022년 상반기, 세계 최초로 양자내성암호 통신 네트워크 기술을 개발했다. 다만 양자암호통신에 비해 양자 센서나 컴퓨터 분야의 기술 격차는 여전히 존재한다. 정부 차원에서의 연구가 지속되고 있으나 민간분야에서의 상업화는 미진한 상황이다. 대표적인 정부출연연구소인 ETRI와 KIST를 중심으로 양자 센서와 양자 컴퓨터 관련 기초과학 연구 성과가 축적되고 있으며, 특히 KIST가 15년 넘게 집중적으로 연구하고 있는 상온동작 양자 컴퓨터는 2큐비트 수준에서 실증되기도 하였다. 다만 2025년을 목표로 20큐비트급의 양자 컴퓨터를 개발한다는 목표는 미국의 구글이 2019년 53큐비트급의 양자 컴퓨터를 이미 개발한 것과 비교하면 큰 격차가 있음을 보여주고 있다. 장기적으로 양자 ICT 기술은 양자암호통신, 양자암호내성통신, 양자 센서, 양자 컴퓨터 등 다양한 분야에서 밀접한 연관성을 바탕으로 생태계가 형성될 것으로 전망되는 바, 현재 가장 큰 격차를 보이고 있는 양자 컴퓨터의 하드웨어 구현 및 양자얽힘 제어 가능 신소재 등에서 더 집중적인 연구개발 투자가 있어야 할 것으로 생각된다.

◆ 후기

1970~80년대의 오일쇼크는 전 세계 산업계에 커다란 충격을 안겨준 사건이었다. 현대 문명이 석유라는 자원에 얼마나 의존도가 큰지 새삼 많은 국가가 그 무게를 깨달았다. 특히 제조업을 기반으로 국부를 창출하던 일본, 한국, 대만, 싱가폴 같은 신흥국들은 석유 의존도가 큰 제조업에서의 혁신의 필요성도 절실히 깨달았다. 80~90년대 일본, 90~00년대의 한국과 대만, 그리고 싱가폴 같은 나라들이 경쟁하듯 반도체 산업에 투자를 일으키고 기술 개발에 매달린 것은 이러한 제조업 혁신 정책의 결과물 중 하나였다.

일본은 미국의 왕좌를 빼앗으며 30년 동안 전 세계 반도체 산업을 호령했으나, 후발주자인 한국과 대만, 그리고 중국에게 그 자리를 내주었다. 대만은 TSMC를 중심으로 철저하게 제조 기술의 혁신을 통해 파운드리 시장과 시스템반도체 시장의 선두주자가 되었고, 한국은 삼성전자와 하이닉스를 중심으로 메모리반도체 시장의 1인자로 올라섰다. 전통의 강자 미국의 인텔이 종합반도체회사라는 정체성에서 탈피하지 못하고 있던 와중에 삼성전자와 하이닉스는 파운드리라는 신사업으로 진출을 시작했으며, 일본은 종합반도체 회사의 수많은 구조조정 끝에 찾아온 몰락을 겪는 와중에도 여전히 소재와 부품, 그리고 장비 산업에서는 존재감을 이어가고 있다. 전통의 반도체 강국들이 기술 개발과 시장점유율 경쟁을 이어가는 동안 중국이라는 신흥 강자가 국가 차원의 집중적인 정책 지원의 혜택을 입으면서 급성장을 했고 이제 일부 분야에서 중국의 반도체 산업은 글로벌 수준의 경쟁력을 갖추게 되었다.

바야흐로 2020년대의 동북아시아는 1970년대의 오일쇼크에 맞먹는 반도체 쇼크를 안겨줄 수 있는 지역으로 급부상했으며, 이로 인해 전 세계 산업의 초미의 관심사는 이 지역에서 재편될 반도체 산업의 변화로 쏠리게 되었다. 2019년 이후 본격화된 미국의 대중 반도체 기술·무역 제재는 이러한 재편 움직임을 더욱 가속했으며, 그동안 당연한 것처럼 여겨오던 글로벌 협업 체계 기반의 반도체 공급망 역시 큰 비용을 동반하는 재편의 흐름에 놓여 있다. 한국은 중국이 반도체 소비시장으로 급부상하는 흐름을 타고 글로벌 반도체 산업에서의 성장 동력을 얻을 수 있었으나, 앞으로 재편될 글로벌 반도체 공급망에서는 지금까지 누려온 동력을 확보하기 어려워졌다.

미국이 추진하는 칩4동맹이나 다양한 다자간 지역 협의 기구는 한국으로 하여금 안보와 국부 창출 사이의 위험한 밸런스 게임을 강요하고 있으며 격심해지는 기술 개발 경쟁은 전쟁을 방불케 할 정도로 숨가쁜 인력-장비 경쟁으로 이어지고 있다. 권토중래를 꿈꾸는 일본, 반도체 설계는 물론 생산도 다시 자국으로 회귀시키려는 미국, 중국의 영향력에서 벗어나 글로벌 포지션을 더 확고히 하려는 대만, 그리고 미국의 제재에서 벗어나 새로운 시장과 기술의 주도권을 확보하려는 중국 사이에서 한국은 과연 어떠한 전략을 가지고 반도체 산업에서의 존재감을 지켜내야 할까?

후기 —— 355

이 책에서 우리는 각 나라의 반도체 산업 역사와 현황, 그리고 현안과 주요 어젠다를 살펴보았다. 책 전체를 관통하는 내용 중 하나는 결국 반도체 산업에서의 각국, 그리고 각 회사들이 얽혀 있는 관계는 복잡하고, 언제든 이합집산이 이뤄진다는 것이다. 메모리반도체 1위인 삼성전자가 어느 시점에 중국의 메모리반도체 회사들에게 왕좌를 내줄지 모르는 일이며, 파운드리 시장의 압도적인 1위 업체인 TSMC가 어느 시점에 파괴적 혁신을 감당하지 못해 적자 누적으로 파산할지 모르는 일이다. 지금은 혈이 눌리듯 옴짝달싹 못 하고 있는 중국의 파운드리 업체나 시스템반도체 업체들이 전혀 다른 개념의 소재와 아키텍처를 기반으로 글로벌 시장을 압도하게 될지 모르는 일이며, 일본의 장비 업체들이 합종연횡을 통해 다시 글로벌 톱으로 올라서게 될지 모르는 일이다.

한국에게 있어 반도체 산업은 이제 국가 기간산업이나 마찬가지다. 국부창출과 수출 점유율 면에서뿐만 아니라, 수많은 고용인력, 산업 전 분야에 대한 파급력, 그리고 국가 안보 차원에서도 반도체 산업의 중요도는 점점 높아지고 있다. 급변하는 동북아시아 지역에서의 정치적 상황, 하루가 다르게 바뀌는 기술 스펙, 혁신이 어떻게 언제 생길지 모르는 양자 ICT 같은 차세대 반도체 기술 등, 다양한 현안과 어젠다는 한국이 민간 차원에서뿐만 아니라, 정부 차원에서도 더욱 신경쓰고 시의적절하게 대응해야 하는 부분이다. 근시안적인 맞춤형 인력 양성, 정부 R&D 과제 개발을 넘어, 보다 중장기적인 관점에서 반도체 산업 생태계 다변화와 역량 강화를 위한 전략이 수립되고 정책이 개발되어야 한다. 물리학과 소재과학 같은 기초과학 분야에 더 많은 인력이 연구할 수 있는 기관과 시설, 그리고 연구 프로그램이 확장되어야 하며, 차세대 반도체 공정 기술에 대한 표준을 더 많이 선점해야 하고, 여전히 해외 의존도가 높은 장비와 소재의 자립도를 높일 수 있는 회사들이 나올 수 있는 산학연계 프로그램이 제시되어야 한다.

반세기 전의 오일쇼크는 언제든 현재의 반도체 쇼크로 재현될 수 있고, 한국은 그 쇼크의 중심에 놓이게 될 운명이다. 급격히 재편될 반도체 산업에 대해 최대한 지렛대 역할을 할 수 있는 선도 기술을 확보하고, 산업계의 규모 자체를 한국에만 국한시킬 것이 아니라 외국으로 확장할 수도 있어야 한다. 일본의 현재가 한국의 미래가 될 수 있으며, 중국의 위험이 한국의 미래를 결정지을 수도 있다. 한국이 앞으로의 반도체 대격변의 물결에서 살아남기 위한 과정에서 모쪼록 이 책이 작으나마 보탬이 되었으면 하는 바람이다.

◈ 용어 설명

메모리반도체 (memory semiconductor)	정보(데이터)를 저장하는 용도로 사용하는 반도체. 휘발성(volatile)과 비휘발성(non-volatile)이 있으며, 휘발성 메모리로는 DRAM, SRAM 등이 있고, 비휘발성 메모리로는 ROM, 플래시메모리 등이 있다.
시스템반도체 (system semiconductor)	주로 정보를 처리(논리 연산)하는 용도로 사용하는 반도체. CPU, SoC, AP, ASIC 등이 있다. 메모리반도체와 구별된다는 뜻에서 비메모리반도체라고도 한다.
DRAM (Dynamic Random Access Memory)	휘발성 메모리의 하나로, 저장된 정보가 시간이 지남에 따라 사라지기 때문에 주기적으로 환기(refresh)시켜줘야 한다. 구조가 간단하고 가격이 저렴하여 대용량 저장 장치나 주기억 장치에 사용된다.
SRAM (Static Random Access Memory)	휘발성 메모리의 하나로, 전원이 공급되는 동안에만 정보를 저장하는 특징이 있다. DRAM보다 속도가 빠르지만 비싸다. 주로 소용량의 저장 장치나 캐시메모리(cache memory)에 사용된다.
플래시메모리 (flash memory)	비휘발성 메모리지만 휘발성 메모리인 RAM처럼 정보 수정이 가능하다는 장점을 가진 메모리반도체. NOR형과 NAND형 두 가지가 있으며, USB나 SD카드, SSD가 대표적인 플래시메모리다. 카메라의 플래시가 터지는 것처럼 짧은 시간에 데이터를 지울 수 있다 하여 '플래시'라는 이름이 붙었다.
NOR형 플래시메모리	플래시메모리의 한 종류. 셀을 병렬로 배치하기 때문에 읽기 속도가 빠르며 데이터 안정성이 뛰어나다. 단, 쓰기 속도가 느리고 제조단가가 비싸다는 단점이 있다. SD카드나 휴대용 기기에 주로 사용된다.
NAND형 플래시메모리	플래시메모리의 한 종류. 셀을 직렬로 배치하기 때문에 쓰기/지우기 속도가 빠르고, 제조단가가 저렴하여 대용량 확장에 용이하다. 단, 읽기 속도가 느리고 데이터 안정성이 떨어진다는 단점이 있다. SSD에 주로 사용된다.

팹리스 (fabless)	fabrication과 less의 합성어. 반도체 제조 공장 없이 설계와 개발만을 전문으로 하는 회사를 말한다. 개발한 제품은 파운드리 업체에 위탁하여 생산한다.
파운드리 (foundry)	팹리스 업체들이 넘겨준 설계도를 따라 반도체를 생산해주는 위탁 생산 업체.
DUV (Deep Ultra–Violet)	100~280나노미터의 비교적 짧은 파장을 갖는 자외선. 심자외선이라고도 한다. 이 영역대의 빛을 이용해 웨이퍼 위에 반도체 회로를 그리는 공정을 DUV 리소그래피 공정이라고 한다.
EUV (Extreme Ultra–Violet)	극자외선 영역대의 짧은 파장(10~124나노미터)을 갖는 전자기파(빛). EUV 노광기는 이중 파장이 13.5나노미터 내외인 빛을 사용하여 실리콘 웨이퍼 위에 회로를 새기는 장비다. DUV(심자외선)에 비해 파장이 훨씬 짧으므로 그만큼 더 작고 정밀한 패턴을 그릴 수 있다.
다이오드 (diode)	한쪽 방향으로만 전류가 흐르도록 제어하는 반도체 소자. 주로 정류나 발광 등의 성능을 제어하는 데에 쓰이며, 처음에는 진공관으로 만들어졌다가 이후 실리콘(silicon, Si) 혹은 저마늄(germanium, Ge) 등의 결정질 반도체 소재로 만들어지기 시작했다.
트랜지스터 (transistor)	전자 신호 및 전력을 증폭하거나 온/오프 스위칭하는 반도체 소자. 트랜지스터라는 이름은 발명자인 쇼클리, 바딘, 브래튼이 명명한 '변하는 저항을 이용한 신호변환기(transfer of a signal through a varister)'에서 따온 것이다.
CMOS (Complementary Metal– Oxide Semiconductor)	P형 MOS 트랜지스터와 N형 MOS 트랜지스터가 상호보완적으로 동작하도록 결합한 반도체 소자. 특히 CMOS에 기반한 이미지센서는 기존의 CCD(Charge Coupled Device) 이미지센서와 비교해 소자 크기가 작고 전력 소모가 덜하다는 장점이 있다.
FET (Field Effect Transistor)	전계효과 트랜지스터라고도 한다. 일반 트랜지스터가 전류를 증폭시키는 반면에 FET는 전압을 증폭시킨다. 접합형 트랜지스터에 비해 속도가 느리다는 단점이 있지만 고밀도 집적에 용이해 대부분의 집적 회로에 사용되고 있다.

반도체 삼국지

글로벌 반도체 산업 재편과 한국의 활로

2022년 10월 12일 초판 1쇄 펴냄
2024년 3월 11일 초판 5쇄 펴냄

지은이 권석준

펴낸이 정종주
주간 박윤선
편집 박소진 김신일
마케팅 김창덕

펴낸곳 도서출판 뿌리와이파리
등록번호 제10-2201호(2001년 8월 21일)
주소 서울시 마포구 월드컵로 128-4 (월드빌딩 2층)
전화 02)324-2142~3
전송 02)324-2150
전자우편 puripari@hanmail.net

디자인 공중정원
종이 화인페이퍼
인쇄·제본 영신사
라미네이팅 금성산업

값 20,000원
ISBN 978-89-6462-181-3 (03320)